GUOJI ZHONGWEN JIAOYU LILUN YU SHIJIAN

国际中文教育理论与实践

HANYU JIAOXUE LILUN TANSUO

汉语教学理论探索

施春宏 等著

创于1897 商务印书馆 The Commercial Press

图书在版编目（CIP）数据

汉语教学理论探索 / 施春宏等著. — 北京：商务印书馆，2021（2022.11 重印）

ISBN 978-7-100-20067-7

Ⅰ. ①汉…　Ⅱ. ①施…　Ⅲ. ①汉语—对外汉语教学—教学研究　Ⅳ. ① H195.3

中国版本图书馆 CIP 数据核字（2021）第 116647 号

本书受到教育部人文社会科学重点研究基地
北京语言大学汉语国际教育研究院支持

汉语教学理论探索

施春宏　等著

商　务　印　书　馆　出　版
（北京王府井大街 36 号　邮政编码 100710）
商　务　印　书　馆　发　行
北京虎彩文化传播有限公司印刷
ISBN 978-7-100-20067-7

2021 年 8 月第 1 版　　开本 880 × 1230　1/32
2022 年 11 月北京第 3 次印刷　　印张 $10^{3}/_{8}$

定价：53.00 元

目　录

序一

汉语国际教育研究的宏观视野

施春宏教授的新著《汉语教学理论探索》即将付梓，嘱余作序，令我在先睹为快之余又偏得了一个学习的机会，这是令人高兴的事情。北京语言大学汉语国际教育研究院成立以后，我们制订了新的学术提升计划，并拟在十二个重点领域开展学术研究：面向汉语国际教育的语言本体研究；语言学习与认知研究；语言学前沿理论与汉语教学的接口研究，如语体语法、韵律语法、互动语言学等理论与汉语国际教育的关系；汉语国际教育资源研究；汉语国际教育技术应用研究；汉语教学理论与方法研究；汉语国际教育发展与评价研究；孔子学院及世界主要语言传播机构发展研究；汉语国际传播的区域与国别研究；汉语国际教育数据库建设与研究；汉语国际教育语料库建设与研究；汉语国际教育信息资源集成与服务研究。以上十二个重点领域的学术研究光靠研究院自己是无法完成的。我们要集结研究力量，组成团队，分头突破。与此同时，我们还拟编辑出版系列学术著作，以推介最新学术研究成果并推动前沿学术创新。施春宏教授的这部新著第一个交稿，定名为《汉语教学理论探索》，这是汉语教学理论与方法研究的重要内容，因此为这部著作写几句话是我义不容辞的责任。此外，汉语教学理论与方法的问题，确有很多需要进一步讨论的地方，因此，我也确实有话想说。为本书作序，也可以说是借他人的酒杯，浇自己的块垒。

我与春宏教授相识有年，彼此还是比较了解的。我们曾在同一个教室读书，在同一家体育馆打羽毛球，后来又在同一所大学任教，既有同窗之情，又有同事之谊。在我认识的朋友里边，他是唯一一个不用手机的人，要找他只能是或打座机或发电邮。他治学非常勤奋，笔耕不辍，最近二十年发表了很多有分量的学术论文，也出版了几部重要的学术著作，在学术界产生了很大的影响。由于工作的关系，他的学术著作我都有幸先睹为快。最近一些年出版的与汉语教学有关的著作如《作为第二语言的汉语概说》、《汉语基本知识（语法篇）》、《三一语法：结构·功能·语境——初中级汉语语法点教学指南》（与冯胜利合著）、《汉语基本知识（语音篇）》（与蔡淑美合著）、《汉语纲要》都请我“批评指正”。批评我是做不到了，指正更无从谈起，只有虚心学习的份，因为他的研究涉及的领域比较广泛，有些领域是我所不熟悉的。在对外汉语教学与汉语国际教育领域，春宏也做了很多开拓性的研究工作。他的研究能够把汉语本体研究和第二语言教学与习得研究紧密结合起来，把理论思考和教学实践紧密结合起来，我认为这是其学术研究的一个重要特色，例如《汉语构式的二语习得研究》以及这部《汉语教学理论探索》都是非常好的范例。春宏这些年一直在给研究生开设一门颇具特色的基础性前沿理论课“语言学的观念和方法”，非常受欢迎，听课的同学受益匪浅。可以把自己的研究心得说给学生听，这是教师独有的幸福感，虽然辛苦，但个中甘苦不足为外人道也。教学相长，跟学生的交流也能触发自己的思考。记得当年朱德熙先生给我们讲课的时候，很多研究结论都是尚未发表的，我们可以直接感受朱先生的研究过程。如果说《汉语构式的二语习得研究》是比较微观的研究的话，那么这部《汉语教学理论探索》就已经是比较宏观的了。当然他的宏观理论思考是建筑在微观问题的基础上的，并非空中楼阁。这部著作所触及的问题都是汉语国际教育的基本问题。比如教学本位观问题、教师知识结构问题、教材建设问题、教学知识体系问题、教学资源问题、汉语国际教育当地化问题，等等。汉语国际教育是一个新兴学科，也是一个交叉学科，学科内容涉及汉语言文字学、语言学及应用语言学、教育学、心理学、现代教育技术等学科领域。作为一门独立的学科和新兴学科，其学科基础理论和基本内涵到底是什么？这个问题还处于探索阶段，所以这部著作以“探索”作为书名是名副其实的。春宏的这部新著，可以说是汉语教学基础理论的积极探索之一。通观全书，我认为他的研究有这么几个特点值得提出来说一说：

一是立足本土，借鉴外来。春宏在进入大学任教之前，曾在中小学做过教师，并先后读过四年师范学校、四年师范大学。所以他对教学理论、教学法、教学效果和教材的关注大概从那时候就开始了。进入北京语言大学之后他开始接触汉语二语教学，并到汉语国际教育研究院的前身——对外汉语研究中心做过专门的驻所研究。因工作需要，他现在主要的工作是主编《语言教学与研究》这本杂志，但他仍是汉语国际教育研究院的兼职研究人员，而且还在不断产出新的研究成果。在他的研究中，中国传统的学术观念和研究方法，一直都是滋养他学术成长的重要养分，例如关于语感的问题，他可以追溯到20世纪20年代夏丏尊的研究。在一个脚注里，他关注了几乎所有的相关研究，例如叶圣陶（1980）关于语言文字的灵敏的感觉，邢公畹（1981），吕叔湘（1985，参刘连庚1985），王培光（1996），胡明扬（2002），郭裕建（2002），赵春利、杨才英（2002），周健（2004），陈韶群（2009），姜美子（2004），张福声（2004、2007、2009），陆俭明（2005），王培光（2005），张旺熹（2007），周健（2005），陈韶群（2009），白丽（2010），周健、陈群（2011），鲁健骥（2014），祁峰（2017），赵春利（2018）等关于语言感性的直觉能力的认识，杨炳辉（1993）关于“语感是感性和理性相统一的一种悟性，是一种理性直觉性”的认识。这些本土的语言学家有很多研究成果为他的研究提供了灵感，他从汉语言文字学、应用语言学等相关学科那里吸收了很多有价值的东西。同时，他也不忘借鉴外来的语言学理论，并在此基础上进行探索创新。近年来，他在构式理论研究、语体语法研究、教学语法研究方面做了很多有益的尝试。这些研究都为他的汉语教学理论探索提供了坚实的基础。例如他在讨论语言学知识的编写模式时借鉴了Hockett（1954）对描写语言学所采用的两种基本分析方法的概括：项目与配列（Item and

Arrangement，IA）和项目与过程（Item and Process，IP），主张普及性语言学教材可以采取在IA编写模式的框架中融入IP模式的编写策略；在从事构式语法研究时建立了“互动构式语法”（Interactive Construction Grammar），在IP模式的基础上提出了精致还原主义（sophisticated reductionism）或精致整体主义（sophisticated holism）的方法论原则（施春宏，2016、2018b）。

二是不忘过去，面向未来。在这部新著里我们可以看到他没有忽略已有的相关研究。对外汉语教学也好，汉语国际教育也好，毕竟积累了几十年的教育经验，在学术探索上也有很多有价值的研究成果。这些学术探索和研究成果，需要我们总结借鉴。这是我们这个学科的发展历史，只有不忘历史，才能更好地面向未来。在他的著作中，他尽可能穷尽地把所有的参考文献都找到，并从中汲取精华。我们在春宏的研究中，还可以看到他的很多思想和理论是面向未来、具有前瞻性的。如三一语法与汉语教学的语法体系问题，从语感到论感的问题，语言学教材的国别化、语别化、族别化问题，汉语国际教育当地化的问题，三一语法教学手册的问题，平衡语料库的问题，等等，都是面向未来，具有前瞻意义的。

三是结缘大家，合作出新。学术是在与师友切磋讨论中得以发展的。学问学问，离不开勤学好问。春宏的进步离不开师友的帮助。在这里我不得不提到当年我们聘请的几位长江学者：冯胜利教授、黄正德教授、孙朝奋教授、潘海华教授。他们为我们培养研究生、培养青年教师做出了巨大的贡献。我们曾分批派遣一些年轻的学者去哈佛大学、MIT、斯坦福大学、香港中文大学、香港城市大学访学，既结了学缘，又开拓了学术合作的新领域。三一语法的诞生就得益于这样的结缘。三一语法本为冯胜利教授所创，这是他语言学学术思想和第二语言教学经验的总结和提升。记得我们还组织过海内外学者的交流与互动，为汉语二语教学吹来一缕清风。2008 年，机缘巧合，春宏得到机会去哈佛大学做博士后项目，临去之前，本来想跟着冯胜利教授系统学习韵律语法，但到了哈佛之后，冯胜利教授提到三维语法的教学思想，但一直苦于没人跟他合作，而自己又太忙，难以具体落实。春宏意识到这是一项非常有意义的工作，学术价值和应用价值都很大，于是就主动请缨，与胜利兄合作。殊不知这一承诺，便是多年焚膏继晷的苦战。当初胜利兄把这个教学语法叫作"三维语法"，后经讨论改用"三一语法"这一更有意蕴的术语。其后的那几年，春宏与冯胜利教授合作完成了一篇论文（冯胜利、施春宏，2011）和一本书（冯胜利、施春宏，2015）。《三一语法》完成后，春宏又协助胜利教授整理汉语韵律语法研究成果和发展韵律语法思想，并合作主编了《汉语韵律语法学纲要》。善于合作并在合作中推陈出新是春宏学术研究不断出新的秘诀。本书中的"汉语国际教育当地化问题"也是春宏跟李宇明教授合作完成的。他还跟宋柔教授有过长期的学术互动，并结合赵元任先生的"整句—零句"思想将宋柔教授提出的"标点句"理论应用于汉语篇章的二语习得研究中，与人合作完成了《基于整句—零句表达系统的汉语中介语篇章现象考察——以日语母语者汉语语篇为例》（《世界汉语教学》2016 年第 4 期），这种思路在中介语篇章研究中带有开创性。这些年来跟不同分支学科领域的老师和同道们合作，尤其是基于新理论新论题的探索，让他的学术道路越走越宽。

四是观照理论，兼顾经验。中国语言学的传统不太注重理论，形而上的东西比较少。汉语国际教育又是一门实践性十分强的学科，在理论研究方面更是薄弱得很，目前我们在教学法、语言学习理论、第二语言习得理论等方面，所有的理论几乎都是学习西方的。结合汉语教学实际，探讨符合汉语教学特点的语言教学理论，这是迫在眉睫的任务。目前流行的各种教学法、语言学习理论和第二语言习得理论，基本上是在印欧语言教学和实践当中摸索和建立起来的模子，有很多教学法和教学理论照搬到汉语教学当中会四处碰壁。因此我们要在实践中摸索汉语教学的理论，这需要对汉语教学实践经验的切身体会和总结。学术研究中的理论观照是非常重要的，没有理论的研究，就是盲人摸象。春宏十分重视理论的建构，例如他在讨论汉语教学本位观的时候，注意到了各种观点自说自话，因此他提出，所谓本位在实际教学中并不呈现为“某某本位”这种名称，只是在教学策略上凸显特定教学内容的地位和作用罢了。各种本位看似复杂，其实它们处于特定的逻辑结构关系之中，形成一个可能的本位系统。他建构的这个系统是有层级的：

- 本位
  - 基础本位
    - 结构本位
      - 显性本位
        - 语素本位 → 词本位 → 词组本位 → 句子本位
        - 句本位；小句中枢
        - 语段本位 / 篇章本位
        - 字本位
        - 音段本位（如音节本位）；超音段本位（如语调本位）
        - 语块本位
        - 构式本位
      - 隐性本位：规则本位 / 关系本位；概念本位 / 意义本位
    - ↕
    - 功能本位；用法本位 / 使用本位
  - 目标本位：能力本位；素质本位

教学经验也是非常重要的，没有教学经验，我们的理论很可能是建在沙滩上的城堡。理论建构也是为了指导实践而存在的。在对汉语教学本位观进行讨论辩证之后，他开始观照教学中的现实问题，并以字本位教学为例讨论各种本位观在教学中的利与弊。他说："就目前的实际情况而言，有些学者坚持比较彻底的字本位观，认为汉语教学就得从字本位出发，而且字本位能解决其他本位根本无法解决的问题。当然，毫无疑问，其他教学本位观确实难以解决跟汉字教学相关的某些问题，但不能因此认为字本位就能充分解决词本位、句本位等其他本位中所能有效解决的问题。"这是比较公允的说法。学者们各执一端，坚持认为自己的本位观就是最好的，从而排斥其他的本位观，这种做法是比较狭隘的。他用几个教学实际当中的例子来说明字本位教学将会遇到的困难，这是很有说服力的。我们的汉语教学理论，不光在理论上要合逻辑、要自洽、要有比较强的解释力，更重要的是在实践当中，要能真正管用，能真正解决问题。正如春宏所说的，"汉语教学过程是循序渐进、螺旋递升的，教学内容和教学手段都体现出阶段性和整合性特征，使我们需要'分层次的综合本位观'（stratified integrated unit-based view）。"春宏在《汉语纲要》（2018a）中已经将字本位写入基础教材（参见该书下册14—16页：第四章"语法"第一节"语法概述"中单立一节专门介绍和讨论了字本位问题），认为将字本位放到语法体系中去认识似乎更合乎其本质。在他看来，字本位是一种汉语观，因此将学界关于字本位的认识概括为："汉语是以字为基本单位的语言（即字基语言），而并非以词为基本单位的语言（即词基语言）。"字本位观中的"字"，不仅指作为书写单位的汉字，也包括作为语音单位的音节和作为意义单位的概念，它是语音、语法、语义交织的枢纽；对于汉语使用者，"字"也是最具有心理现实性的单位（施春宏，2018a）。这与徐通锵先生的字本位思想是一脉相承的，纠正了一些学者对字本位的误解，有正本清源之功。在汉语教学中如何贯彻字本位的思想，这是理论与实践如何结合的问题。将字本位理论直接引入现代汉语基础教材并从汉语基本特点来认识，这在学界还是首次。我们也曾经专门讨论过理论语法与教学语法接口的问题（崔希亮，2002），但是迄今为止，这个问题仍然没有很好地解决。应该说字本位思想与三一语法观在解决理论语法与教学语法接口的问题上向前迈进了一大步。

五是构建体系，突出重点。汉语国际教育作为一个学科，还没有一个大家公认的学科体系。因此我们的汉语教学理论探索，学科体系建构应该是题中应有之义。三一语法的构建，已经把汉语教学语法体系的问题提到议事日程上来。书中写道：如果说有的老师在以往备课中对“特定语法项目从哪些方面讲解”、“哪些语法内容必须讲解”的问题还不甚清楚的话，那么有了三一语法的体系，老师备课就不可避免地要从三个方面去考虑一个句型的语法问题：结构是什么？用途是什么？典型的语境是什么？

三一语法
- 形式结构
- 功能作用
- 典型语境 / 语体
  - 正式—非正式
  - 典雅—通俗

这个体系对教学实践很有帮助，给我们的教材编写和课堂教学指明了清晰的路径。教师在碰到任何一个语言点的时候，都可以从三个角度来考虑问题：结构、功能、语境 / 语体。这就好比我们在课堂上进行同义词辨析的时候必须要考虑几个方面的因素：词性、意义（本义、引申义、色彩义）、功能、用法。在这个三一语法的体系里，哪个部分是重点？恐怕不同的教学法和不同的教学任务会有不同的选择。在这本书里他提到了编写三一语法教学手册的设想，这与我多年以前想要编写一本教学参考语法的想法不谋而合。不同的是他已经完成了语法体系的建构，而我还在进行原子主义的探索。

关于汉语教材语法术语的一些问题，涉及语法解释的统一性问题。春宏比较了两本通用的汉语教材《新实用汉语课本》和《发展汉语》，对它们语法呈现的方式进行了细致的比较研究。另外，他还就汉语词汇教学的理念原则进行了深入细致的分析。所以这部书不仅仅有理论体系的建构，还有一些具体问题的重点突破。语法术语的问题看起来是个用词的问题，实际上背后包含着对语法问题的认识。在教学中什么样的语法体系是最管用的，也是最好用的，这仍然是需要学者合力解决的问题。从“暂拟汉语教学语法系统”到汉语国际教育领域的百花齐放，百家争鸣，我们对教学语法的认识在不断变化。“暂拟汉语教学语法系统”是为汉语母语者制订的，汉语第二语言教学应该采用什么样的语法体系，学者们还在探索之中。

如果要说遗憾的话，我觉得本书关于学习者的研究几乎没有触及。我们曾经说过，汉语第二语言教学涉及四个方面的问题：汉语本身的问题，语言习得与认知过程的问题，教学法的问题，教学工具的问题（崔希亮，2005）。其中关于学习者汉语习得和认知过程的研究最为薄弱。我们汉语教学所有的理论和实践都离不开学习者。现在有越来越多的学者意识到，语言教学的研究应该以学习者为中心。但是现在关于学习者的认知过程我们所知甚少，学习者面对的困难和解决这些困难的策略，我们也所知甚少。汉语教学的理论探索不能离开对学习者的研究和了解，教师也好，教材也好，教学法也好，都要有一个明确的立场，就是如何提高学习者的学习效率。这个问题应该是汉语国际教育的根本问题，需要语言学、心理学、教育学、脑科学等各学科的通力合作。我们期待春宏后续的研究当中会有关于这个问题的讨论，我们也期待更多的年轻学者在学科交叉和学科融合方面进行探索，逐步揭开语言学习过程的秘密。

今天是2020年4月24日，新冠病毒正在全球范围内肆虐，根据约翰·霍普金斯大学的统计数字，目前全球感染新冠病毒的人数已经超过260万人，涉及的国家和地区超过200个。在这种情况下，我们的学生无法返校，所有老师都在通过网络教学的方式给学生上课。春宏主编的杂志《语言教学与研究》也正在开展“新冠疫情下的汉语国际教育大家谈”专题征稿，将来还要做“国际性突发事件背景下的汉语国际教育研究”，从这里我们看到了春宏书生意气的另一个侧面。他不仅仅对纯学术的问题有热情，他还心忧天下苍生，这是一份难得的情怀！在这特殊的时期，语言教学的理论面临一个新的挑战，就是网络环境下的语言教学应该研究哪些问题？全球性突发公共灾难事件环境下如何开展语言教育活动？在逆全球化背景下如何保证我们顺利地开展语言教学？海内外的汉语教学如何协调发展，相互扶持？从宏观战略到具体行动，从教学理念到教学设计、课程设置、教材编写、学习策略、成绩评估、教学技术支持、教学辅助材料应用等若干方面，都应该有新的思考。在这个非常时期，很多人都非常关注疫情的发展以及网络、微博、微信朋友圈关于这场疫情的讨论、争论、辩论。在每日疫情新闻的轮番轰炸里，春宏能够做到气定神闲，完成书稿的修改，这是需要定力的。据我所知，除了关注语言学，春宏对社会问题也是十分关注的。遇到不合理的事，他也会拍案而起，仗义执言，这是非常宝贵的品格。他告诉我，大年初二时看到天津市委市政府的这样一则通知："为贯彻落实习近平总书记在中央政治局常委会上研究新型冠状病毒感染的肺炎疫情防控工作的重要讲话精神，坚定不移把党中央决策部署落到实处，市委、市政府决定，我市所有公务人员提前结束假期，于1月27日零时前返回工作岗位，投入到疫情防控工作中来，坚决打赢这场特殊战役。"春宏感觉到这样做很不科学，有非常大的风险，于是他立即给天津市长热线打电话，指出问题的严重性。天津市委市政府接受了意见，当晚就取消了通知。书生仗剑，该出手时就出手！我希望能有一个健康的社会环境，让我们潜心学术，不间断地进行学术探索与创造，这是人生一大幸事。现在他的学术创造能力正处于巅峰阶段，我们完全可以期待在不久的将来能够读到他更新的研究成果。

崔希亮

2020年4月24日星期五

于海淀区学院路15号

序二

基于汉语特征的二语教学理论新探索

汉语有声调变化而无形态标记，这与印欧语不同。汉字既是书写汉语的文字符号，也是汉语的最小建构单位语素，故汉字与汉语的关系不同于拼音文字与相关语言的关系。语言类型不同，语言与文字关系不同，则汉语作为第二语言教学的理论和方法，与印欧语言的二语教学必然有所不同。然而，多年来，业界对以英语为代表的二语教学理论和方法似乎只有热情学习的意识，而没有摆脱其影响的意识，甚至将其视为汉语教学与研究的范式和标准，这虽然在相当程度上促进了汉语的教学研究，并且也取得了不少成效，但总体看，真正以我为主的借鉴性研究并不多，照搬套用的不少。一味跟随西方语言二语教学理论和方法，使得对汉语自身及其作为第二语言教学的特点重视不够，对汉语教学自身规律的挖掘和理论探索不够，迄今汉语二语教学的原创性理论和方法并不多，这与汉语国际化对基于汉语汉字特点的教学理论和教学方法的迫切需求很不相称。

当我在上述心态下读完春宏教授的新著《汉语教学理论探索》后，不仅有一般意义上的先睹为快之乐，更是为大著对影响汉语作为第二语言教学全局的一些重大问题所进行的别开生面的理论探索和高屋建瓴般的学理阐释而兴奋不已，深有解忧之悦。大著虽由作者近年来研究汉语教学的相关文献整合编辑而成，但集成后不仅有散珠成串之美，从所涉及的教学本位观、教师知识结构、教材建设、教学知识体系、教学资源、汉语国际教育当地化等问题来看，亦不乏系统性。其中，既有语言观、本位观等二语教学的根本问题，也有语言教师的论感、语法体系创新和汉语教学当地化等前沿课题，而对所有问题的讨论都指向“教师专业发展”这一核心论题，且一如作者所言：重点不在“教”而在“师”，即侧重于探讨教师所应有的语言观和语言教学观、方法和方法论等方面的知识结构。可见，全书虽内容多元，但主旨明确，而抓住了教师及其所应具备但以往未曾或少有涉及的一些问题进行探讨，则不仅抓住了学科建设的关键，也将深化对教师发展的研究，仅此就不难看出该书的学术和应用价值。不止于此，我认为该书至少还有以下几方面特点：

有视野，有高度。作者将书名命之为《汉语教学理论探索》，并特意说明“汉语教学”涵盖国内和国外的汉语作为第二语言教学，“汉语教学和两者之间构成了一体两翼的关系”。用“汉语教学”通指海内外的汉语二语言教学，不仅可以避免“对外汉语教学”或“国际汉语教学”在一些场合下的不便，更有打通海内外汉语教学研究之明见和用意，而这在汉语加快国际化的新时代是非常适时和必要的。赋予“汉语教学”术语的地位及通指海内外汉语教学的内涵，既展示了作者宽广的学术视野，也是对业界的一个学术贡献，而“本书的论题同时涉及这两个领域（国内和国外）”的宣誓，则彰显了作者身体力行的学术引领。不仅如此，作者把本书对教师应有的语言教学观念和知识结构的探究，称之为“元语言教学问题”的学理思考，不仅是一种学术见解，也提升了教师研究的理论高度。在我们看来，语言教学元理论方面的问题，是影响教师专业发展更为根本的问题，作者的相关研究也可以视为对教师发展和汉语教学顶层学术问题的理论探索，而这是以往不多见却又是学科理论研究所不可缺少的，显示出作者独特的眼光和高远的立意。

有创新，有理论。研究视角、学术背景和理论基础乃至具体选题的不同，就从根本上奠定了全书整体的创新性，而具体章节中迭出的新见也证实了这一点。再举一例，以管见大著的理论创新。汉语教学的本位问题业界多有讨论，但大都就事论事，各持己见。“本位观问题”一章指出，本位之争如放到语言观、方法论高度来看，则各种本位既存在差异性又有互补性，各有所长所短。各类语言文字单位大都被认定过本位，这跟教学的阶段性、内容的层级性相关联。持某种本位观就意味“该基本成分 + 规则”构成语言系统，并赋予其在该理论系统和教学信念中以特别的地位。字本位有特定的教学价值，但以此而主张取消词和词本位，便有些脱离语言系统和教学实际。教学中确立一定的教学本位是必要的，有利于在特定阶段突破教学重点和难点，但没有贯通整个教学过程和所有教学内容的本位，故应建立分层次的综合本位观。该章内容宏富，分析透彻；有理论高度，有系统关联；视野开阔，论述通达，见解独到。其中，强调本位的多元性和本位的综合性特征，不仅有助于减少不必要的执着和分歧，更为不同教学阶段和教学内容的本位研究提供了理论支撑。这是迄今有关汉语教学本位研究最具理论性和应用价值的重要文献［该章原文被全文编入赵金铭总主编商务馆对外汉语教学专题研究书系第二辑，《汉语作为第二语言教学的教学理论研究》（第二章“教学理论研究：新视角与新观念”之第五节“对外汉语教学本位观的理论蕴含及其现实问题”），商务印书馆，2019］。

有远见，有导向。诸如为“汉语教学”正名，把对语言教学知识体系、词汇语法、教材教法等的研究归旨为对教师所应具有的顶层观念和知识结构的研究，将教学本位的研究置于语言观和方法论的高度并进行系统的理论阐释及所提出的诸多新见，都不仅展现了全书的视野和高度，更展示了作者的学术远见和学术引领。再举一例，以管见大著这一特色。“论感问题”一章，讨论的是以往汉语教学界未曾涉及过的语言教师的论感问题，作者将论感定义为“对语言现象背后的条件、理据和规则、规律的直觉判断或感受”，并与语感进行了相得益彰的对比分析：（1）他把房子拆了。（2）他把房子建了。（3）他把房子建好了。其中，能判断（1）（3）合格、（2）不合格，这是语感的作用，能进一步造出合格的“把”字句，是语感比较好的表现；如还能指出（1）（2）合格与否是句中动词的差异所致，则是论感的作用，如能在比较（2）和（3）后发现，（3）中的“好”是该“把”字句成立的重要条件，是论感比较好的表现，如能直觉到此处“好”代表某种语义类型，则说明其论感相当强。作者指出，语感往往体现对“例”（token）的直觉，论感更多地体现对

"型"（type）的直觉，尤其是对"型"背后的结构化知识的直觉，即对结构中的相关成分之间制约关系的敏感。坦率说，能结合实例将难以捉摸的语感和所谓论感进行如此深入细致的辨析，实在令人折服。而对论感的全面诠释，以及"语言知识—研究能力"实际是建立在论感这种语言学直觉基础上的更高阶段的能力等论断，不仅同样是一种理论创新，更是为汉语教师的专业发展和培养培训提供了理论基础和方向指引，甚至可以说，该章就是汉语教师元语言知识与研究能力乃至教学能力发展的一个学术案例。

有情怀，有担当。作者为人耿直、朴实，对学术真热情、超勤奋，著作等身，尤以理论语言学和汉语语法研究而著称，其近年的构式语法研究即颇有成就和理论贡献。然而，他对汉语教学亦别有因缘和情怀。早在2000年，他在华语教学出版社工作时就担任过业界前辈学者程棠先生的专著《对外汉语教学目的原则方法》和其他汉语教学资源的责任编辑。从北京大学博士毕业到北京语言大学工作后，更是把汉语二语教学研究当作"本界"而不是"跨界"研究，发表和出版了大量汉语二语教学与习得研究，面向汉语教学师资培养和培训的语言学、汉语语言学及其教学和教材编写等方面的论著，表现出一位语言学家对国际汉语教学事业和学科建设的学术情怀与责任担当，实属难能可贵。正是由于作者研究领域广泛，本体方面学养深厚，才能在诸如本书"语言学教材的编写""汉语教材的语法术语""教学语法的体系创新""词汇教学的基本原则""中介语语料库的平衡性""汉语国际教育的当地化"等章节中，持有不同眼光，提出独到见解，并结合实际做出系统化的理论阐述。其中，基于汉语和汉语作为第二语言教学的特点，与冯胜利先生合作提出的“结构—功能—语境”相结合的三一语法，是近年来汉语教学界一项十分亮眼的创新成果，这一新型的汉语教学语法体系和语法教学模型，应该更加适合没有形态变化而对语境需求强烈的汉语二语教学，不仅颇有理论价值，应用前景亦颇可期。本书及业界的这样一些原创性研究成果，是坚定我们走基于汉语汉字及其作为二语教学特点的教学理论和教学法探索之路的有力支撑。

我与春宏相识多年，还差点儿成为同事。虽未能共事，但好在不出圈，仍是同行，并且他在北语的工作和学术研究都得到了很好的发展。近年来他主持的业界名刊《语言教学与研究》，更加关注汉语教学研究，更加支持青年学者的学术成长，为学科建设和人才培养做出了贡献，赢得广泛赞誉。我跟春宏虽同为“60后”，但他靠近“70后”，我靠近“50后”，年龄我痴长他不少，可学问他是学长。多年来，我为这位朋友在学术上取得的成就和他为学术界做出的贡献而由衷高兴，但怎么也没想到有一天他会让我给他第一本汉语教学研究的大著作序。可我也着实不好拒绝春宏兄这番美意，要是把友谊的小船弄翻，还落得个不识抬举，那就更不值得。于是，聪明的我愉快地通读大著，并在开阔眼界和增长知识的同时，写下以上感言，供读者参考。

李　泉

2020年元月30日

第一章　绪论

本书题名中的“汉语教学”指汉语作为第二语言 / 外语教学（也可简作“汉语二语教学”），既包括二语学习者在目的语国（中国）学汉语的情况，即国内的汉语二语教学（常用“对外汉语教学”来指称），又包括二语学习者在非目的语国（多为其母语国，但也不尽然）学汉语的情况，即国际的汉语二语教学。汉语教学和两者之间构成了一体两翼的关系。[①] 本书的论题同时涉及这两个领域。当然，本书讨论的内容主要不是教师直接施之于教学过程中的教法问题，而是对语言教学中可能遇到

---

① 关于“对外汉语教学”“国际汉语教学”和“汉语国际教育”这些概念的内涵和外延，学界有不同理解和使用（参见李泉，2019）。由于本项研究不涉及学科基础概念层面的讨论，因此用“汉语教学”这一概念来统指相关领域，不会引起混乱；在特定情况下，还兼用“对外汉语教学、汉语国际教育”等概念。2019 年 12 月 9 日，由教育部和湖南省政府共同主办的 2019 年国际中文教育大会在湖南长沙召开，中共中央政治局委员、国务院副总理孙春兰出席会议并发表主旨演讲，自此，有以“国际中文教育”代替“国际汉语教学”的倾向，泛指海内外的汉语教学 / 教育。当然，“对外汉语教学”和“汉语国际教育”仍有其特定的适用空间。其实，如果再考虑到“华文教育”与“汉语国际教育”的关系（崔希亮，2019），以及“汉语国际教育”的学科定位具有交叉性（崔希亮，2015），内容将会更加丰富。实际上，这些概念的使用，既与概念属性和学科性质有关，在很大程度上也与是否使用对比性的观察视角有关，还与上下位概念之间、平行概念之间是“浑言”使用还是“析言”使用有关。若概念之间有观察视角和适用范围的差别，那么有时不是增减一个概念就能将相关概念的内涵和外延调整清楚的。

的观念、方法及方法论问题的理论思考。我们不妨将这种基于语言教学的观念、方法及方法论层面的学理思考称之为“元语言教学问题”，这在本质上属于元理论问题，也是本书的基本主旨。这些学理问题的诸多方面，长期以来在语言教学界都有或多或少的讨论，本项研究则基于当前语言学和语言习得与教学的基本观念来对学理问题进行重新思考，试图在一系列问题上提出新的认识，并就语言本体研究和语言习得、教学研究的接口问题做出新的理论阐发。

一、研究背景和基本理念

最近几十年里尤其是近一二十年里，语言学理论发展得非常迅速，新的理论纷呈迭现，语言习得理论也得到了相对多样化的发展，与此同时，新观念、新方法驱动的语言教学观念也时有新识。关于本体研究、习得研究、教学研究三者之间相对独立而又相互作用的关系，学界做出了这样的思考：①

> 语言本体研究、习得研究、教学研究，当然各有自己的主体研究目标和理念追求。但是在新的学术背景下，我们发现，一个新的语言学理论，如果不能很好地说明语言

① 新的理论如生成语法、认知语言学、功能语法、构式语法、韵律语法、语体语法等在语言习得研究和教学研究中都有体现，但广窄深浅差异很大。注意，当代语言学中诸多语法理论中的“语法”往往指“大语法”（有时可径称“语言学”），即语言系统的结构及结构化方式之法，不但包括传统所言的句法和词法（即狭义的语法），而且还包括音法、义法和用法。（参见施春宏，2019）

> 习得现象，就多少限制了其理论的张力；一个新的语言习得理论，如果不能在某种程度上转化为教学资源，那终究是有很大缺憾的；同样，一个新的语言教学理论，如果没有深厚的语言理论基础和习得理论基础，其教学效果恐怕也将大大受限。当下的学术研究，跨界面、跨领域、跨学科已经成为基本态势，互动观念的研究正成为各个学科发展学术、创新思想的主导。（施春宏，2017）

因此，需要整合汉语本体研究、习得研究、教学研究的学术思维方式和学术研究力量，以取得更丰富的学术成果。“当然，我们还需要将视野放得更宽一些，将语言研究和语言教学、语言习得研究放到更大的科学研究领域和实践领域中去考察，去探索，去交流。”（施春宏，2017）

暂不论汉语本体研究和习得研究的具体成绩如何，毋庸讳言的是，虽然新技术背景下的汉语教学研究做出了很多富有时代特色和实践价值的探索，但语言教学理论的发展相对滞后。仅就教学语法与理论语法的关系而言，就可见其基本状况。有学者指出，当下的教学语法体系总体而言仍基本保留着 20 世纪 50 年代初创时期的面貌：

> “语法体系”在形成之初，由于能融汇各家之长，又形成了自身的特点和系统，深受教师欢迎。这套体系一代又一代地传了下来，但代代相传延续了几十年，基本是沿袭因循，没有吸收汉语研究中的新成果，没有解决汉语教学

> 中出现的新问题，这种守旧、僵化不前的状况已不能适应对外汉语教学发展的需要，修改“语法体系”的呼声由此而起。（吕文华，2015）

教学语法对理论语法的借鉴、吸收和转化工作不够充分，体系性的建构很少。也就是说，教学语法的研究没有跟上学术发展的时代步伐。而这背后更大的问题是教学和研究人才的队伍建设问题。这种状况，仅从一个现象就能看出端倪。《语言教学与研究》期刊一直非常重视及时发表语言教学方面的最新研究成果，然而，这些年来，该刊所发文章的作者群体当中，做语言本体和语言习得研究的作者各个年龄段的都比较多，而且青年学者在新理论的引入和创新上很有势头；相较于此，我们发现做教学研究的青年学者明显偏少。[①]其实，即便是汉语国际教育专业的硕博研究生，有很多也并未真正系统地开展汉语国际教学/教育理论研究。这导致学术研究和学科建设并未能与蓬勃的汉语教育事业协调发展，以致未能在新的形势下起到应有的

① 我们就2018年和2019年《语言教学与研究》的刊文情况做过统计，2018年40岁以下（含，下同）作者占61.6%，2019年40岁以下作者占50%。考虑到青年学者平均只有十多年的研究经历，这个比例还是相当高的。2018年度该刊总共刊发的61篇中教学类文章仅9篇，占刊文总量的14.8%；2019年度该刊总共刊发的61篇（不含一篇会议综述）中教学类文章仅7篇，占刊文总量的11.5%。在这16篇教学类文章中，40岁以下的青年学者（只计第一作者）共6篇，占37.5%。37.5%这个比例似乎不是太低，但实际情况是：2018年青年学者教学类文章共5篇，2019年青年学者教学类文章只有1篇。两项对比，数据异常。原来，该刊2018年第6期刊发了“第二届语言教学与研究青年英才奖”专刊，其中有4篇教学类文章出自40岁以下的青年学者；而专刊之外当年也只有1篇。由此可见，青年学者参与教学研究的情况很不乐观。

引领和指导作用。这促使我们思考，问题到底出在哪儿？理论创新的突破口在哪儿？对此，我们没有做过系统的考察，但有一点似乎值得反思：自结构主义语法之后（以“暂拟汉语教学语法系统”为代表），语言教学研究跟前沿性的语言学及应用语言学研究的距离似乎在拉大。很多新的认识没有进入教材（既包括“学语言”的语言教材，也包括面向教师培养的“语言学”教材），当然也进不了课堂。这不是说，我们要将教学的课堂变成研究的“道场”，将所知的语言学及应用语言学研究前沿成果不加选择地直接搬进教科书，而是说我们面对前沿性的观念和方法及相对成熟的语言研究成果时，要及时有效地做好面向二语教学的吸收、转化工作。这一过程当然就牵涉到不同领域观念和知识的接口问题。

当前，这种情况已经有所改变，反思的声音渐强，基于新的语言学理论及应用语言学理论的语言教学研究已经做出了一些新的探索。尤其是在汉语国际教学/教育的背景下，更为全面的教学/教育问题开始受到广泛重视。有学者就此指出：

> 国际汉语教学发展到一个新时代。随着中国的国际化程度日益加深，汉语的国际地位和国际需求不断提升。海外学习汉语的人数总体上在持续增长，学习层次和目标需求多元化，学习群体呈现低龄化，并且有越来越多的国家将汉语纳入中小学国民教育体系。与此同时，近十几年来，在中国政府的大力推进下，以孔子学院为代表的汉语教学走出去的趋势仍在发展。可以说，国际汉语教学开启了一

> 个普及化的新时代。在这种背景下，国内语言学界特别是对外汉语教学界有义务有责任思考："我们拿什么去奉献给国际汉语教学界？"换言之，在汉语教学国际化的新时代，中国能为海外的汉语教学提供哪些可供借鉴的教学经验和做法、教学理念和理论、教学模式和方法、教学标准和资源？（李泉，2020）

本书的研究正是在此背景下做出的某些专题性探索。就研究的主要目标而言，我们并非研究具体的教学实践问题，而主要是探索一种认识问题的方式，同时提出某些可用于实践操作的教学原则和教学模式。即，虽然面向汉语教学，尤其是语法教学，但主要立足于教学语法的整体系统，而非具体项目的语法教学；在探索教学语法时，又主要以面向教师和准教师的语法知识储备及运用策略来展开论述。为此，本书对汉语教学中的一些基本问题做出理论思考，涉及的问题如：汉语教学中的本位问题、语言教师的理论直觉问题、元语言意识的培养问题、教材的编写模式问题、教材中语言学知识的分布和呈现问题、语言教学模式与汉语特征的关系问题、教学语法中"结构—功能—语境"的融合问题、数据驱动的语言教学与研究问题、汉语国际教育的当地化问题等。与此相关的是，我们除了在语言理论研究和汉语本体研究方面进行探索外，还基于前沿的语言学理论进行一系列的语言习得研究，如基于构式语法理论的习得研究等（参见施春宏等，2017）。[①] 在习得和教学研究中，我们特别关注语言习得中元语言意识的形成和发展，以及基于汉语特征最新研究成果的汉语习得与教学研究。在此基础上，为更好地认识本体研究、习得研究和教学研究的接口问题探索新的路径。

二、本书的基本结构和主要内容

在对相关研究简要分析的背景下，本书基于现代语言学和语言习得与教学的基本观念来重新思考汉语作为第二语言教学中的基本问题。因此本书的基本内容是问题驱动的研究，直面汉语教学中长期存在且有较大争议的若干问题，有的甚至是较为根本的学理问题，并借此初步提出分析思路及处理策略。

全书除第一章绪论外，其余八章都是针对某一特定问题来展开，这“八大问题”即八个专题主要围绕教学观念、教师、教材、教法、教学资源和汉语教育国际化等方面来讨论，很多专题都带有综合性。我们特别关注对教师知识结构的讨论，无论是对汉语教学本位观的重新认识，还是关于教学过程中的论感培养；无论是教材的编写，还是教学语法体系和教学模式的建构；无论是教学原则的实施，还是教学方法的创用；无论是多层次多功能教学资源的建设，还是对汉语国际教育当地化的

---

① 此外，我们还基于论元结构理论、配价语法、语块理论、语体语法以及汉语自然语言处理理论等做过一些探讨，如袁毓林、詹卫东、施春宏（2014），马文津、施春宏（2016），施春宏、邱莹、蔡淑美（2017）等。某些研究尚在进行中。

系统定位，都是如此。可以这么说，本书研究的核心论题就是“教师”问题。需要说明的是，我们这里所论的教师问题，重点不在“教”而在“师”，即侧重于探讨教师所应具有的观念（语言观和语言教学观）、方法及方法论方面的知识结构。

下面概括介绍一下第二章到第九章中所讨论的“八大问题”的基本内容。

（一）教学本位观问题

汉语教学中的“本位”问题是一个学界欲说难言而又争议不断的理论和实践相交融的问题。第二章“汉语教学的本位观问题”探讨对外汉语教学本位的理论基础及拓展本位认识的必要性、可能性和现实性问题。我们首先从语言教学与研究所面对的基本问题出发，分析对外汉语教学本位的层次性，并根据建立教学本位的基本观念及提高教学的效度来探讨对外汉语教学本位观的理论蕴涵，尤其是相关的本体论和方法论问题，由此指出各种教学本位之间是互补式共存的。接着讨论当前关于本位问题所采取的辩护原则，在此基础上根据各级语言单位所存在的构式性特征及语言教学中的整合效应，提出语言教学过程中需要建立分层次的综合本位观。由于教学本位观折射的是教学中元语言意识培养问题，我们还讨论了元语言意识与教学本位之间的关系。

（二）教师知识结构问题

教师的知识结构是有效开展教学的基础，学界多有讨论。

这里只讨论一个虽很重要但很少引起学界关注的问题。对语言教师和语言学教师而言，不仅要对所授语言有准确的语感（语言直觉），而且还要有良好的论感（理论直觉）。“论感”是应用语言学研究中提出的一个重要概念（于根元，2002），这个概念对重新认识教师的知识结构极富启发性，对重新认识学术研究过程中从现象到理论的转化提升具有很强的学理意义。第三章“语言教师的论感问题”中进一步明确了这一概念的内涵：论感指对语言现象背后的条件、理据和规则、规律的直觉判断或感受。基于这种理解，我们进一步讨论了知识传授和论感培养的关系、论感的层次性、高层次论感的培养途径、语感和论感的互补性等问题，并就师资素质和教材编写中的论感培养问题提出一些建议。论感问题至今尚未被学界充分认识，但其对教师教学能力和研究能力的提升非常重要。

（三）教材建设问题

教材是理论知识和教学实践的重要桥梁。教材编写是语言研究和语言教学相互交融最密切的领域，语言观念和教学观念不同，教材编写模式自然就会不同，这又会进一步影响到教材中语言知识点的选择、组织、安排和阐释。本书只就两个专题来讨论，一是面向教师或准教师的语言学教材的编写问题；一是面向学生的语言教材的编写问题，主要涉及某一课型的某一方面的语言知识类型。第四章“语言学教材的编写问题”讨论面向第二语言教学的语言学教材的编写问题，主要阐述这样一些问题：语言学知识的编写模式与编排策略；语言学教材对当前语言学理论的吸收与融合的问题；语言学教材的国别化、语别化、族别化问题；语感培养和论感培养问题；教材编写中的语言观问题。由此主张，教材不仅要准确地叙述知识，最好还能够在语言观和方法论上启发思考，引导发现；即便在知识层面之上，也要追求注重原则层面的启发和策略层面的引导；教材编写，应该体现出一种动态的语言观、语言应用观和教材编写观。第五章"汉语教材的语法术语问题"分析特定课型教材的元语言知识选择与分布问题。面向第二语言教学的汉语教材对语法术语的选择和安排策略虽常受学界关注，但尚未有较为系统的考察和分析；语法类术语在二语教学中的脚手架作用及其性质、方式和界限也尚未引起重视。针对这些问题，我们以当前通用度很高的两套对外汉语综合课教材中的语法术语使用情况为例，基于汉语语法项目的特点和学习者的认知能力，在对比分析这两套教材语法术语呈现内容和方式的基础上，提出综合课教材语法术语安排的若干原则，具体表现为基本层级范畴原则、相对透明性原则和相对系统性原则。

（四）教学知识体系问题

到底需要教授哪些语言知识，在什么阶段、以什么方式教授什么知识，体系性何在，学界似乎各持所论，其中尤以语法为甚。教学语法与语法教学虽有关联，但并不相同。教学语法的体系建构和内容安排一直是个热点，但同时也是一个难点。它既受特定语言观和语言教学观的指导，又与特定教学模式相关联，同时还指导着如何选用具体的教学原则和特定的教学法。

由于词汇和句法之间实际上存在一个连续统，因此很多词汇问题实际可以化归到语法问题之中（这里的语法是大语法）。基于结构主义范式和前沿性的语言学理论（尤其是构式语法、语体语法、韵律语法、功能语法），我们提出了一种新的教学语法体系及其教学模式，并以新观念背景下的词汇教学为例来检测其效度。第六章“教学语法的体系创新问题”从汉语教学的实际出发，提出并阐释了一种新型的二语教学语法体系——基于“结构—功能—语境”相结合的三一语法，其基本框架包括句子的形式结构、结构的功能作用、功能的典型语境这三个维度。这些维度彼此独立而又相互联系，构成一个有机整体。这种三维一体的教学语法系统，体现了“场景驱动、功能呈现、法则匹配”这一教学法的科学性，既有实践价值，同时还有理论意义。在此基础上，第七章“词汇教学的基本原则问题”就二语词汇教学的基本原则，在学界既有讨论的基础上做出一些新思考。基于“结构—功能—语境”相结合的基本观念，我们提出二语词汇教学应该体现这样一些基本原则：意义和用法相结合的原则、典型语境驱动的原则、词语辨析的最小差异原则、语际差异的对比参照原则、教学用语与词汇等级相适应的原则。

（五）教学资源问题

当前，数据驱动的研究和教学已然成了语言学发展的大趋势，语言本体、语言习得、语言教学诸方面的研究，都深受其影响。无论是基于语料库的研究和教学，还是语料库驱动的研究和教学，都在这一时代背景下有了新的发展。这就意味着知识库、资源库建设成了一项基础工程。就二语教学而言，教学知识资源库和中介语语料库的建设正在逐步展开。就这些语料库的建设现状而言，技术问题已经不是根本的制约因素，而一些基础性的理论问题则逐渐浮现出来，成了提升知识库、资源库建设功能和品位的瓶颈。我们这里只讨论其中的一个问题。第八章“中介语语料库的平衡性问题”以汉语中介语语料库为例从质量参数、程度参数和数量参数这三个方面的内在关联来讨论中介语语料库建设的平衡性问题。实现中介语语料库平衡性要在参数选择合理、充分的前提下，语料规模做到可能大量和相对足量相结合，在语料库结构安排上适用于不同的研究理念和研究方法。为此，需要遵循目标驱动、质稳量足的基本原则，采取急用先建、循序渐进的基本策略。

（六）汉语国际教育当地化问题

如前所述，“汉语教学”包括国内的汉语二语教学和国际的汉语二语教学两个部分，两者之间因教学要素的不同而呈现出很多差异。21 世纪以来，国际的汉语教学 / 教育得到了长足的发展，但也出现了很多对外汉语教学领域所未曾遇到的情况，其中当地化问题就是一个重要而又迫切需要解决的热点问题，同时也是一个理论和实践相交融的问题。第九章“汉语国际教育的当地化问题”首先讨论汉语国际教育当地化的基本性质，指出“当地化”体现的是一种汉语教育逐步融入当地因素、逐渐具有当地特色的发展趋势，除了包括助学当地化，还应包括汉语生活当地化。继而讨论中国在汉语国际教育当地化过程中的职能定位和当地教育管理者及汉语学习者、汉语研究者在其中应扮演的角色。在此基础上，重点讨论汉语国际教育当地化的主要内容，包括观念、教学内容、师资、教材、教法、管理、标准、资源等方面。这里还特别指出，汉语国际教育当地化过程中要充分利用教育市场因素。汉语国际教育当地化问题是一个学术前沿课题，还需要做出专题的系统研究。

从上述内容可以看出，本书涉及汉语教学中前沿问题的诸多方面，既有宏观的理论探讨，又有具体的实践分析。然而，由于研究过程中采取的是问题驱动的研究策略，但求直面问题，提出新的认识，因此“八大问题”之间系统性还不够，很多方面也未充分展开。更为系统的理论建构则需要以更多的专题研究和学理思考做基础，这应该是未来前行的方向。

第二章　汉语教学的本位观问题

一、引言

本章基于当代语言学观念对语言单位的基本认识来重新审视汉语教学界尤其是对外汉语教学界关于教学本位问题的若干观点，在梳理其逻辑结构、理论蕴涵和现实问题的基础上，试图提出一种新的教学本位观。[①]

汉语语法研究中的“本位”（basic unit）问题曾有过热烈的讨论。[②]所谓语法本位，指的是以什么为基础或基本单位来描写语法现象，建构语法体系。大体而言，传统语言学的各级语法单位都曾经被当作某种本位，如词本位、句本位、词组本位、小句中枢以及语素本位、字本位，另有音节本位的提法。目前影响最大的是词组本位，争议较大的是字本位。如果将本位问

---

① 施春宏（2012）以“对外汉语教学”为出发点讨论汉语教学的本位观问题。由于这种本位观适用于所有的汉语教学，因此除特殊情况（如引文）外，本章便将其统一调整为“汉语教学”。

② 关于“本位”的理解，“其含义含混并常见变异”（史有为，2009）。这确实是很多争议的本源。本章对此不做辨析，只按一般理解，将其作为语言教学以及相关研究的基本单位或立足点。另外，本位观和本位意识也有所不同，前者呈现为一种明确的理论主张，后者则主要是一种潜在的直觉感知。由于两者在如何认识教学对象的性质及采取相应的教学策略上具有一致性，因此本章对此不做详细区分。

题衍生到生成语法中，甚至可以说它的本位观基本上可以看作中节本位（即 $\overline{X}$ 本位，或称作 X 杠本位）；当然也可以看作短语本位，因为生成语法的所有生成过程主要是基于短语层面的操作。如果立足于比句子更大的单位的话，自然可以提出语段本位或篇章本位、语篇本位。基于某种本位的研究和教学，可以称作“本位观”（unit-based view，unit-based approach）。上面这些都是单一本位观，如果认为研究和教学过程中需要同时以两个或多个单位为基点，那么自然就会提出复本位（或叫综合本位）的观念。当然，对这些概念的理解，有的不能简单地就字面来说明问题，如以马建忠为代表的“词本位”实际主要指词类本位，以黎锦熙为代表的“句本位”实际主要指句法成分以及由此衍生出的句子模型本位。至于语法研究中的字本位，根据主张者的阐释，并非研究字的内部结构问题，而是将字作为生成语法系统和/或研究语法系统的基点和基础。[①] 也就是说，被选作本位的语法单位，在结合相关规则之后，根据其理论目标应该能够对语法系统做出恰当的描写。

跟本体研究的本位之争相似，汉语教学中的本位问题（即以什么作为语言教学的基本单位）之争，这些年成了热点。其中最突出的是对字本位和词本位孰是孰非的论争。与此相关的还有语素本位，以及以词层面之上的语言单位为基础的带有本位观的认识。至少在目前，这些有关教学本位的争论，似乎谁

① 这里的字本位是基于本体研究的理解，还有一种字本位是基于对外汉语教学的理解，下文多有说明。

也说服不了谁，而且有时演变成了汉语教学中的“话语权之争”。然而，经过对各种本位观的理论蕴涵和实践效度的考察，我们发现，这些争论常常是自说自话，甚至有些意气用事；而且主要是申明和阐述自己所主张的本位观的长处，却很少检视各种本位观“天生”的不足之处，这样就会在辩护的过程中基本上采取“证实”的策略，各逞其能，各取所需，而很少考虑“证伪”的需要和方式。显然，这样的争论是不容易实现真正意义上的对话的。其实，如果将教学本位观放到语言观、本体论和方法论这样更高的层面来认识的话，我们就会发现，各种教学本位观之间是差异性凸显、互补式共存的，每种本位观都既有尺长寸短之处，同样也有尺短寸长之时。本章即从这些方面来探讨汉语教学本位问题提出和拓展的必要性、可能性和现实性问题，更多地侧重于相关问题的理论思考，较少涉及相关教学策略的设计和操作。

二、汉语教学本位的层次性及其逻辑结构

语言教学与研究所面对的基本问题可以从结构和功能两个方面来认识。从结构方面着眼，需要面对的基本问题是：如何认识和处理语言成分的性质以及成分与成分之间的关系，并使之变得可以操作。因此，所谓的研究本位和教学本位都应体现于此，即立足于语言单位和 / 或结构关系。从功能方面着眼，需要面对的基本问题是：这些语言成分及其关系表达怎样的交际功能，适应何种语境，从而在结构、功能、语境之间建立一定

的对应关系。某些特定领域的语言研究还可以只讨论结构，而语言教学则不能放下功能不管，因为语言的交际功能是语言教学及其研究乃至语言研究的根本目标。

结构关系（及其蕴涵的语言规则）是隐性的，因此，作为显性实体成分的各级语言结构单位（就汉语而言，还包括特定涵义的“（汉）字”，下同）便容易成为各种本位观的立足点，无论是本体研究本位观还是教学本位观。这样，既会有词本位和语素本位、字本位，也必然有词组本位、句本位/句子本位/小句中枢（三者内涵不完全相同），甚或语段本位/篇章本位。由此还可以进一步推展开去，如果注重于语音系统，便可以提出新的本位观。如汉语习得中如果语调系统掌握得不好，自然会影响习得效果，那么因此而建立“语调本位”也是可能的。不仅是语调，各种超音段的韵律单位都对语言教学和习得有影响，因此也可以提出一个“韵律本位”，或者区分出音段本位和超音段本位。像汉语教学中有人提出“音节本位”，与这种背景不无关系。[①]我们相信，随着学界对某种语言单位所具有的语言价值和语言学价值的新发现，新的本位观也有可能呈现出来。[②]如语块理论、构式理论目前开始流行起来，那么适时地提出所

① 根据语言类型的最新进展——库藏类型学的研究，汉语的音节是个显赫范畴（刘丹青，2018），那么据此提出“音节本位”，则更有其现实基础和理论依据。

② 施春宏（2010a）曾通过对网络语言现象的分析探讨了语言价值和语言学价值这两个元语言学概念的内涵及其学理意义。语言价值关涉语言生活为作为交际系统的语言提供特定的语言成分，形成特定的结构关系，实现特定的功能；语言学价值关涉语言生活、语言现象启发、推动人们做出有意义的语言学概括。

谓的“语块本位”“构式本位”也是完全可能的。[①] 以上基于语言结构单位这样的实体成分而提出的各种本位理论都可以看作“显性本位观”（overt unit-based view）。

如果立足于隐性的结构关系的话，可以合乎逻辑地提出类似“关系本位”或者“规则本位”之类的本位观。比如强调语言的组合/聚合关系并根据这种关系来组织教学内容。这种本位观可以看作“隐性本位观”（covert unit-based view）。由于认知语言学特别强调各级语言单位之间的连续性，因此基于这种观念的教学和研究是不大提出某种本位观的。然而，认知语言学特别强调概念结构、语义结构在认知、研究中的主导性作用，如果以此为基础，认为它是概念本位或意义本位也未尝不可。从这个角度看，上面的关系本位/规则本位和各种显性本位（除了作为形义配对体的语块本位、构式本位外）实际都是形式本位。而概念本位或意义本位也可以看作是一种隐性本位，它不能直接呈现为语言系统中的某个显性的语言片段。汉语教学界虽然并没有在这些方面提出什么本位观，但教学过程中特别关注规则、概念、语义在语言习得中的作用，实际是与隐性的概念/意义本位的思路具有一致性的。

其实，人们在提出某个显性本位观的同时，往往蕴涵着隐性本位观，即关注显性成分实际也蕴含着成分背后的隐性关系，

① 如 Goldberg（1995：4）中说：“构式被当作语言的基本单位（Constructions are taken to be the basic units of language）。”这主要是基于构式本体而言的。而 Goldberg（2006）正是基于这种构式分析法（constructionist approach）来探讨语言习得过程中的概括性（generalization）问题，认为语言习得是通过构式而进行的。实际上，对构式语法而言，整个语法系统都是由且只由构式所组成。

因为根据结构主义基本原则，没有游离于结构关系、系统之外的语言成分、语言单位，也没有不实现为语言成分、语言单位的语言结构关系。如在汉语本体研究和教学研究中影响比较大的词组本位就是如此。朱德熙（1982）指出："由于汉语的句子的构造原则跟词组的构造原则基本一致，我们就有可能在词组的基础上来描述句法……如果我们把各类词组的结构都足够详细地描写清楚了，那末句子的结构实际上也就描写清楚了，因为句子不过是独立的词组而已。"由此"建立一种以词组为基点的语法体系"（朱德熙，1985：74）。显然，建立词组本位的基础是"汉语的句子的构造原则跟词组的构造原则基本一致"，目的也是为了更方便、更一致化地描写汉语句法结构关系。

由于每个层级的语言单位都是一种客观存在，因此在此基础上提出的语言学范畴都有一定的心理现实性（psychological reality）（袁毓林，1993），以此作为一种观察、描写和教授、学习的基点，是完全可以的。如果教学和研究过程中又侧重于其中的某个层面、某种单位，那么，就很容易将这个层面、这种单位作为研究和教学的支点了。如汉语教学中特别强调汉字教学，就是因为汉字不同于一般的拼音文字，其形音义的关系在学习（书面）汉语中起到了相当重要的作用。因此字本位观便具有特别的理论意义和实践价值。又由于各种语言单位在语言系统中呈现为层级分布，因此基于不同层级单位而形成的本位自然体现出层次性。

上面所论无论是形式本位还是意义本位，都是一种基于结构关系的本位，因此可以叫作"结构本位"。常见的本位就是基于结构单位而提出的若干本位。而如果注重于任何语言单位都应该实现为一种功能，那么就可能提出“功能本位”。如果说从功能可以进一步推广到用法/使用，自然也可以提出“用法本位/使用本位”。结构本位和功能本位、用法本位/使用本位是从不同角度来对待同样的现象，因此在实际的教学中往往将结构和功能（或用法/使用）结合起来。

再进一步，语言教学自然都以提高学习者的语言能力为旨归，那么这种基于教学根本目标的观念自然也可以称之为“能力本位”。这种本位跟上面提到的各种本位在性质上截然不同。甚至还有素质本位、学生本位的问题，就更是另一个层面的问题了。

如此说来，似乎什么都可做“本位”。其实上面很多所谓的本位，在实际教学中并不呈现为“某某本位”这种名称，只是在教学策略上凸显特定教学内容的地位和作用罢了。实际上，所有的本位都可以归纳为两个方面，一是基础本位（from X），一是目标本位（for X，包括 for whom 和 for what）。如本章论及的本位大多属于基础本位，而所谓的能力本位、素质本位以及词典学中的“用户本位”之类就是目标本位。上述各种本位看似复杂，其实它们处于特定的逻辑结构关系之中，形成一个可能的本位系统。下面将各种单一本位间的系统层级关系列表如下：

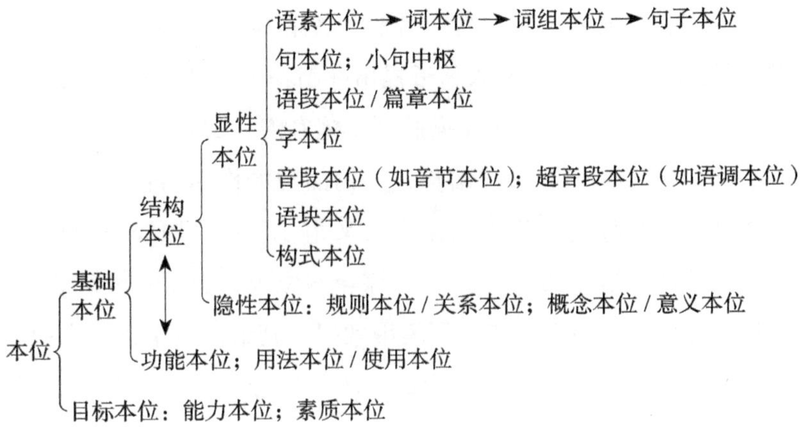

图 1　汉语教学本位的层级系统

目前语言教学乃至语言研究中的名目繁多的本位或准本位（即有实无名）大体都可在这张表中找到自己的定位。

当然，如果觉得单一的本位并不能解决问题（实际上单本位也确实都有局限），就可能形成复本位（综合本位）。如有人认为“词和词组双本位”比较适合作为第二语言的汉语教学语法的特点（何清强，2006）；有人指出字本位和词本位各有优势和侧重点（刘颂浩，2006），二者在一定程度上可以兼顾（刘颂浩，2010）①；有人提出“以词·语素·汉字为基本框架的教学理念”（施正宇，2008），认为“汉语作为第二语言教学应当遵循汉字、语素和词汇并重的基本原则，建立有别于西方第二语言教学的对外汉语教学模式”（施正宇，2010）。有人则主张中文

① 管春林（2008）则认为字本位和词本位是“具有本质区别的汉语语言观”，根本不可能结合。

的字本位和汉语的句本位各司其职，各适其用（张朋朋，2005；王红君，2007）[①]。还有人新近提出并阐释了一种新型的二语教学语法体系——三一语法（冯胜利、施春宏，2011、2015），其基本框架包括句子的形式结构、结构的功能作用、功能的典型语境这三个维度，它们彼此独立而又相互联系，构成一个有机整体。因此，这也可以看作一种综合本位观，但跟一般综合本位观的显著区别在于，它将语境因素引入到语法教学体系之中。这种三一语法虽非严格意义上的“本位”分析，但从教学的基本立足点和出发点来考虑，跟“本位”意识也有相通之处。

需要注意的是，汉语教学的本位问题跟本体研究中的本位问题虽然在名称上大体一致，但内涵常有不同，尤其是在具体内涵和操作上，有时会显示出显著的差异。如汉语教学中的词本位主要强调词在教学和习得过程中的作用，而本体研究中的词本位则主要凸显词类分析在语法分析中的地位。又如汉字教学中的字本位对每个“字”的构造问题相当关注，而本体研究中的字本位对此并不关注；其主要原因来自根本目标的差异，一者基于教学实践，一者基于理论分析。本位问题就是“眼光、视角、立足点”的问题，既然这些方面有差异，其内涵必然有所不同。

---

① 这里的“字本位”并非只是指汉字本身的教学，而是包括甚至更主要地实现为在汉字习得基础上的阅读和写作，因为该观点认为，“文言文和白话文都是‘字本位’”，“从能力的角度看，文字能力就是阅读和写作能力”，因此最佳的教学顺序是“先‘文言’后‘白话’”（张朋朋，2005）。

三、汉语教学本位观的理论蕴涵

上面从语言作为一个符号系统所具有的结构特征及其所表达的功能这个角度分析了各种汉语教学本位观（及本体研究中的本位观）出现的可能性。这里再进一步从各种本位自身的特性来阐述汉语教学本位观的理论蕴涵，尤其是本体论和方法论方面的问题。

（一）各级语言单位的构式性特征与确立教学本位的关系

上文已经指出，语言文字系统中的各类单位大多曾被当作教学本位提出过。为什么会如此纷繁而莫衷一是呢？这是跟教学活动的阶段性、教学内容的层级性和教学课型的针对性相联系的，每一个教学阶段、每一种教学课型都需要有针对性地重点解决某些具体的教学任务。如语音、汉字、语素、词汇、词组、句子、语段等在什么阶段教、如何教、如何配合等，都要根据学习者当前的知识结构和认知特点做出特定的安排。如果不同层级单位之间都是由严格的组合关系组装而成的话，那么教会了基础单位，自然就可以很方便地进入到高一层级单位的学习。然而，语言又并非这样简单的机械系统。由于语言文字系统中的各类单位处于不同的层级关系之中，各种语言单位都是语言系统的特定组成部分，底层单位在组合成高一层级单位的过程中必然会“浮现”（emerge）出底层单位原本没有的特征。也就是说，各个层级和各个单位都有自己的独特性，语言系统的每个层次都有其他层级单位所不能涵盖的特征。因此从单一具体层级出发，自然不能解决所有语言问题。这样，学习底层单位固然有利于学习高层单位，但不能必然地替代高层单位的学习。这一基本事实，从哲学层面来说就是一种“本体论存在”（ontological existence），即作为一种实在的独特对象而为人所认知。这种本体论存在必然导致学习者在学习每个层级的语言单位时都有“从头开始”之处。既然如此，各种语言单位便都有可能在不同的教学体系（及研究体系）中被作为观察或操作的立足点来对待，这就形成了基于各种语言单位的本位观。

这样的观察结果，自然使我们联想到了认知语言学尤其是构式语法理论关于“构式”的本质特征的认识。所谓构式（construction），简而言之，就是其整体中含有各个组成部分所不具备的、别的成分或结构也不具备的形式或意义方面的特征。（Goldberg，1995：4）即上下层级单位之间、不同单位之间不具有严格推导关系。显然，就大的原则着眼，上文对各级语言单位独特性的认识正体现了它们各自所具有的“构式性”（constructionality），即构式中所具有的特殊属性，或者说形如构式那样所具有的独特属性。既如此，在语言习得和教学中自然需要重点掌握和突破这种构式性特征。当下的语块理论，实际上也是强调各个具体语块（chunk）在习得过程中体现的构式性或者叫语块性的特征。构式性特征为我们认识语言教学中的本位观提出了一个新的观察角度，这是确立教学本位单位的一个客观基础。

（二）教学本位观对语言系统建构过程的基本假设

从语言各层级单位的构式性来看教学本位观，只是看到了它们的整体性和特殊性。然而，教学本位观的提出，实际上还跟语言单位的可分析性和可推导性有关，跟语言习得过程中的规则化操作过程有关。本位观试图解决的问题，不只是本位自身的形式和意义问题，更重要的是通过对本位成分（作为本位的语言单位）的规则化操作生成语言结构。这既是对客观语言系统建构过程的基本假设，也是对学习者语言系统建构过程的一种假设。如果只有整体性，而没有对建构过程的规则化操作的追求，就没有必要提出各种本位观了。其实，各种本位观，都是将本位成分作为观察的基点，由此向下（如果还有下位层次的话）和向上两个方向拓展，在确立基本成分后，将基本成分之间的关系规则化，从而有效地分析、学习其他层级的成分、单位。对基本成分的认识就是本位的立足点，对基本关系的说明就是本位观的描写能力、解释能力和教学效果的体现。也就是说，凡是坚持某种本位观的人，不管是有意识还是无意识，都是将语言系统（社会的和个体的，既成的和习得的）看作是由“基本成分 + 规则”组成的。而对基本成分的选择，实际上就体现为分析哲学中所强调的“本体论承诺”（ontological commitment）了，即将它视为自己理论系统、教学理念中的一种存在。[①] 就本位观所涉及的各个语言单位而言，当然是一种本体论存在，但如何认识和确定它的地位和作用，显然就跟本体论承诺密切相关了。作为本体论存在，字、语素、词、短语、句、段、篇是各具特征但又相互依存的不同层级单位，但就理论研究和教学需要而言，则完全可以选择其一而赋予它特别的地位。也就是说，任何本位观都蕴含基于某种理论背景的本体论承诺。

显然，各级语言单位的构式性特征跟语言系统建构性假设之间是存在着一定的矛盾的，而这种矛盾的客观存在正是各种本位观之间争议的根本原因，也是我们进一步探讨教学本位观的必要性和可能性的基本前提。

这里需要特别指出的是，认知语言学理论尤其是构式语法理论强调构式的独特性，将各个构式都看作一个象征单位（symbolic unit）。这种理论常常认为词汇/词法和句法是一个连续体，因此没有必要也不可能对它们做出严格区分（Langacker，1987：36），即便是词，跟大于词的语法构式也没有什么本质不同的特征（Croft & Cruse，2004：254），两者

① 本体论承诺是由美国分析哲学家蒯因（Willard Van Orman Quine）提出的概念。蒯因（1953）在对科学语言做逻辑分析时指出，任何理论学说都具有某种本体论立场，都以承认或否认这样那样事物存在为其本体论前提。蒯因指出，在讨论本体论问题时要注意区别两种不同的问题：一个是何物实际存在的问题，另一个是我们说何物存在的问题，前者是关于“本体论的事实”问题，后者则是语言使用中的所谓“本体论的承诺”问题。其实，任何科学研究都必然信守某种“本体论承诺”，即按某个理论认为何物存在从而进入考察的视野。施春宏（2010c）将这个概念引入到对语言事实（language fact）和语言学事实（linguistic fact）的关系的分析中，施春宏（2015a、2015b）则进一步拓展到对语言学理论体系中的假设（assumption）和假说（hypothesis）的分析中，请参看。

之间的差别主要体现为象征单位数量的多少、结构的复杂程度、构造的自由程度（Langacker，1987：53—54）。基于这样的认识，显然没有必要提出具体的单位本位观。然而从教学实践过程来看，从语素/字到词到句子，层次越高的单位，规则性的作用力越大，语言间对比分析的可能性也越大，因此可操作性体现得就越具体。我们不能由于过于强调不同层级单位之间的“同”而忽视其“异”。其实，连续统并不意味着等同，只是注意到了交界面的存在及其特定的语言地位及语言学地位。我们固然可以将这些语言单位都看作象征单位，看作符号，但不同层次的象征单位之间的差异仍然醒目地存在着，若要充分地描写、解释和教授、学习这些不同层级的象征单位，就需要做出进一步的分类，概括各个层级单位的特征和规则，操练这些规则。将构式看作语法的基本单位或者将所有的语言单位都看作构式，这都没有问题，但不能因此忽略不同层面的单位之间的性质差异。就如将个人、家庭、社区、社会、国家都看成一个个“构式”，但不能因此而认为它们之间的差异可以忽略，不能因此而认为它们之间不同的建构关系就不再需要突出了。

（三）教学本位观所体现的方法论原则

如果上面对“基本成分+规则”这种操作理念的认识比较合理的话，那么从方法论原则的角度来看，各类教学本位观实际上是与还原论相联系的，都认为语言系统的建构过程在一定程度上可以还原到某个层次，哪怕语言中确实存在着大大小小的无法充分还原的构式。打个比方说，分子和原子固然在性质上并不相同，分子的性质固然不能从原子的性质推演出来，研究分子的方法和研究原子的方法固然有差异，但分子“浮现”出来的结构和功能毫无疑问是依赖于原子的数量及其排列组合关系的，因此通过对这种成分及其关系的说明，在一定程度上发现、建构分子的结构和功能，理论上是可以的，实践中是可能的，也是必要的（当然也是不充分的，下面将对此有所说明）。

也就是说，教学本位观在对语言系统的理解上体现了一种还原主义方法论原则[①]，虽然有的本位观倡导者未必有此明确的意识，甚至否定这种观念的存在。所有的本位观实际上都是将语言系统还原到其所关注的本位成分及其关系，而且认为基本上是可以而且应该还原到这个层面的。从上文分析来看，各种教学本位观强调的是被当作本位的那级语言单位的构式性，认为其他层级的语言单位可以在一定程度上基于规则性地分析、推导出来。当然，这里的还原论不是简单地将整体还原为部分之和，而是基于教学策略的需要，认为可以通过强化对本位成分的理解和学习而更方便更有效地学习其他语言成分。从根本上说，各种本位观的分歧实际体现了语言教学中如何看待基本语言事实及其存在方式的问题，这必然涉及操作过程中的本体论承诺以及与此相关的方法论承诺（methodological commitment）问题。

虽然各种单一本位观都是一种还原论，但各种本位观的还

① 基于此，我们近些年在从事构式语法研究时，提出了一种与一般构式语法基本理念不同的研究路径——“互动构式语法”（Interactive Construction Grammar），倡导精致还原主义（sophisticated reductionism）/ 精致整体主义（sophisticated holism）的方法论原则，其基本理念是：立足整体，重视还原，强化多重界面互动的整合机制分析。（施春宏，2016、2018b）

原程度是不一样的。比较而言，目前的字本位（无论是基于教学的还是基于理论研究的）、语素本位都是一种强还原论，试图将基本教学内容都还原到字或语素的层面。相对于这种彻底的还原论而言，高一层次的本位观则是相对的还原论，是将自上而下和自下而上两种路径结合在一起的，而且对自身的规则性分析也相当重视。

（四）教学本位观视野中还原的必要性和不充分性

上文说过，任何本位观的提出都是基于某种本体论承诺。然而，任何理论都是“片面”的，任何承诺都只是一种视角。汉语教学界之所以提出了诸多指向的本位观，是因为不同的倡导者都同时看到了语言成分的构式性特征（constructional feature）和非构式性特征（non-constructional feature）。[①] 看到了本位成分的构式性特征，于是确立了本位；看到了非本位成分的非构式性特征，于是去利用本位成分及其关系来做规则性推导。基于非构式性特征，采取还原策略就呈现出必要性；基于构式性特征，则显示出还原策略的不充分性。

作为还原的策略，其客观基础就是语言单位形义关系的透明性，这是非构式特征的具体体现。如果语言成分只有构式性，没有非构式性特征，那么这些成分的形义关系就是不透明的，就都得一个一个地学，无论哪个层面都是如此。实际上并非如

① 施春宏（2013）将语言单位或成分的特征分为构式性特征和非构式性特征两个部分，构式性特征专指特征结构中不能通过还原、推导的方式获得的部分，而将可以通过还原、推导的方式获得的特征部分都归入非构式性特征。

此，人们在教与学的过程中，相当大程度地利用了“成分+规则”的习得策略，越是强还原论者，对此越加强调。强还原论者特别强调语言成分形义关系的透明性，基本倾向于整体等于部分之和的原则。而一般的本位观并不如此，而是采取有限还原的策略。如学生在进行词层面理解时，利用的是语素及其关系的策略；在进行句层面理解时，利用的是词及其关系的策略，还有句与句之间的关系策略；但对特定的词、句，仍然认为有一定的特殊性。

既然每个层级的语言成分都有透明与不透明的问题，不透明的成分具有“构式性”特征，那么就只好当作一个组块、构式来处理了。像语块分析，就是看到了语块的不透明之处（即便它的内部仍然由其他成分构成），因此将它作为习得的一个基本单元同样有其合理性。传统教学中的词本位观重视词汇教学，但没有重视比词更大的单位中的不透明现象，因此虽有语块的意识，但没有将其放到应有的位置。就还原的相对效度而言，词本位教学当然首先重视解决词的问题，对解决词组和语素的问题也有一定的效度，但对句子、语段的问题解决起来就比较困难了。而就语素而言，词本位当然没有语素本位解决得到位。又如字本位，就汉字在学习语言中所具有的某种理解、认知、组构的功能而言，当然有特定的教学要求和教学价值，但如果以此而主张取消词和词本位（乃至其他本位），[①] 试图解决

① 孙德金（2011）论述了对外汉语教学中“词”作为一级教学单位的现实性和必要性，同时对字本位理论否认汉语“词”的存在的观念及其论证方式提出了质疑。

词层面的所有问题以及比词（字组）更高层面的单位问题，就显然有些脱离语言系统和教学实际了。字本位看到了汉语和汉字、汉语教学和汉字教学的联系，而没有充分认识到它们之间的本质差异。其实，字本位在概括字与字之间的关系时，就必然要用到词法、句法的概念（当然可以围绕“字”来另外创造一套术语去表述，但这些基本关系是无法避开的）。汉字对词义理解确实很有帮助，这是汉字的“过人之处”；但汉字对汉语学习的帮助，也更多地侧重于有局限的理解和构词，而不是造句组段构篇。[①] 毫无疑问，无论字本位、词本位的分析多么精细，教法多么高妙，都未必能构造出一篇合格的作文来。因为从字到词（字组），再到句，再到段、篇，每个层次都有自己的“浮现”特征，而这些特征是不能通过简单的字、词加上组字规则、组词规则来说明的。就篇章而言，字本位无从作为，词本位小有作为，词组本位、句本位等颇有作为，但都无法大有作为。[②]

从根本上说，本位观都不是一种整体论，而是一种还原论。在教学中是需要还原论的，整体论会模糊我们对问题的看法，会使我们无从着手。还原论不是不要整体，而是将整体分析为

---

① 跟字本位相关度比较高的是语素本位，但汉字和语素并不相同。语素是语言系统的基本单位；而汉字，在一般理解中属于文字系统的结构单位，字本位理论则认为它是语言单位。所以，有学者强调：“‘字本位’是语言学理论，不是文字学理论。”（潘文国，2002）就一般理解而言，语素内部无法再分析出下位结构了，而汉字除了独体字外都可以分析出结构成分；字本位虽然强调它是语言单位，但在理解字义时，常常会借助于对汉字结构的分析。学习语素只能是整体性地学，而学习汉字一般都是从结构成分（笔画、部件或偏旁）及其关系入手的。

② 就对外汉语教学而言，词本位、词组本位有相当多的交叠之处。教学中的词本位实际上也主要关心在词语习得的基础上组词造句的问题。

部分加规则。但任何还原论都有简单化的倾向，将复杂问题简单化有时是策略的需要，但终究是有限的策略。

因此，我们可以说，教学本位观中的还原策略既有必要性，又呈现出不充分性。必要，是因为特定教学单位（语言单位）、特定教学阶段的独特性；不充分，是因为语言单位的层级性，每个单位的构式性特征决定了语言单位之间的不完全可推导性。而且，不同教学阶段、不同教学内容、不同课型对语言成分的构式性特征及其程度的认识存在着一个动态发展的过程，因此，问题的关键不在于是否需要还原（绝对需要），而是还原到什么层次，如何还原，多大程度上还原，还原后的效应和局限如何。也就是对还原论施加必要的限制，为还原划界。这是任何本位论者所必须思考的问题。教学中的还原，并非要还原到某个单一层次、在每个阶段采取同样的还原，而是要逐层还原、逐阶段还原，每个层次、每个阶段的还原都要考虑到特定层次、特定阶段所体现的构式性特征。然而，各种本位观目前对此并无明确的分析。

（五）教学本位的绝对性和相对性

由上可知，在教学中确立一定的教学本位是绝对必要的，它有利于在特定阶段、针对特定内容有针对性地突破教学中的重点和难点问题。然而，也正因为教学阶段、教学内容的差异，采取任何教学本位都是策略性的，具有相对性。

各种教学本位观都各有所长，但同时又各有所短。“长”在自己所处的层面及相邻层面的相对规则性的部分；“短”在更高或更低的层面及相邻层面的难以规则化的部分。也就是说，任何本位观最方便处理的对象是该本位观所立足的语言层次（尤其是该层次中的典型现象），然后相对方便地旁涉上一个层级和下一个层级，而对更高层级和更低层级的语言现象，在处理时都明显地力有不逮。贯通整个教学过程、适应所有基本教学内容和任务的教学本位是不存在的。从汉字书写角度考虑，字本位当然是唯一有效的；从理解字义、组字构词的角度，字本位也是相当有效的。[①] 但字本位观的目标并不局限于此。然而，当这种本位意识扩展到短语和句子层面时，则往往力不从心。但这也不是说在这些层面，字本位就一点作用都不能发挥了。其实，字本位到了词语和句层面似乎更注重理解，而不怎么关心生成（虽然字本位主张者未必同意这种看法[②]）。生成和理解毕竟是运用有所不同的认知策略和交际策略。不仅字本位有这方

---

① 这两处的"字本位"内涵实际不完全相同，但若"浑言之"也无大碍。

② 有学者认为"'字本位'理论第一次真正提出了语言的'生成'问题"（潘文国，2002），恐怕言过其实，除非该理论对"生成"做出仅限于自己理论所理解的界定。如若将生成理解为"积字成词"，那么在提高词汇学习效率方面，字本位还是有很强的理论意义和现实价值的。但该文指出，字本位的立论基础之一是南朝梁代刘勰的"夫人之立言，因字而生句，积句而成章，积章而成篇"，认为"这才是一个完整的'立言'的生成过程"。其实关键不在于认识到这种具有层级关系的单位的组合形式，而在于如何规则化地去描写和解释整个语言系统。没有系统的规则化的说明，没有对整个语言系统的描述，就很容易流入简单的思辨阐述中。其实，刘勰的说法是一种文学性的表达，就结构系统的"生成"而言是一种极其模糊的认识，没有提供任何生成的规则说明。正如陆俭明（2011）指出的那样，"'字本位'理论在解决汉语语法难题方面的优越性尚未得见"。理论研究的字本位如此，对外汉语教学中的字本位也是如此。潘文还指出："我们认为至少就汉语而言，'词本位'与'字本位'的最大区别之一就在于一个是静态的研究，一个是动态的研究。"这种论断恐怕也不能为人所接受。

面的问题，像“了、着、过”、“把”字句、流水表达等汉语教学中的老大难问题，以及各个大大小小、或紧或松的语块，都不是字本位、语素本位、词本位所能解决的。还有学者从语法不教什么入手，提出对外汉语语法教学的原则，其中之一是“属于词汇范畴的不教”（孙德金，2006）。由此推开去，不仅是语法教学，其他层面的教学都需要考虑教什么和不教什么的问题。有学者特别强调语段 / 篇章教学的性质和地位（彭小川，1999；郭颖雯，2003；张宝林，2006；陈晨，2006、2008；吕文华，2012），还有学者区分“说的汉语”与“看的汉语”，认为两者适应的教材和教法都应该有所不同（赵金铭，2004），也是有这方面的考量的。这些论述虽不是直接讨论教学本位问题，但毫无疑问，它显示了不同本位的教学原则和策略的差异。赵金铭（2018）在探讨汉语作为第二语言教学的语法呈现以及在通用汉语教材中如何编排语法问题时，提出了“格局＋碎片化”的教学语法体系及其教学策略，其基本思路也与此相关联。因为选择怎样的碎片，碎片如何组合成结构体进而“逐渐融入格局之中”，是与不同层级单位之间的相互作用相关联的。

相对而言，词组本位特别强调句法和语义的透明度问题，因此在规则化方面做得比较充分，充分展示了规则所体现的透明性。而且在吸收新的理论成果方面，词组本位也相对积极。就其理论构建过程而言，词组本位实际上主要呈现为一种规则观。但构式理论、语块理论的出现，对词组本位实际提出了某种挑战。而且词组本位在处理字本位、词本位所面对的基本问题时，往往也捉襟见肘。如何将构式观、语块观和规则观结合起来，如何将不同层级的本位观结合起来，可能是所有本位观所面对的根本问题。

因此，在语言教学中，针对具体教学内容、在特定的教学阶段，采取特定的还原策略是必要的，但同时要考虑到，任何形式的还原都是不充分的，更不是只有还原到某个层面才能解决所有问题、只要还原到某个层面就能解决所有问题的。任何本位观都必须面对什么阶段教什么和怎么教才相对有效的问题。

四、汉语教学本位观的现实问题

在上文对教学本位所蕴涵的本体论承诺和方法论原则分析的基础上，这里再进一步结合特定本位观的倡导者和支持者对其所做的辩护来说明本位观所面对的现实问题，进而提出新的本位认识及其分析策略。

（一）当前关于本位问题所采取的辩护原则

在汉语教学与研究中，凡是提出了某种教学本位，自然就认为以此为起点的教学和研究相对于其他教学本位而言具有更大的适应性、概括力和解释力。因此，为之做出辩护是该本位观的拥护者义不容辞的责任和义务。

综观当下教学本位倡导者所做的辩护，基本上都是采取证实的方式，常常通过举出一些实例，以此说明采取某个教学本位就能较好地解决教学问题，而采取其他教学本位则费时低效。

然而，这样的辩护往往是只见其一，不见其二，只见到或构建对自己有利的证据，而见不到或者忽视甚至有意回避对自己不利的证据。其实，就现代科学和科学哲学的基本论证理念而言，作为科学的辩护，既需要证实（confirmation），也需要证伪（falsification），甚至说更需要证伪。举几个适合于自己假说的例子并不难，而要驳斥那些不利于自己假说的情况，则殊为不易。证伪法作为一种方法论，不是指要证出理论、假说是伪的，而是说任何理论和假说都有自己的边界，越出这个边界，理论和假说就是伪的了。因此，建构理论、提出假说，一个重要的目标就是明确划定理论或假说的边界。也就是说，不但要指出该理论或假说能做什么，还要明确指出它不能做什么。如果只从证实的角度来考虑，便不容易发现自身的局限，往往会夸大该理论或假设的效度。极而言之，甚至有无限夸大的可能性，以为自己所倡导的理论就是最佳理论，能面对和解决所有问题。①

这里以汉语教学中的字本位教学为例。就目前的实际情况而言，有些学者坚持比较彻底的字本位观，认为汉语教学就得从字本位出发，而且字本位能解决其他本位根本无法解决的问题。当然，毫无疑问，其他教学本位观确实难以解决跟汉字教

---

① 施春宏（2015b）对语言研究中提出语言学假说时所采取的论证策略（尤其是证实和证伪的限度和效度）及开展语言学批评的方式做了说明。

学相关的某些问题，[①]但不能因此认为字本位就能充分解决词本位、句本位等其他本位中所能有效解决的问题。我们这里可以列出几条，字本位教学解决起来似乎比较困难。如：1）如何利用“家”的字义来简明地理解“人家、大家（书法大家、大家闺秀）、作家、国家”的含义并有效地使用它们？2）如何让学生明白两个及物动词“教”和“学”组成的“教学”却成了不及物动词，两个及物动词“买”和“卖”组成的“买卖”却成了名词？3）知道了“了、着、过”的字义（其实这是何其困难的事），如何说明“了、着、过”的用法？4）知道了“把”字及相关字与字组的意思，如何说明“这本书把他读傻了”的结构和用法？5）如何说明“阅读报纸、阅报、读报、读报纸”都可以说，而单单“阅读报”就不行？6）如何说明“张三打

① 字本位教学法的根本目的当然不只是教汉字，而是把汉字看作汉语教学的基本单位，试图在讲清汉字形、音、义的基础上，可以比较方便地讲解和学习由汉字构成的单位。（张朋朋，1992）正是基于此，主张字本位观的人便将“怎样处理‘字’这一语言教学单位”视为“汉语教学中最根本的问题”（白乐桑，1996）。这样的理解，我们推测，也许是基于汉字所具有的这样一些基本特点：1）表意性；2）数量的有限性；3）构词的能产性；4）词义的相对透明性。这种观念有其合理和有效之处，尤其是在长期采用词本位而忽视汉字在教学中的地位和作用的背景之下。但不能因此就说“现在越来越多的人都认识到汉语句法结构的基本单位是‘字’，而不是‘词’”（贾颖，2001），甚至主张对外汉语教学应由字本位更进一步地向“字中心”教学路子做战略转移（张德鑫，2006）。其实，字本位在彰显汉字构词具有一定生成能力的过程中，并没有充分考虑到这样一些重要问题：1）汉字表意的局限性；2）字和义的非完全对应性所带来的组合上的复杂性；3）因字构词的有限组合性；4）习得字和习得词的交互递推性；5）词义的不完全透明性（更不用说虚词的意义和用法了）；6）字的功能对词的功能不具有充分的预测性；7）比词更高的单位，跟字的关系更加疏远了。我们注意到，凡是主张字本位教学法的，基本上都是在字和词的关系上做出说明，而很少超出词的范围在短语、句子的层面上论证其生成能力。然而，汉语习得不是甚至主要不是字和词的习得问题（当然，这样说并不意味着忽视字和词习得的重要性）。

了他”中的“他”不能指张三，“张三打了（他）自己”中的“（他）自己”可以且必须指张三，而“张三说李四打了自己”中的“自己”可以两指？这些问题恐怕都不是通过调整字本位的理论本身所能解决的，因为它们从根本上说就不是“字”的问题，无论我们如何调整或扩大对“字”的理解。同样，它们恐怕也不能用词本位加以解决。

目前的字本位理论还缺少实证方面的研究。王骏（2005）在“字本位”的背景下做了专题实证研究，但刘颂浩（2006）认为这项研究从实际过程来看仍然没有脱离词本位的框架。也就是说，字本位，目前在有效地辩护方面，做得还不够。

其实，语言系统中的很多现象（甚至可以说是绝大部分现象）都是跨层次交互作用的（interactive），都是不同界面（interface）的语言单位相互作用的结果。例如在韵律语言学背景下，有人通过实验证实了下列各个句子在可接受程度方面有差异（邓丹、石锋、冯胜利，2008）：①

（1）a. 学生<u>**看清晰**</u>了黑板上的图像。（黑板上的图像已经看清晰了。）

b. 学生<u>**看清**楚</u>了黑板上的图像。

c. 学生<u>**看清**</u>了黑板上的图像。

（2）a. 班长<u>**讲明确**</u>了对方的来意。（对方的来意已经讲明确了。）

① 各组用例中b句里的小号字“楚、白、实”表念轻声。

b. 班长讲明白了对方的来意。

c. 班长讲明了对方的来意。

（3）a. 保安关严实了单位的大门。（单位的大门已经关严实了。）

b. 保安关严实了单位的大门。

c. 保安关严了单位的大门。

每组中例 a 都不能接受，例 c 一般都能接受，例 b 有的能接受，有的不能接受。显然，这不是单纯的字（字形、字义和字组等）的问题，也不是单纯的词法（词和非词、双音节词和三音节词）的问题，同样也不单纯是句法的问题，而是词法、句法和韵律相互作用的结果。其中，就划线动补结构的补语而言，例 a 是“音足调实”的双音节补语；例 b 是带轻声的补语；例 c 是单音节补语。三者在音节长度上的显著不同决定了它们带宾语的合法度上的差异。

我们之所以举这个例子，只是想说明，目前提到的任何教学本位可能都解决不了这个问题，因为它是一种界面交互现象，是韵律、词法、句法交互作用的结果。而我们又不能回避这个问题的存在。而且这个现象跟汉语的话题句、“把”字句、“被”字句、受事主语句等也有一定的关联。

我们坚持某个教学本位，论证时不能总是在概念上打转转，甚至打语录仗；也不能只是举几个听话的例子。考察各种本位观的理论意义和实践价值，关键仍然在于其解决问题的能力：解决什么问题，如何解决问题，还有哪些问题不好解决甚至无法解决。对特定本位观的分析，既要有证实的辩护，还得有证伪的说明。在讨论教学本位时，面对批评，必须要考虑：对方能解决的问题，自己是否能够解决，是否更经济地解决了。要勇敢地面对别人举出的“反例”，然后尝试寻找解决的办法。否则，是无法说服人的，也难以彰显自身解决问题的能力。对任何本位观，都要“听其言，观其行”；不但“观其所行，还要观其所未行”；不但要“观其所易行，还要观其所难行及不可行”。对任何理论都是如此。实际的效果是检验特定本位活力的根本标准。一个现实问题是，我们没有也无法根据字本位来编一本学汉语的词典（“字组典”？）和语法手册（“字法手册”？），同样没有也无法根据词本位或其他本位编一本功能性字典。其实，即便是字本位，目前也没有编出一本功能性的“字”典。对语言教学而言，我们要的不仅是理论的辩护，更重要的是操作性的指导和帮助。有学者以“计算”的眼光来审视汉语语法研究的“本位”问题时指出，“研究能否取得成果，重点不在于选择什么‘本位’，而在于我们对语言成分本身认识到了什么程度”（詹卫东，2005）。语言教学也是如此。

目前经常出现的现象是对传统教学模式的批评。然而通过对当下提出的一些教学本位观的分析，我们发现，当人们批评传统教学模式的失败之处时，较少针对具体论点进行分析，不太注意基于自身理论提出相应的解决策略，所做的批评常常是印象式评说。印象式评说，空泛的指责，只能逞一时之快，并不能说服他人，难以引起真正有价值的讨论。

（二）语言教学过程中需要建立分层次的综合本位观

前文已经指出，所有的本位，首先在解决该本位所在的语言层次时比较方便，其次是可以解决该层级单位的上一层级的某些问题，而对下一层级单位的认识也有一定的影响力。随着层级距离的增大，其教学效果也就显著降低。即层级距离和教学效果成反比关系。如果再考虑每个层级的成分都有典型和非典型的差别，它们之间的关系将更加复杂。

如果这种认识是合理的，那么，在面对语言系统和语言交际时，坚持单一的教学本位观，便既有一定限度的合理性，但同时又有很大程度上的局限性。这是各种本位观所面对的基本现实，常被某些论证有意无意地忽略。任何理论和方法、策略，都是作用与局限相伴随的。如果坚持单一本位，并试图将它贯穿到教学过程的始终和教学的各个阶段、各种课型，无论是理论上还是实践上都是不可取的。

汉语教学过程是循序渐进、螺旋递升的，教学内容和教学手段都体现出阶段性和整合性特征，使我们需要“分层次的综合本位观”（stratified integrated unit-based view）。综合本位不是片面地要求机械地同时使用各种本位，而是根据语言学习的步骤和语言能力发展过程选择性地使用相关本位，不同本位相互作用，交相为用；同时也不排斥在某个核心阶段、某个核心任务上，根据需要采取单本位策略以求得定向突破的效果。因此，这种分层次的综合本位观，从根本上说，就是具有整合观念的习得视角，也是基于因材/才施教理念的教学策略。赵金铭

（1996）指出，在对外汉语语法教学中，初级阶段只需教最基本的语法形式，使学习者具备区分正误的能力；中级阶段侧重语义语法的教学，使学习者具备区别语言形式异同的能力；高级阶段侧重语用功能语法的教学，使学习者具备区别语言形式之高下的能力；并进而指出“三个语法教学阶段是一个完整的体系”，后一阶段是对前一阶段的“继续、深化和出新，在讲授内容上照顾到内部有机衔接和整体的融会贯通”。显然，这样的认识跟分阶段、有侧重、相配合的本位理论在根本精神上是一致的。

分层次的综合本位观的具体内容到底如何，需要进一步探讨，这里只就宏观方面做些说明。具体说来，它可以从纵和横两个层面来认识。纵的方面，即根据语言系统构造的层次性和教学过程的阶段性而依次采取主导性的本位策略，并辅之以上下层次的教学本位。如前所述，各个层次的语言单位都有“构式性”特征，而这正是教学本位存在的必要性和可能性的基础，因此需要建立相应的教学本位。[①] 但是各个层次的语言单位跟上下级单位之间又在一定程度上有规则性的组织关系，因此必然可以利用其他层级语言单位的本位策略来解决问题。这样，不同层级的教学本位自然就出现了有主有从、交叠存在的情况。我们观察了那些坚持单一本位策略的理论主张和实践过程，发现“言”和“行”常常并不合拍。这也能看出单一本位在面对

① 史有为（2009）在梳理了学界对“本位”理解的种种歧见之后，指出：“本位不是科学研究所必需的唯一选择。……因此之故，质疑‘本位’就毫不奇怪，也就非常需要了；也因此之故，放弃对‘本位’的追逐实质上可能就是一次思想解放。”

不同阶段、不同教学内容时的困境。无论何种本位，甚至主张取消所谓的本位，都得处理语言系统各个层级的结构成分及其关系。

横的方面是将结构和功能结合起来。目前比较受重视的任务教学法，将语言教学目标分解为不同的教学任务，让学习者在参与、体验、互动中习得具体教学内容。这种干中学、用中学的教学模式显然特别强调语言功能的分析和交际场景的设置，从而将形式结构、语义功能语境化。显然，任务教学法的具体语言“任务”仍然跟特定本位相关联。冯胜利、施春宏（2011、2015）提出的三一语法就试图将结构、功能、语境结合起来，每一个结构都有特定的功能，每一个结构和功能的结合体都有适切的语境。语言教学要同时将这三者结合起来，才能有效完成教学任务。这些探索虽没有打着教学本位的旗号，但实际上都体现出一种本位观的意识。

需要说明的是，倡导什么样的教学本位是与具体的教学目标相联系的，这个教学目标不能是笼统的整体目标，如提高汉语水平，提高语感，而应该是具体化、结构化的，如什么样的汉语水平，哪个方面的语感，达到什么程度等。就此而言，提倡建立分层次的综合本位观，也是合乎语言习得的实际和语言教学的基本要求的。就汉语教学的阶段性而言，越是初级阶段，需要突破的越是较为初级的单位，如字、语素、词；而到了中高级阶段，句式、语段 / 篇章便逐步成为基本教学任务了，如篇章教学法在虚词教学方面显然比字本位、词本位、语素本位、短语本位等要相对有效一些。而且到了中高级阶段，较为初级的本位策略往往已经内化为语言学习者的一种基本能力了，因此综合运用的空间就更大了。这不是说教学阶段跟语言单位层级一一对应（实际上即便是初级阶段，也有句式、语段/篇章的某方面教学任务），而是说在有所兼顾的基础上有所侧重，形成面和点的有效结合。而像韵律、语体方面的内容，则是超越各个本位的（或者说是跨本位的），这更是一般单个的结构本位所无法观照到的。

其实，我们的教学和研究的实践也常常是采取这种多层次的综合本位观的。如白乐桑、张朋朋编写的《汉语语言文字启蒙》（法国 La Compagnie 1989 年出版；中文版由华语教学出版社 1997 年出版），在简介中作者说该教材采取的是“字本位教学法”。然而刘颂浩（2006）、施正宇（2010）认为它的字本位中结合了词本位的策略。白乐桑本人后来对此也有认识：“我基本赞同陆先生的观点。字本位不等于教字。以前教字的教材还是词本位的。”[①] 很多人批评传统的教学法是词本位教学，其实也不尽然。它实际采取的是“词本位＋规则本位”并一定程度上兼顾字本位。如传统教材的内容一般包括课文、生词、注释、练习，其中的注释，很多都是关于规则和用法（尤其是特殊用法）的，后面的练习也大多是关于规则的。传统的基于行为主义的操练法也是以规则本位加词语替换为主的。并不是只要看到“生词”在教材中作为一个部分单独出现就代表该教学法是唯词本位的。其实，凡是基于语言系统中间层次的本位，都必

① 参见彭泽润、潘文国（2010）中白乐桑的发言。

然是一种承上启下的本位，教学策略就是要立足于此并能使它变得进可攻，退可守。

从初级到高级整个教学过程来看，分层次的综合本位观，实际是在主张这样的教学本位策略：有本位，并根据特定阶段特定目标特定内容而有侧重，而并非超时空地唯某个本位；有的目标只有综合本位才能实现，而且大多数目标常常需要综合本位才能实现。每个本位都有它最擅长解决的问题，也有不擅长解决和无法解决的问题，正如各不相同的语言学理论一样。从原则来看，没有包打天下的理论，也没有大一统的、独步天下的、以不变应万变的教学本位。这跟“教学有法，但无定法，贵在得法”在基本精神上是一致的。不妨模仿着这样说：“教学有本位，但又无适应一切教学内容和过程的本位，贵在选择适切的本位。”分层次的综合本位观的基本精神就是分目标、分阶段、分内容、分课型地采取不同的本位策略。无论是本体研究还是语言应用和教学研究、教学实践，本位问题都只是策略问题，而不是原则问题。而坚持某个单一的本位，实际上就是把它当作原则性的问题了。然而，将策略看作原则，这个原则实际上就有了问题；强硬地坚持某种本位必然会使我们看不到“原则”之外的东西。当然，回过头来说，就特定的教学过程或内容而言，选择了某个本位，就带有原则性了。我们通常说要以培养能力为目标，这没有错，但能力必须有所寄托。就语言能力而言，能力也是分层次的，策略是逐步适应的，有原则性也有灵活性。所有的教学和研究，其根本都是问题驱动的，因此寻找问题解决策略就成了关键。就此而言，解决“什么问题”

很关键，而所有的本位都是跟这个根本问题相联系的，如何使具体教学本位运用到位是本位观存在的基础。

（三）加强元语言意识与教学本位之间关系的研究

既然分层次的综合本位观强调汉语教学的阶段性和整合性，那么哪个教学阶段、什么样的教学内容适合什么样的本位就成了问题的根本。前面已经指出，语言系统的每个层级的语言单位都有一种“构式性”特征，因此都可以作为教学本位的立足点。这样问题也就变成了：在什么阶段学习什么语言单位，掌握该语言单位的哪些内容，哪些内容需要同时学习或交互式学习。

解决问题的关键就是对特定语言单位、语言结构的元语言意识的考察和分析。所谓元语言意识（metalinguistic awareness），简单说来就是对整体及其部分的辨识和对整体与部分之间规则性操作的认识。如对汉语的语音意识，包括音节意识、声调意识、声母意识、韵母意识、音位意识。甚至还有更具体的，就汉语学习而言的塞音和塞擦音的送气意识、舌尖后音的翘舌音意识等；普通话背景学生学习英语辅音时的清浊音区分意识等。

具体教学本位的确立和实施应该跟学习者某种元语言意识的出现和发展相关联。没有元语言意识的实证分析，任何教学本位的提出和实施都缺少充分的基础。而对当前汉语习得中元语言意识的研究现况，我们曾做过一些分析，发现基本上都集中于汉字（如形声字的声旁意识、形旁意识及表音表意线索的意识、正字法意识等）、语音（如声调意识、音位意识等）等领域，语素层面和词汇/词法层面（如语素意识、复合词构词法意识、词汇结构意识等）的研究也有一些；句法意识方面的研究较少，基本上还处于面上的说明；而关于构式意识（constructional awareness）的研究则基本上没有开始。（施春宏，2011a）[①]因此，需要加强汉语元语言意识，尤其是句法意识、构式意识发展过程的实证性研究。由于各个层面都具有独特的特征，因此这些层面的元语言意识显然跟汉字、语音、词汇/词法层面元语言意识的表现方式和呈现过程并不相同，而这就需要我们在研究观念和方法上做出创新。而且还需要考虑元语言意识形成和发展的方式，也许有的元语言意识是独立发生的，有的是伴随发生的，有的则是互动发生的。这决定了我们采取教学本位时要强化针对性，或以某个单一本位为主，或实施某些本位时有主有从，或在相关本位配合实施时交相为用。在某个阶段某种元语言意识开始萌芽时，就要强调某种"本位"教学；如果在某个阶段某种元语言意识已经基本形成，那么对该语言单位及其关系的教学就不再需要作为重点。有研究指出，中高级汉语水平学习者，汉字的正字法意识已经基本形成（冯丽萍，2006），部件意识和部件位置意识都已经具备了（郝美玲，2007），那么中高级阶段的汉语教学就应不再以汉字教学为重点了，新见汉字的学习可以更多地由学习者自己强化完成。如果某几种元语言意识综合体现在某个教学过程中，那么就要

① 若超越语法单位来考虑，对韵律意识和语体意识，学界甚至基本上没有意识到它们的存在。基于此，本文在讨论教学本位问题时，基本上没有涉及这些方面的内容。

采取综合的本位教学模式，整合相关内容。

就各级各类语言单位的元语言意识研究而言，大体说来可以包括这样一些内容：该层级语言单位的心理现实性，对该层级语言单位形义之间关系的意识，结构或规则的透明度对习得的影响程度（这跟习得该层级单位时是整体表征还是分解表征直接相关），该层级语言单位所包含的原型构式（prototypical construction）的意象图式的构建过程，在元语言意识形成过程中自上而下和自下而上的互动方式，元语言意识的形成和发展（即在什么时候、哪个阶段、什么水平上具备哪种类型的元语言意识），元语言意识的形成与语感培养的关系等。实际上，就汉语词汇、句法、语段/篇章的元语言意识而言，重要的就是了解习得过程中学习者何时及如何处理形式和/或意义及其关系的问题。如在习得复合词的过程中，有的研究者认为复合词是以整词形式表征的（如 Monsell，1985；Fowler，Napps & Fldman，1985）；而有的学者认为并非如此，复合词习得中存在着词素分解表征的证据（如 Taft & Forster，1975；Marelli，Crepaldi & Luzzatti，2009；Juhasz & Berkowitz，2011）；还有的学者认为是整词表征和词素表征相互激活的混合表征（Caramazza，Laudanna & Romani，1988）。其实，暂不论其实验的具体情况，仅就语言学理论而言，如果一个语言单位内部是有结构关系而这些关系又是受到规则制约的（这是显而易见的），那么说这种结构关系对习得结构整体没有影响，则是无法想象的。就汉语习得而言，在字本位看来，整词表征必然是一个伪命题。当然，如果我们考虑到整词中的“构式性”特征的话，整词表征在这个层面上也有一定的启示性。也许综合表征更适合汉语教学实际。当然，就具体的构词类型而言，整体表征的形式或许也是存在的，如汉语的复合词中构词成分和关系的透明度几无的情况下。这就必然要求我们探讨结构关系信息在习得过程中的作用问题，而这方面的研究自然对探讨特定单位的元语言意识的形成和发展具有重要的作用。实际上还可能存在这样的情况：即便从语言系统本身来看，某些词的内部形义关系是透明的，但就学习者个体的既有知识和能力而言，这种透明性未必为学习者所了解和掌握，因此也完全可能采取整词表征的习得策略。在习得该词及相关内容后，可以有效利用类推的策略，运用对其内部形义关系产生的新认知习得新的同类现象，此时就又可以看作是分解表征在发挥作用了。

当前的汉语教学（尤其是语法教学），对初级阶段和中级阶段的教学比较关注，实际上学界关于教学本位的争论也大多在这个层面上展开。然而，中高级阶段的教学尤其是语法教学教什么、如何教，一直存在着很大的问题，以致“语法教学实际上从中高级阶段开始就中断了”（吕文华，1994/2008）。对此，施光亨（1990）早就指出：“几十年来，语言教学法的理论和方法在不断发展之中，就总体而言，它们多数比较适用于初级阶段。中高级汉语教学如何吸取这些理论方法中有用的东西，总结自身的经验，逐步形成自己的教学法，有待我们去探索。但无论如何，研究汉语的内部规律，确定相应的指标，应该是我们的当务之急。”中高级汉语的语法教学尤其需要自己的“航标”。有先生在总结对外汉语语法教学理论和实践的基础上，概括出“句型为体，字词为翼”的教学思路（李芳杰，1999），但这也主要是针对初中级的语法教学而言的。显然，中高级汉语语法教学缺少初中级汉语教学所具有的明确的教学目标和教学内容，一个很重要的原因就是我们对进入句层面之后的语言教学观念和方法探讨得并不充分，对更高层次语言单位的元语言意识基本上没有什么探讨，更不用说韵律意识、语体意识了。我们曾提出在这个阶段要加强句式意识、篇章意识等构式意识的培养（施春宏，2011a），或者说需要采取相应的构式本位的教学策略，就是基于人们对这些构式类型的形义关系复杂性的认识。要想准确地习得句式、语段/篇章，仅仅从形式上加以分解，或者辅之以抽象的句式意义、语段/篇章的衔接和连贯的说明，这是远远不够的，还需要对特定句式、语段/篇章类型的语境适应性的分析。这是教学工作面对的难题，也是本体研究的重要课题。而何种类型的构式意识在什么阶段形成，其发展过程如何，构式中的形义关系对构式习得的影响，构式的“构式性”特征和非构式性特征在构式习得中的关系，都是构式意识所要关注的重要论题。由于构式理论（以及相应的语块理论）的观念是近些年才引入到语言教学中的新理论，人们对这方面的认识尚不够深入，因而具体的成果还比较少。但这个问题不解决，中高级阶段的语言教学的瓶颈就难以突破，我们就一直难以找到具体的航标。

五、本章小结

目前我们对各种本位观的论述很多还处于概念层面上的说明，在论证具体本位的效度时基本上都采取证实的辩护策略，而对各种本位观的建构原则、教学策略、具体目标、评估体系、测试手段、反馈机制等还缺少深入的探讨。

本章对教学本位的分析是基于各层级语言单位的构式性特征和非构式性特征之间关系以及语言教学过程中存在整合效应的认识，认为单一的教学本位观在特定的教学阶段、针对特定的教学内容是有一定的效度的，但绝不是充分的，所有的教学策略都是根据具体的教学对象、内容、场景而选择的。凡是将一个完整过程分段处理的，都只能是一种过渡性的策略，有一定的效度和方便之处；但若因此而认为基于某个片段、某个侧面的教学和习得就能代替整体的教学和习得，显然是失之片面的。由此本章提出分层次的综合本位观。这种本位观的基本观念合乎语言构造和语言学分析的基本原则，合乎语言习得过程中的认知经验和发展过程。因此本章分析了提出这样的本位观的理论蕴涵和现实意义。研究所限，本章对此并没有展开论述，对其具体操作过程更没有涉及。

另外需要说明的是，很多主张某一教学本位的论述中，实际上对“本位”和“意识”并未加以区别，从而将教学过程中所具有的某种语言单位意识简单地当作本位策略来看待了。其实，很多所谓的本位观，实际上就是基于某种语言单位的一种立足点，一种视角，一种教学策略。而且，即便主张某本位，和实际是否完全按其主张去运作，有时是两回事；一个人在教学方面的成功，跟他所主张的某种本位观，也未必存在着严格的对应关系。同时我们也应该意识到，研究者和教学者对本位的要求实际上并不一致。研究者可以只管一小块，因而可以采取单一本位；而教学者实际面对的是具有层级关系的语言文字系统和不断发展递升的语言习得过程。这也是我们提出分层次综合本位观的一个现实基础。

而要想真正地认识到在什么情况下采取某种教学本位效度较高，什么情况下需要采取综合性的教学本位，就需要对各种类型的元语言意识展开深入的研究。然而，目前关于习得过程中的元语言意识研究，基本上都局限于词和词层面以下的语言层级。汉语教学界对汉语教学本位的认识也大体与此相适应。显然，这对说明语言习得的发展过程而言是很不充分的。如何进一步探求词层面之上语言单位习得过程中的元语言意识问题，是摆在我们面前的一项迫切的任务。

第三章　语言教师的论感问题

一、引言

一般汉语教学问题讨论的是“语言”教学或者说是教语言、学语言的问题，这一章讨论“语言学”教学或者说是教语言学、学语言学的问题。语言教学的对象是语言学习者，语言学教学的对象主要是从事语言教学和/或研究的教师或准教师。[①] 显然，两者的教学目标、教学内容、教学方式都有根本的不同。本章讨论的是语言教师或准教师的理论直觉问题，这个问题在二语教学界还基本没有涉及，但却是一个合格教师所应具备的基本素质问题。当然，这种理论直觉也是语言学研究者所应该具备的元语言学能力。

在语言教学中，无论是本族语教学还是非本族语教学，语感（language intuition，又作 the sense of language，language sense，the feeling of language）及语感培养问题一直是大家极为关心的一个话题。语感问题一直是第二语言教学/外语教学的关键所在。从根本上看，语言习得就是习得者养成目的语语感的过

① 如果一个语言学习者对语言结构及其关系方面的知识比较感兴趣、有需求，显然也可以对他进行语言学教学。当然，这一般只能是零星地说明，而非系统地介绍。

程，语言教学就是教师培养习得者目的语语感的过程。作为一名二语/外语教师，不但自己要有基本的语感，还需要拥有一项学生相对缺乏的超越语感的直觉，即对语言现象和语感背后蕴涵的理论或准理论的直觉。这种理论直觉便是本章标题中所示的“论感”（linguistic intuition，或作 the sense of linguistic theory，linguistic sense，the feeling of linguistic theory）。本章对此做出专门探讨。我们首先探讨“论感”概念提出的理论基础和现实依据，接着讨论语言教学过程中知识传授与论感培养的关系，在此基础上探讨语言创新与高层次论感培养的关系，最后指出在语言教学和习得过程中，语感和论感之间存在着互补性。

二、从语感到论感

“论感”是21世纪之初语言学研究中初步提出但至今尚未得到充分论述的一个重要概念。由于论感这个概念是在与语感相区别的基础上提出的，因此讨论论感必然要谈及语感，并将两者加以比较以明晰论感的内涵。下面便先从语感谈起，文中主体部分的讨论也是将论感和语感的比较作为理论的基础之一。[①]

早在20世纪20年代，夏丏尊就提出了语感这个问题；后来很长一段时间学界虽常有提及，但多以随感性发挥为主。近二三十年里，无论是语文学界，还是外语学界、对外汉语教学

① 毫无疑问，从逻辑上说，任何学科都有论感（the intuition of theory）问题。本章的论感专指语言学领域中的概念。

界，在反思语言教学的得失时，都不约而同地将关注的焦点放在语感的培养方面，并将培养语感看作语言教学（包括语文教学）的中心问题，进而对语感问题进行了较为系统的理论研究。近年来，语言习得研究中关于元语言意识的研究受到较多关注（参看第二章的说明），其中也与习得者的语感的形成过程与机制有关，只不过元语言意识更多地侧重于对语言知识的概括化、规则化的感知和学习。

虽然人们对语感内涵的理解有差异，[①]但大体而言，将语感粗略地看作交际过程中所体现出来的直觉地理解、判断和表达的语言能力，这是没有什么问题的。简单地说，语感就是对语言使用的直觉，或者径直说成语言直觉。这是一种内化的语言

① 关于语感的理解，夏丏尊（1924）和叶圣陶（1980）首先强调对于语言文字的灵敏的感觉，这是后来语感直觉论的滥觞，如邢公畹（1981），吕叔湘（1985，参刘连庚 1985），王培光（1996），胡明扬（2002），郭裕建（2002），赵春利、杨才英（2002），周健（2004），姜美子（2004），陆俭明（2005），王培光（2005），张旺熹（2007），周健（2005），陈韶群（2009），白丽（2010），周健（2011），鲁健骥（2014），祁峰（2017），赵春利（2018）等也都认为语言是一种感性的直觉能力，即感性认识，不过邢公畹（1981）还突出了语言使用者在语感上的共同性。而杨炳辉（1993）则认为"语感是感性和理性相统一的一种悟性，是一种理性直觉性"，李泉（1995）强调"判断语言运用的'正 / 误''优 / 劣''常 / 殊'等的语言能力"，王尚文（2000：35）认为语感是一种"半意识的言语能力"，他们都在语感直觉论的基础上渗透了理性的因素。也就是说，关于语感的一般理解，概括起来，主要有两种观点：纯粹直觉论和渗透理性的直觉论，直觉性是这两种认识的相通之处，也是关键之处。具体分析从略。然而李海林（2000）认为目前一般对语感的理解都只是对语感心理活动的外部描述，没能真正揭示语感的本质和心理内涵（321—326 页）。他认为"语感"是指"对言语对象的一种直觉同化"。张福生（2007）则认为语感是"一种知识与能力的中介"。由此可见，关于语感的内涵及其本质，也还有进一步讨论的必要。蒋成峰（2010）概括了国内语文教育领域、语言学领域以及第二语言教学领域对"语感"理解的异同；张福生（2009）概述了语感研究的历史，作者将先秦《庄子》至今的关于语感的认识过程分为模糊语感教学期、早期描述性阐释期和深入研究期三个阶段，可参看。

交际能力。培养语感就是培养对语言交际的这种直觉的理解、判断和表达能力。当然，在语感培养中，会因语感主体的语言背景不同而有一些差异。对非本族语教学而言，其语感培养似乎是更多地侧重于培养学习者自然地理解和生成目标语言的交际能力，这是一种带有“自然性”的要求。而对本族语教学而言，所谓的语感培养，显然主要不是指这个方面，而是侧重于使学习者在接受和表达方面具有敏锐的直觉，这是一种带有“艺术性”的要求。如我们常听人说“这个人的语感不错”“他的语感很糟糕”，其中的“语感”一词，对这两类学习者而言，所指是不同的。前者更多地指能够正确地理解语义、判断正误和流利表达的能力，后者还包括甚至侧重指创造性理解和使用的能力。虽然前者也可以以创造性理解和使用的能力为目标（实际是最高目标），但这不是他们的基本要求或主要要求。因此，当我们说一个非汉语背景者的汉语语感不错时，是一种实在的表扬；而说一个汉族大学生的汉语语感不错时，多少有些不可接受。实际上这里区分了两组语感，既区分了本族语语感（第一语言 / 母语语感）和非本族语语感（第二语言 / 外语语感），也区分了基本语感和高层次语感。当然两者的根本目标都是一致的，即都是为了提高语言交际能力，但实现的方式和途径及其所达到的效果则有很大差异。

其实，对语言现象的直觉，除了语感之外，还有另外一种，即论感。一般的语言教学（language teaching）在培养语感的同时，有时还需要培养学习者的论感；而在语言学教学（linguistic teaching）中，尤其需要强化对论感的培养。即便一般的非本族语教学也要注意这方面的问题，从而更好地培养学习者的语感，实现无障碍的交际。[①] 那么，什么是“论感”呢？

论感这个概念是于根元先生首先提出并做了初步说明的。于根元先生在探讨应用语言学基本理论尤其是讨论语言能力时多次谈到论感问题，其主要观点集中体现在下面这段话中：

> 近些年讨论语言能力分化的时候往往提出这样的问题：一位是中国农村的老太太，连自己的名字都不会写，中国话说得好；一位是外国的语言学教授，说中国话说不好，会研究中国话。谁的语言能力强？这样就把语言能力分化为交际能力、知识—研究能力。换个说法，前者有语感，后者有论感。我们语文教师的语感和论感都要强。有一定的语感又有一定的论感，发现不同于原来理论的语言现象，及时调整我们的语言观，再用新的语言观观察语言现象，又会有新的认识，语感和论感互相促进，形成良性循环，这就用好了自动升级的程序。教师自己用好并且帮助学生用好自动升级的程序，恐怕是我们语文教学最重要的任务。（于根元，2002）

---

① 本章论及的语言学教学包括两个层面：一是系统的语言学知识教学；二是语言教学过程中渗透的语言学知识的教学。前者如高等学校以及语言教师培训中的语言学教学，后者大多是中小学语文教学和外语教学（如汉语作为外语的教学）中的语言学知识的传授。前者以学理层面的传授为主，后者以技能层面的培养为主。实际上，后者在一定程度上也需要通过语言学知识的传授来提高教学对象的语言能力，因此我们下面有时径直说“语言学教学”，有时为了强调则将两者合在一起称作“语言（学）教学”。

这里，于根元先生将语感理解为交际能力，将论感理解为知识—研究能力，同时特别强调语感和论感的相互促进问题。赵俐（2003）、张福生（2004）对此做了进一步的阐释。我们从语言（学）教学的角度，在这里对语感和论感的理解做一些调整。语感已如前所述，论感则是指对语言现象背后的条件、理据和规则、规律的直觉判断或感受。抽象一点说，论感就是对条件和现象之间所存在的结构关系的直觉感知。直观一点说，就是对语言交际中蕴涵的某种理论因素的直觉感知。这是一种跟语言直觉相区别的语言学直觉。这样看来，语言知识—研究能力实际是建立在论感这种语言学直觉基础之上的更高阶段的能力。语言交际能力强，语感必然好；同样，语言知识—研究能力强，论感也必然好。

下面举一个习见的例子来说明：

（1）他把房子拆了。

（2）他把房子建了。

（3）他把房子建好了。

对一个学习者而言，如果他能够理解这三个"把"字句的意思，并能够判断出例（1）和例（3）是合格的句子，而例（2）是不合格的句子，那么他就有判断"把"字句的基本语感；如果他同时还能造出合格的"把"字句，他就有了比较好的语感。这是母语者都有的语感，也是二语学习者所应该逐步建立的语感。如果这个人还能指出例（1）和例（2）的合格与否，只是由于句中所用动词的差异，那么他就有了基本的论感；如果他在比较例（2）和例（3）后发现，例（3）中的“好”是这个“把”字句成立的重要条件，那么他就有了比较好的论感；如果他还认识到这个“好”甚至代表某种语义类型，那就有了相当强的论感了，此时跟理论分析就很难区分开了。语感往往体现了对“例”（token）的直觉，而论感更多地体现了对“型”（type）的直觉，尤其是对“型”背后的结构化知识的直觉，即对结构中的相关成分之间的制约关系的敏感。这时他还可能造出类似这样的“把”字句：

（4）他把房子建在小河边上。

（5）他把房子建得比老房子还好看。

此时的论感已经融入高层次的语感了，而且也很容易转为语言理论分析了。从例到型，是论感层次逐步提升进而向理论建构发展的过程。这种论感以及相关的语感的形成，有可能是通过大量的语言操练而得到的，也有可能经过简单的点拨就能实现。我们要培养的就是这样的论感和这样的语感。

当然，对非本族语学习者而言，要形成的语感主要就是那位中国农村老太太的语感，这个老太太是可以表达出例（4）和例（5）这样的句子的，虽然未必能说出什么道道来；而对本族语学习者而言，其语感还有更高的要求（如对相关词句精细差别的准确感知、对歧义现象的快速感知），因为这个老太太还没有受过语感训练，主要还是基本层次的语感。而对教学者自身而言，无论是非本族语者还是本族语者，都应该以论感培养作为一种重要的目标，只不过对非本族语教学者而言，论感培养还同时以基本语感乃至高层次语感的培养为基础。

由上面的分析得知，良好的论感是展开理论研究的基础。没有论感谈不上什么语言研究，语言学教学就是主要用来培养论感的（虽然我们当前做得并不尽如人意）。但是，需要注意的是，论感并不等于理论，理论是论感的规则化、知识化、系统化。跟语感一样，论感也是一种内化的语言能力，而理论则必然是外显的；论感的外化就是对语言现象的条件、理据和规则、规律的直觉判断，其抽象程度比较粗浅、模糊；而理论则是对相关现象得以出现的条件、理据和规则、规律的高度抽象并加以规则化，形成知识。从这个角度说，论感是一个前理论（pre-theoretic）现象。一个人有较好的论感，未必能够系统化为理论性的规则、知识。如知道了例（3）比例（2）合式并且能造出例（4）和例（5）这样的句子来，未必就能明确指出其中的使用条件。而一个某方面理论水平高的人，他在某方面的论感一定比较强。

另外，我们也不能以论感代替语感，认为一个人的论感好语感就一定也好。一个人在发现语言的规则、规律方面有敏锐的直觉，但其语感也未必就很敏锐。何况一个人的论感往往侧重于某个方面。如有人对修辞现象比较敏感，有人对语法现象比较敏感，有人则对语音现象比较敏感。当然，高层次的论感乃至语感则是综合性的。语感和论感这两种语言交际中的直觉能力之间的关系，我们将在下面进一步说明。

三、知识传授与论感培养的关系

论感的形成，既有来自于自然语感的，也有来自于教学培养的。前者多表现为通过内隐学习（implicit learning）而获得的，后者多表现通过外显学习（explicit learning）而获得的，[①] 而更多的时候是两者相互促进的结果。这里主要从语言（学）教学的角度谈谈知识传授和论感培养的关系问题。[②]

前面说过，对非本族语学习者而言，语感培养是语言教学的基本目标（本族语的小学阶段和初高中阶段的语文教学也大体如此）。这种教学观念通常被称作"语感中心说"。而对将来从事语言教学和研究的人（包括本族语者和非本族语者）而言，论感培养应该成为语言（学）教学的基本目标。这可以姑且叫作"论感中心说"。

在教学过程中，面对学生的疑问，如果能够利用教师现有的知识来解答，则属于知识传授；如果遇到了现有知识不能解释的现象，那么就需要教师有比较好的论感，发现问题的所在，感觉到解决问题的途径。而这种论感在相当的程度上也是可以

---

① 关于内隐学习和外显学习的特点以及差异，可以参见杨金鑫（2002）的概述和进一步研究。

② 知识有广狭之别。传统的知识观（狭义知识观）中的知识大多是陈述性知识，而当代认知心理学所持的广义知识观中的知识除这种属于"是什么"的知识以外，还包括程序性知识（又可分为一般程序性知识即智慧技能和策略性知识）这种"怎么办"的知识。关于广义知识观的内容，可参见郭裕建（2002）的相关介绍和分析。显然，狭义知识观在能力培养方面有很大的局限，而语言学界对知识传授在能力培养中的作用的怀疑大多基于对这种知识的理解。

培养的。

如果对知识及知识的传授理解得不是那么狭隘的话，论感的培养是离不开知识的传授的。传授什么知识、如何传授知识都会影响到论感的形成。[①] 根据知识结构在理解、接受和创造使用中表现的差异，我们可以大体将语言（学）教学过程中所涉及的知识分为显性知识（overt knowledge，也可称作既有知识）和潜性知识（covert knowledge，也可称作待成知识）。显性知识即学习者从教材、教学环节中被直接传授的知识，而潜性知识则是学习者在语感的基础上通过综合运用显性知识所可能发展出来的知识。潜性知识包括两个方面的内容，有的对现有知识体系而言是真正的新知识，是新见，可以称作新创知识（new-found knowledge）；有的只是对学习者（也包括传授者）而言是“新”的知识，可以称作新识知识（new-known knowledge）。有新见的潜性知识往往是显性知识的拓展或修正，有的则是全新的发现。由此可见，只有新创知识才会带来人类知识的增长，而新识知识主要还是涉及知识的吸收和传播问题。

语言（学）教学中当然需要利用显性知识来培养学习者的论感，而如何对待潜性知识则更是论感尤其是敏锐而前卫的论

---

① 这里需要对知识传授和语感培养的关系做些补充说明。当前，人们在强调语感培养的同时，有一种较为激进的看法，似乎认为语感培养与知识传授所涉无多，甚至认为知识的传授反而影响了语感的培养。其实，这是从一个误区走到了另一个误区。对非本族语学习者而言，知识传授仍然是语感培养的一个重要途径；对本族语学习者而言，知识传授仍然是提升语感的一个重要途径。关键不在于知识传授本身，而是传授什么知识和如何组织、传授知识。其实，凡是强调语感培养的人，大多强调通过语言操练和语境浸染来传授知识。也就是说，知识传授和语感培养并不是对立的。

感形成的基础。

例如，几乎所有的现代汉语教材和对外汉语语法教材中都有这样的一条规则：程度副词不能修饰名词。因此，下面的句子常被看成是不合乎汉语语法规范的：

（6）结婚以后他们很恩情。

恰当的表达似乎应该是“结婚以后他们很恩爱”（程美珍主编，1997：14）。

可是，在运用说明例（6）的规则时，我们有时会不好解释下面这样的新现象：

（7）想想看，如果你的同事、邻居，还有你的兄弟姐妹都一个个的特别诸葛亮，你承受得了吗？（谈歌《闲话三国人物》，《十月》2006 年第 4 期）

（8）我看到，何老汉也在其中，已经换了身干净衣裳，黑头帕换成了新蓝干部帽，很知识地端坐着。（叶广芩《响马传》，《中篇小说选刊》2005 年第 3 期）

（9）这次来打电话的是位男士，穿一件白色的衬衫，连袖口上的纽扣都扣上了，非常绅士的样子。（严敬《五月初夏的晚风》，《小说选刊》2005 年第 10 期）

面对这种情况怎么办？否定吧，这种用法虽然还不很普遍，但在比较鲜活的作品或交际场景中不难见到；肯定吧，又不合乎显性知识提供的规则。如果一个学习者发现这种用法有时很难用别的用法去替换，替换了也不一定到位，而且这种用法还有一定的可类推性，那么这个学习者就在这个方面有了比较好的论感基础（当然，他对这种新现象的语感也不错）。

一个具有比较好的论感的人，是能够发现这些表达所具有的特殊作用的。他在看到“特别诸葛亮、很知识、非常绅士”之类的表达后，不但理解了这个表达的特殊涵义和特定效果，而且还可以构造出类似“很贵族、非常江南、特山东”之类的表达。如果从个人的语感角度考虑，虽然不同的人对上面这些句子的接受程度并不一样，但都会认同这样的一个事实，即“特别诸葛亮、很知识、非常绅士”的可接受度比“很桌子、非常树木、特别张三、有点儿天空”要高很多。[①] 对可接受度的准确感知，是良好的语感和论感的重要体现。对新的现象的准确感知是高层次论感的重要方面，它是形成潜性知识的重要途径，也是论感培养的主要目标，对此我们将在下文进一步说明。

当然，还有一个问题需要说明。对例（6）所体现的规则而言，如果是一个初学者，他所学的语法词汇知识往往是语言交际中比较稳定的部分，一般不会遇到例（7）～（9）这样的情况，这时就有一个知识结构处理的艺术问题了。这说明知识教学的层次性与论感培养有很大的关系。处理好知识传授的层次

---

① 施春宏（2001、2002）对这种程度副词修饰名词的现象做过较为详细的描写，并试图从语言内部寻找解释这种用法产生的依据及可接受度差异形成的基础；施春宏（2005）第七章在此基础上做了更为详尽的阐释。

性和论感、语感的层次性之间的关系尤为重要。面向低水平的学习者的教学更多地培养基本语感，随着学习者语言水平的提高，就有必要提高语感的培养层次并逐渐强化论感的培养及论感层次的提升了。

又如教材中告诉我们“是”字句可以用来构造一种存在句，表示存在的“是”做谓语时，基本格式是“表示处所的词语+‘是’+表示事物的名词”。可是，下面的句子虽然符合该格式，却是有问题的：

（10）食堂是宿舍旁边。

恰当的表达应该是“宿舍旁边是食堂”，“是”前后的两个成分需要换位（程美珍主编，1997：219）。

在运用说明例（10）的规则时，有的学习者可能说这句实际表达的意思是“食堂在宿舍旁边”（此例可能来自于英语背景的学习者，相应的英语表达是“The canteen is beside the dormitory.”），它跟“宿舍旁边是食堂”的意思不完全一样。在这样的情形下，我们也可以说这个学习者在这方面已经有了比较好的论感基础了。对相关现象的关系的比较到位的感知是论感的另一个重要方面。它也是发现潜性知识的重要途径。

我们说论感的培养离不开知识的传授，没有一定的知识积累尤其是程序性、策略性知识的积累就不容易形成高层次的论感。然而对培养论感以及语感而言，光有语言学知识是不够的，还得有文学、文化、艺术、交际甚至哲学、美学等等方面的知识，尤其是影响日常交际的百科知识。如著名作家杨朔的散文中问句很多，但基本上没有“难道”类的反问句。如果想对此有比较到位的感知，除了需要理解反问句的语法特点外，还需要对反问句的语用要求有所认识，同时还需要对杨朔的写作风格、文章情境等有所了解。

总体而言，论感以及语感的提高都是综合作用的结果。但我们的教学有时“语言学偏向”（linguistic preference）过了头，严重时甚至出现极端的“语法学偏向”（grammatical preference）。①

对学习者而言，显性知识往往是被动知识（passive knowledge），而潜性知识更多地意味着主动知识（active knowledge）。在语言知识的教学过程中，如果从论感培养的角度来看，我们既需要有效地传授显性知识，而且还需要甚至更需要传授潜性知识形成的方式和路径，只有这样才能变被动知识为主动知识，才能变被动的知识吸收为主动的知识内化，并转化为能力。也唯其如此，教师的主导地位才能得到实质性的体现，才能综合提高学习者的语言交际能力。

---

① 语言教学中的“语言学偏向”甚至“语法学偏向”的局限性近三四十年里一直受到比较普遍的批评，20 世纪 80 年代有人提出的“扭断语法的脖子”就是对这种偏向的极端反应。淡化语法教学在特定条件下有其合理性，因为在实际教学中语法教学分量往往较重，而且过于强调外显学习，而不是能力培养。这种批评的大背景是教学实践中有人用语言学规律来代替语言教学中语言成分教学的规律，因此批评者要求语言教学中淡化语言学知识的教学，以避免将语言教学变成了语言学教学。当然，这种偏向对语感培养和论感培养的得与失尚需进一步的深入讨论。

四、语言创新与高层次论感培养

从上面的分析可以看出，语感是分层次的（如王培光，1998、2005；王尚文，2000 等），论感也是分层次的。层次性是语言和语言交际乃至世界万事万物的根本属性之一（于根元主编，1999；于根元，2008）。对论感而言，基本层次的论感往往跟显性知识的传授关系比较紧密，而高层次的论感则主要体现在对创新的感知能力上，甚至还包括创新能力本身。一个人论感强不强，一个很重要的标准就是看他对新的语言现象和语言学现象是否有敏锐的感觉，是否对交际中的特殊表达有准确且创造性的理解，甚至是否创造性地进行语言交际。

跟潜性知识相关的是，对学习者而言，所谓的“新”也有两种理解，一种是虽非群体语言交际的“新”但对个体而言则是新的，一种就是对群体语言交际而言也是新的。而我们讲的创新，主要指后者。这种创新，“就是基本上在原来的情况下认识和做法更加到位，在新情况下有新的认识和新的做法”（赵俐，2003：131）。

语言是在交际中存在和发展的。由于语言交际是动态的、有层次的，语言知识和语言能力也是动态的、有层次的。中介现象的普遍存在正是动态的、有层次的交际的必然结果。因此论感也是动态的、发展的、呈层级分布的，对论感的培养当然应该是动态的、发展的、有层次的。这种动态、层次的集中体现就是对“新”的感知。没有对新的现象的关注，没有对新的现象的敏锐的感知，就谈不上语言的创新能力。凡创新就是展示个性的一面，创新的能力和对创新的感知能力实际上就是对个性的把握。只有个性才能带来知识的增长。培养好的论感就是为增长知识打基础。

这就要求我们，在培养高层次的论感（包括语感）时，比较快捷而有效的途径之一就是对新的现象的观察和分析。语言是在交际中存在和发展的，① 新的语言现象最能折射语言的演变特点和演变趋势。因此，语言（学）教学中要努力培养学习者及时发现和接受新现象的能力，并对新现象的产生和使用的条件有所感知。这正是将语言能力看作交际能力的体现。要使学习者将对新现象的认识化为语言知识的直觉，提升自己的论感。像对上面例（7）～（9）的论感的提升，往往会导致对现有理论的调整以及产生新的理论。

这样看来，对创新的感知是与人的语言素质相关的。语言素质不是一成不变的。既然是动态的，就既可能上也可能下。与新的东西有隔阂，就有下降的危险。于根元（2002）指出："语言素质也是有层次的。一个人的语言素质结构还可能滑坡。语言交际能力的实践不是一次性完成的。"因此，论感的培养也不是一次性所能完成的。语言素质滑坡的一个很鲜明的体现就是对新现象的感知的钝化。因此，培养对新的语言现象的敏感是培养论感的重要方面。主动知识的形成往往在创新性交际中

---

① 在这个意义上说，现实交际中的每种语言成分及其关系都曾经是新的，而且所谓的"新"也是有限度的新，蕴涵着共时和历时特点的新。

得到更鲜明的展示。[①]

当然，语言创新并非只是指创造出以前所没有的形式。即便从词形上和结构上看似平常的表达，也可以体现一种创新。这是艺术性使用语言的通则之一。[②]但对这方面的感知也有很大的层次差异。例如余华的小说《活着》中有这样的一句话：

（11）我看着那条弯曲着通向城里的小路，听不到我儿子赤脚跑来的声音，月光照在路上，像是撒满了盐。

笔者在向被调查人询问对这句话的感觉时（提供了上下文），不少人都指出了这句中运用了比喻的修辞手段，且指出了月光和盐在颜色上的相似之处，但并不觉得其中有高妙之处。其实，这里的每句话虽然都很普通，但联系上下文的语境，“月光照在路上，像是撒满了盐”这句话有其特殊的艺术追求。如果强调颜色的相似，为什么用“撒满了盐”这个比喻而不用其他颜色相似的事物？因为我们有个惯常表达叫“在伤口上撒盐”，对失

---

① 当前的一个现实问题是，我们在教学中经常采用偏误分析（传统语文教学中叫“病句分析”等）的教学方法，然而，在分析的过程中，我们对创新用法的关注不够，引导得不够充分，说明得也不够到位。其实，偏误分析是培养语感和论感的有效途径，只是不要将这种“匡谬正俗”的模式作为主要的教学模式。

② 我们曾将语言规范化的主导意识和策略区分为“规则本位”（rule-based language normalization）和“语用本位”（usage-based language normalization），前者将现有的语言学论著、教材中的规则（往往以规律的名称出现）作为现代汉语规范化的最重要的甚至是唯一的标准，合乎既有规则的就认为是规范的，不合乎的就是不规范的；后者则将交际值（communicative value，或者说语用值）——语言交际到位的程度作为衡量语言是否规范的唯一标准，将发现、保护、介绍、推荐新的、好的语言现象放在比批评指责更加重要的位置。具体分析参见施春宏（1999a、2005）。

去了儿子的主人公“我”来说，月光撒在地上，就是撒在伤口上。这就是创新。对这种创新的感知显然有较高的要求。[①]

由此可见，就论感而言，至少还需要粗略地区分这两个层次，即规则性论感和艺术性论感。其实，语感也可以从这两方面来分析。传统的语感分析实际上以知识为中心（王尚文，2000：346），讲求知识的规则化和规则知识的传授；现代意义上的语感分析则以能力为中心，讲求交际能力的培养。论感的培养也是如此。由此可见，无论是语感培养还是论感培养，都必须从规则中心说（或者叫知识中心说）转到能力中心说（或者叫交际中心说）上来。这就要求我们在语言教学和语言学教学过程中让学习者多接触、多思考新的语言现象和新的语言学理论。“重视创新是我们的对待语言的基本态度和语言研究方法、方法论的重要基础。”（于根元，2002）

五、语感和论感的互补性

语言交际中大量存在这样的情况，有人语言使用得很好，但理论水平并不高；有人理论水平很高，但语言使用得很平淡。也有这样的情况，有的学生改起所谓的病句来非常顺手，然而说出的话、写出的文章却很一般。甚至还出现过这样的情况，有的作家的语言表达本来挺生动的，但在系统学习语法词汇修

① 其实，没有高层次论感和语感，要想跟高水平的作者共振是很困难的，更不用说有高水平的创作了。

辞方面的知识之后，反而笔下显得有些枯涩。语言学界曾有过这样的盛事，20世纪50年代初，为了提高人民群众运用语言的水平，《人民日报》连载了吕叔湘、朱德熙合著的《语法修辞讲话》，这对形成自觉学习的风气和大力提倡、普及语言知识起到了很大的作用。但该书的作者在1979年的“再版前言”中指出：“只从消极方面讲，如何如何不好，没有从积极方面讲，如何如何才好。这样，见小不见大，见反不见正，很容易把读者引上谨小慎微，不求有功但求无过的路上去，然而大家知道，这样写文章是不可能写好的。”这些方面牵涉的问题当然很多，有一些复杂的情况我们还没有弄清楚，对语感和论感的培养以及两者之间的关系，我们注意得还不够。

语感和论感是从不同的角度来看待交际者关于语言的直觉的，它们都是人们对语言对象的认知能力，而且都是基于既有的语言经验所形成的一种直接而敏锐的认知能力。它们都是语言交际能力的一部分。不过，两者并不等同。语感重在对语言现象本身的直觉，即是对语言现象之“然”的直觉；而论感则重在对现象背后的条件的直觉，即是对语言现象之“所以然”的直觉。显然，一般人的语言交际能力的高低更多地表现在语感方面，而对语言表达能力比较高的人而言，则是两者都很强。一个想象力不丰富的人，是写不出一首好诗的，也不容易理解一首好诗。一个优秀的作家，他必然具有敏锐的语感；就论感而言，也必然是敏锐的，他的理论水平未必怎样，但他能敏锐地发现好的语言现象，并能直觉地感受到好之所在。[①] 同样，一个理论水平很高的语言学者，他不但论感敏锐，语感往往也很强。从语言能力的培养来说，语感和论感是互补存在的。对一个语言学习者而言，就是要通过语感的培养逐步过渡到语感和论感的共同培养。

我们在语言（学）教学中都有这样的感觉，对比较典型的现象，教起来比较方便，学生理解和掌握起来也比较容易，如例（1）和例（3）中的"把"字句；但对一些边缘现象、新出现的现象，教起来不容易，学生理解和掌握起来都比较困难，更不必说积极运用了。可见，对典型现象的接触容易形成一般的语感。越是基础的方面，语感培养的成分越重，因为这是在培养基础语感。对一个虽然能够理解和生成类似例（1）和例（3）的"把"字句的人，如果他连下面的"把"字句的正误判断都有所迟疑，那么当务之急还是重在培养他的基础语感：

（12）他把饺子吃到肚子里

（13）* 他把饺子吃到五道口

① 20 世纪 70 年代末 80 年代初，"朦胧诗"盛行之时，有的人在读解朦胧诗的时候就有些困惑，对"连鸽哨也发出成熟的音调"（杜运燮《秋》）这样的诗句"琢磨不透"（章明《令人气闷的"朦胧"》,《诗刊》1980 年第 8 期）。其实，这是由于我们长期受到致力于宏大抒情的诗歌范式的浸染，对"朦胧诗"中的情调和表达都比较迟钝，以致在面对这种新诗风时，不但语感平庸，论感更是缺失，有的只是既有的理论范式所提供的分析套路。语文教学、语言生活中面对新的现象，类似这样的批评仍很普遍。当然作家的论感和文艺学家的论感，其侧重面往往并不一致，前者更多的是艺术地领悟，后者更多地渗透着理论。其实，类似这样的批评，在语言学界也不时能够见到。

而对非典型现象（如边缘现象、过渡现象、新现象）的感知，则更多地牵涉到语言系统的更为本质的方面。越是本质的东西，越需要较强的感知能力，既需要高层次的语感，还必然需要高层次的论感。这样，越是边缘的现象、过渡的现象、新出现的现象，越能检测学习者的语感和论感。当一个汉语学习者能够构造出下面这样的“把”字句时，他的汉语语感层次应该比较高了，如果他还能感知到其中的特殊之处，他就同时也具备了相当好的论感，因为他在直觉上已经感知到“一场大旱”“这次英语考试”在整个表达中的特殊作用（参见施春宏，2007）。

（14）一场大旱把田里的庄稼都干死了

（15）这次英语考试把我考晕了

从这里可以再次看出，语感是分层次的，论感也是分层次的，高层次的语言能力是高层次的语感和高层次的论感的相互结合，而且是动态的结合。上面所提到的那位中国农村老太太和那位洋教授显然都没有达到高层次的语言能力。而一个优秀的作家显然在这方面表现得尤为出色（虽然他的理论抽象水平未必很高），这也就是我们为什么将优秀作家的优秀作品作为高层次学习的范本的根本原因。我们要发现的就是他们的语感和论感，进而有效地培养和提升自己的语感和论感。

论感不是语感的一部分，但两者可以部分交叠。越是高层次的方面，论感培养的成分就越多。对一个大学中文系的学生，对一个对外汉语教师和国际汉语教师，语言（学）教学的主要目的除了介绍语言学知识外，就是培养论感了，而且知识的介绍也应该围绕论感的培养而展开。也就是说，对本族语教学而言，培养论感是关键，在培养论感中进一步提高语感。而对非本族语教学而言，在坚持语感中心的前提下，也要随着其语言交际能力的提高而逐步强化论感的培养。高层次的语言（学）教学和语言使用，语感和论感的互动性就更显著。而且，高层次的语感和高层次的论感都有创造性。但现实中也有语感和论感相割裂的现象，重视了语感培养而忽视了论感培养。也就是说，在语言（学）教学中不要用语感代替论感，反之亦然，更不要用知识分析代替论感培养。这也可以看出区分显性知识和潜性知识在培养语感和论感过程中的重要性。至于如何培养论感，正如如何培养语感一样，是一个需要长期探索的过程。

由此可见，语感和论感之间存在着互补性，两者相互促进。这里，我们对两者之间的关系还只有一个初步的认识。正如于根元（2006：90—91）所指出的那样，对语感和论感之间的关系需要进一步论证，论证的核心是语感和论感相互促进的条件和途径；好的语感如何形成，好的语感如何促进形成好的论感，相反的情况也是如此。我们在前面谈到元语言意识问题，其实，培养元语言意识是促进语感论感转换的重要途径。比如学生培养基本的语块意识更多地依赖于语感，而扩展的语块意识则还需要学习者运用论感自发地内省。

六、本章小结

目前，语感培养在语言教学的地位和作用已为大家所认同，对语感的理论分析已经有了一些成果。然而，论感这个概念的提出虽有一段时间了，但人们对论感的基本特征、基本类型、主要功能、心理机制、生成过程、表现形式等方面都尚未分析，更不用说对论感培养模式、操作手段以及论感与语感之间的关系的研究了。甚至连何谓论感、是否需要在语言（学）教学研究中引入论感这个范畴都还需要进一步讨论。有鉴于此，本章讨论了论感的基本内涵，将其理解为对语言现象背后的条件、理据和规则、规律的直觉判断或感受，以此为基础，具体讨论了知识传授和论感培养的关系、论感的层次性、高层次论感的培养途径、语感和论感的互补性等问题。基于我们对语言（学）教学基本目标的认识，我们认为，在语言（学）教学中，既要注意语感的培养，也要注意论感的培养，关键在于处理好它们在不同阶段的层级关系。就现实而言，有两个方面的问题则是首先需要解决的，即：如何促进语言教学者和语言学教学者语感和论感的结合与提升；如何使教材（尤其是语言学教材，特别是高级阶段的语言学教材，如现代汉语教材、语言学理论教材）的编写更好地为语感和论感的培养服务，对此，我们将在第四章具体阐释。

需要说明的是，关于汉语教师所应具备的基本素质，学界多有所论，而且常常将教师问题和教材问题、教学法问题合起来，称作“三教”问题，其中教师又是“三教”问题的核心，教材和教学法与教师问题密切相关（崔希亮，2010）。需要进一步讨论的是，仅就汉语教师的语言学素质而言，除了必备的汉语知识体系和理论语言学知识体系外，教师的理论直觉能力也应该是其能力结构的重要组成部分。对此，尚需学界做出系统而深入的研究。

这里我们还想进一步说明的是，高水平的论感不仅是语言教师应该具备的素质，其实各个学科和专业的教师都应该具备高水平的论感，因为论感的本质就是敏锐的理论直觉。

第四章　语言学教材的编写问题

一、引言

本章和下一章讨论性质有别但又有很强关联的两类教材的编写问题，本章讨论语言学教材的编写，下一章讨论语言教材的编写。这是我们探索如何建构作为第二语言的汉语本体系统的一个重要方面。

教学研究涉及大纲制定、课程研究、教材研究、教法研究、测试与评估和教师研究等诸多领域。语言教学中，学生是主体，教师是主导，因此如何培养教师是至为重要的一环。本章并不试图涉及教师培养的所有方面，而是基于二语教学过程中教师应该具有怎样的语言学知识来探讨相关问题。教师的语言学知识大多来源于语言学教材，因此我们这里借助新的习得和教学观念试图对面向二语教师的语言学教材编写中的诸多方面做出分析。

语言学教材的编写问题是语言学知识资源化的一个重要方面。关于面向二语教学的教材编写理论与实践问题，学界做了较为广泛而深入的探讨，研究成果相当丰富（可参见赵金铭主编（2004/2019）第五章的概述），但基本上都集中在语言教材编写方面，而对面向二语教师的语言学教材的编写问题鲜有系统的论述，而且即便有所讨论也基本上是从语言教材编写的角度着眼的。然而，语言学教材的编写同样是一个非常重要并且值得重视的研究领域。毫无疑问，面向二语教师或准教师的语言学教材显然不同于二语学习者的语言教材，虽然两者有相当高的关联度，但由于对象不同，性质有异，因此这两类教材的差别还是十分明显的。仅就对语言学知识的处理而言，语言学教材主系统呈现，格局性强，语言教材求逐步渗透，碎片性显；语言学教材侧重于语言学知识体系的“学”，语言教材侧重于语言学知识传授的“术”。

教材编写（尤其是面向基础层次的教材编写）都是“戴着镣铐跳舞”：镣铐就是课程大纲、评测标准、课程类型、习用教法、通行教材的说法、一般的认识以及教学对象的相关知识背景等。作为面向二语教师的语言学教材自然主要是介绍学界“常识”性质的知识，但在如何介绍方面，目前的探讨多集中在语言学理论（主要指理论语法或专家语法）与实用性语言学知识（主要指教学语法或实用语法）的区别、联系、衔接方面。本章则主要从现代语言学和语言（学）教学的观念和方法的角度来重新探讨这个问题。① 这里并不试图全面展开论证，而

① 近些年，我们编写了数本通识性质的汉语作为第二语言教与学的教材：《作为第二语言的汉语概说》（施春宏，2009a）、《汉语基本知识（语法篇）》（施春宏，2011b）、《汉语基本知识（语音篇）》（施春宏、蔡淑美，2017）、《汉语基本知识（词汇篇）》（蔡淑美、施春宏，2020）、《汉语基本知识（汉字篇）》（施春宏、王伟超，2020）和更具综合性的面向国际汉语教师的《汉语纲要》（施春宏，2018a）。这些教材的编写，记载着我们对作为第二语言的汉语本体系统建构的探索历程。目前我们还在规划编写新的语言学教材以及语言教学和语言学教学工具书。我们在编写过程中探索和发现了一些值得思考的问题。本章的思考有很多以此为基础。

是就其中几个突出的问题提出一些想法，重在揭示问题，探索对策。[①]

二、语言学知识的编写模式与编排策略

教材编写和教学实践一样，都面对着如何处理知识和能力的关系问题，即面对的是学什么和怎么学、教什么和怎么教、用什么和怎么用的问题。

（一）语言学知识的编写模式

目前，国内绝大多数普及性、通识性汉语语言学教材，采取的编写模式都是结构主义的描写模式：分类性知识的表述系统。这就使我们觉得有必要重新审视语言学描写模式对我们编写教材的启发。

Hockett（1954）将描写语言学所采用的基本分析方法归纳为两种模式：项目与配列（Item and Arrangement，IA）和项目与过程（Item and Process，IP）。当时，这两种模式主要用来描写形态学中的相关现象，后来扩展到句法等相关领域。简而言之，IA 模式就是描写语言成分的类型及其相互之间的配列关系，IP 模式就是将语言成分区分为基础形式和派生形式进而在两者

① 这里以它们的编写原则和策略为立论基础，并不意味着这些书就是一种跟传统编写方法有着根本不同的教材，或者完全体现编者编写理念的教材。凡是通用性、通识性教材，往往都强调与现状的“接轨”，哪怕其中存在某些问题，也可说是受到了“镣铐”的约束。不过，我们在编写模式和策略方面仍积极地做出了某些探索，并将我们的语言观和方法论渗透在叙述过程之中。

之间建立变化、推导关系。前者以归纳法为主，后者以演绎法为主。[①] 显然，目前汉语语言学教材的编写模式基本上是跟 IA 的描写模式相一致的：分类介绍各种语言学成分（单位），描述语言学成分之间的配列类型。如介绍句型时，首先区分出主谓句和非主谓句，然后再根据其内部结构或构成成分的功能进一步介绍下位类型。这种编写模式所呈现出来的语言学知识的系统性就是语言学成分之间的结构类型及其层级关系。本章将这种编写模式称作“IA 编写模式”。

然而，当前语言学研究中，IP 模式得到了空前的重视，从而使得语言学系统更加结构化、规则化和一致化。生成语言学对“生成”过程的研究基本上可以看作对 IP 模式的新拓展。其实，不仅是生成语言学，即便是与之相对的功能语言学、认知语言学，虽然强调语言成分之间的非派生性，但也积极吸收 IP 模式“生成”的精神。可以这样说，只要一个理论将语言现象“结构化”和“一致化”作为追求的目标，就必然有 IP 模式的背景。当然，语言学研究和语言学教材的编写是两个领域的事情，但我们觉得，一定时期的语言学教材应该对影响深广的语言学理论的研究理念和方法论有所体现。这样，本章便将在教材编写中采取的 IP 模式称作“IP 编写模式”。当然，目前对这种编写模式的理论分析还只是一个开始。

我们发现，越是普及性的教材，越有可能采取 IA 编写模式。至于学术性分量比较重的，则是两种编写模式都有。目前

① 这里对两种模式的理解在 Hockett（1954）的基础上有所扩展，并将它进一步拓展到教材编写领域。

采取 IP 模式编写的大多有生成语言学背景，而且都是面向本科生或以上层次，如 Radford（2004、2009、2016）、Culicover（2009）、徐烈炯（2009）、邓思颖（2010/2019）、熊仲儒（2013）等。[①] 而采取 IA 模式编写的教材则范围广泛且源远流长。如赵元任（1968）、Li & Thompson（1981）和国内的现代汉语教材、语言学概论性质的教材，采取的都是 IA 模式。如果采用方兴未艾的构式语法（construction grammar）的基本观念来编写教材的话，则自然倾向走 IA 模式之路，因为构式语法的基础性假设之一就是“表层概括假说”（surface generalization hypothesis），而非不同现象之间存在可推导的关系，因此强调“所见即所得”（What-you-see-is-what-you-get）的认知原则和方法论原则（Goldberg，1995、2006、2013）。[②] 由此可见，教材编写不仅有“对象偏向”，而且有“方法和方法论偏向”。两种编写模式各有发展的空间。只不过就目前而言，凡是采取 IP 模式来编写的，都是重学术系统而非普及通识。

（二）语言学知识的编排策略

就此而言，普及性的语言学教材能否采取 IP 的编写模式

① 邓思颖（2010）是较早利用 IP 编写模式系统分析汉语现象的基础性生成语法教材。毋庸讳言，国内不少基于 IP 模式的语言学教材都带有专题性的论文集特征，没有很好地处理不同语言单位之间、不同专题之间的结构平衡性和体系融贯性问题。

② 需要说明的是，就研究而言，如果不将本体论和方法论直接对应的话，本体论中各个现象之间的特异性与方法论中在相关现象之间建立某种推导关系，并不矛盾。为此，我们建立了“互动构式语法”，在 IP 模式的基础上提出了精致还原主义 / 精致整体主义的方法论原则（施春宏，2016、2018b）。

呢？从目前来看，确实有一定难度。但我们觉得，可以在编写策略上做些有益的尝试，即在IA编写模式的框架中融入IP模式的编写策略。也就是说，在介绍相关知识的过程中，注意语言现象之间的某些演绎、推导关系，从而帮助学习者更好地理解、接受和生发相关知识。

我们以“把”字句的句法语义特点这个老大难问题为例。关于“把”字句的结构方式和语义特征，一般教材都列举了几个方面，如“把”字句中述语动词不能是光杆动词（韵文除外），前后总有别的成分；“把”的宾语一般都是表示已知的、确定的人或事物；助动词、否定词、时间副词不能放在“把”之后等。至于这些方面的关系如何，为什么会出现这些限制条件，如何系统地解释这些限制条件，往往语焉不详，或者潜在地认为不必要。甚至还有一些不甚到位甚或错误的认识，如说“把”后宾语是其后动词的受事。其实这是以常例做通例，不能解释“孩子把妈妈哭醒了”这种比较常见的句子，更不用说“这种书把孩子读傻了”这样派生而来的句子了。就基础教材而言，当然以典型用例介绍典型现象为主，但也要尽可能避免出现以偏概全等知识性偏差。其实，“把”字句的结构特点是受其语义特点及其配位方式制约的。如果从“把”字句形义之间的关系考虑，可以将这个构式的语义结构表述为：动作行为的引发者，通过某个动作行为，使动作对象受到影响，从而使其发生某种变化，产生某种结果。（施春宏，2010b、2018b）这里的关键是“使……产生结果”。我们可以用一个简单的图示将“把”字句中各个成分之间的关系表示清楚：

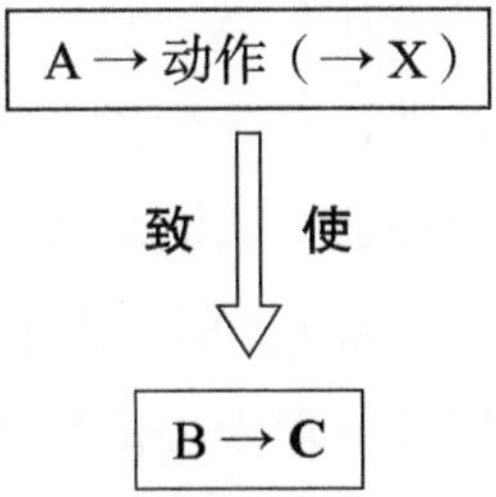

其中，“X”作为动作的对象是可选项，可以出现（由及物动词做述语构成的“把”字句），也可以不出现（由不及物动词或形容词做述语构成的“把”字句）；它既可以跟结果事件的主体“B”相同（此时构成比较典型的“把”字句），也可以不相同。“致使”和结果“C”比较凸显，因此通过黑体加粗方式来标示。

由此可见，“把”字句实际上可以看作是由两个表达合成的句子，两个表达之间存在着一种“致使”的关系，这种致使关系突出的是结果。以“他把瓦罐子踢破了”为例，这句话的意思是“他（A）踢瓦罐子（X）”致使“瓦罐子（B）破了（C）”，由于要突出结果“破”，“瓦罐子”便通过“把”提到动词前，从而构造出这个“把”字句。

把握了这点，对我们正确理解和构造“把”字句大有启发。由此可以基本推导出“把”字句动词的特点及其前后成分所受到的限制。（施春宏，2004、2010b、2015c）这样的介绍正是吸收了 IP 模式的分析策略。如此处理只要说明得当，就不会增加学习者的负担。就我们的教学实践而言，学习者刚开始记这些规则比较困难，一旦理解了其中的推导过程后，便能理解得更加到位，记忆更加牢靠；而且这对理解“被”字句的句法语义特点也很有帮助，对分析偏误很有指导性。同时，这还暗示了一种语言类型特征：汉语是结果成分相对凸显的语言（resultative-prominent language）。学生由此而对语言内在的规律性有了新的感受。这种处理未必是最好的，但较之目前一些语言学教材的处理策略，依托于本体语法研究的理论基础更加准确可信，对于语言点内部的规律性解释更加一致和有效，对学习者如何理解和掌握所学知识更具启发性和引导性。教材编写者也应该追求让读者实实在在地感受到语言内在的精妙和美丽。

显然，IP 模式注重的是逻辑上的关联，在归纳的基础上做出演绎的分析。知识的演绎、推导是跟知识的发现相关联的。我们认为教材有引导学习者去发现知识的责任和条件，这样才能见微知著，才能举一反三。由此可见，在 IA 编写模式中适当引入 IP 编写策略，不但会简化分析过程，而且有助于学习和记忆。同时还有助于我们深化对语言结构与功能之本质的认知。换言之，这实际是在知识编排过程中引入操作性分析，使学习者在语言现象的构造过程中认识语言规律，领悟语言本质。

知识教学需要尝试、吸收新的理念和方法，教材编写同样如此。不仅从相关类型教材的编写中吸收，而且还从语言学研究中吸收。普及性教材在内容的选择、安排上也可以有一些尝试，体现新追求。我们认为在编写教材时，应该关注学习者对语言学知识的认知模式和理解策略。就面向教师的教材来说，不仅要准确地叙述知识，最好还能够引发思考，引导发现。

三、语言学教材对当前语言学理论的吸收与融合

教材需要吸收最新研究成果，这是极其重要且不言而喻的事情。但就作为基于二语习得、面向二语教师的汉语语言学教材而言，吸收什么，如何吸收，却是一个很迫切但又很难处理好的问题，因此有进一步探讨的必要。

基于上面对两种编写模式及其策略的分析，我们认为，面向二语教师的语言学教材，采取如下编写思路是可行的：以描写主义语言学的知识系统作为结构的框架，但在解释具体语言现象时，努力而适当地引入功能语言学、认知语言学（包括认知语法、构式语法）、生成语言学、语言类型学、对比语言学、韵律语言学 / 韵律语法、语体语言学 / 语体语法等对汉语有关现象的分析，以及汉语作为外语教学 / 对外汉语教学和二语习得、心理语言学的研究成果，并将它们的研究理念和方法渗透其中。也就是说，在当前的学术和教学背景之下，描写语言学的知识系统，必要但不充分。[①] 当然，我们绝不能因此而将语言学教材变成理论专著，这里只是想强调语言学教材的编写绝不能置当前语言学研究的新观念、新方法、新成果于不顾。教材的根本在于它是应教、可教、适教、促教之材，从另一个侧面看则是应学、可学、适学、促学之材，而要做好这些方面，必须使教

① 其实，任何教材都不可能做到语言知识描写和解释的充分性，但渐进的充分性可以作为编写的目标。

材既有稳定性，也有时代性。时代性最直接的体现就是对新观念、新方法、新成果的积极吸收。

由此引出的根本问题是：什么是最新成果？什么样的成果应该并可以进入教材中？特定层次的学习对象需要什么层次的语言学知识？显而易见，当前语言学理论纷呈迭现，非结构主义一统天下时期所能想象；对具体语言现象的分析既具体入微又力求一致系统。这对教材编写者的学术视野和操控能力必然是一个考验。毫无疑问，作为面向二语教师的语言学教材，并非以研究语言系统、深化语言理论为目标，因此，它是不可能全面吸收某个理论框架下的知识结构系统的，也不可能对某个具体语言现象做出精细的分析，而主要是散点式地吸收“可用、实用、适用”知识，而且还要考虑介绍的方便。这里我们就两个主要而且是迫切需要解决的方面谈一些粗浅的认识。

首先是编写面向二语教师的语言学教材，要有类型学的参照，将语言共性和个性之间的关系渗透其中。如果需要而且可能的话，积极吸收类型学的相关成果；在比较的时候，尤其关注那些颇具汉语特色而又有类型学背景的知识。当然，要尽可能不露“学”之本色，注意表达之“术”。

如在说明现代汉语的特点时，可以吸收曹逢甫（1995）等的研究成果，但不必采取曹逢甫先生的“discourse-orientation”（话语倾向、语段取向）的说法，而采取更易理解的“汉语是话题特征显著的语言”之类的表述，而且在描述整个汉语结构时，凡是由此而导致的重要的汉语特殊现象，都可或深或浅地涉及。

又如在介绍方位词及方位词跟介词配合使用情况的时候，

可以融入刘丹青（2003）关于框式介词的研究成果，但可不直接引入“框式介词”这个术语。同时还可以拿它跟英语比较，陈述介词和方位词在配合方式及语义功能上的对立与互补的问题。

再如在介绍动词的特点时，可以指出，汉语没有英语 do 之类的助动词，因此动词的作用就比较显著。这样，英语中能够用助动词代替的地方，汉语一般必须用动词。甚至如是非问句（yes-no question）的回答也是如此。如：“A. 他去过非洲吗？ B. 去过 / 没去过 / 没有。”英语承载事态表达特征的是助动词，而汉语则一般是动词。由此还可以推导出，汉语也不是用单个动词来回答问题的，其后通常要带有时态表达的成分。这就是共性和个性的问题。

上面这些方面都是比较大的结构类型特征。这样的比较，必然使英语背景的学习者理解和接受起来都更便捷。[①] 我们在处理汉语现象时，可以试图体现一种大的理论方面的追求，至少不与大的理论背景相违背。

由此可见，类型学理论及其成果对编写面向二语教师的语言学教材具有深刻的指导意义和实践价值。当然，必须明确的是，介绍类型学研究成果并不等于介绍类型学理论，选择和安排时要“学”蕴“术”中。

其次，语言学教材应积极吸收汉语本体研究的最新成果，并对某些通行但不甚到位的认识做出调整。这虽是不言而喻的

---

① 对普及性教材中是否需要有这样的“提高”性的表述，学界有不同的意见。通过我们的教学实践发现，学生还是比较喜欢接受这样的认识的。在教材编写和教学实现中，我们既不能“摆弄”学问，也不可“积极”地“矮化”我们的接受对象。

事情，但就我们对现行面向第二语言教学的汉语语言教材和语言学教材的分析来看，仍有强调的必要。下面就汉语语音、词汇、语法、汉字以及韵律、语体中的重点知识项目各举一例来说明。

如关于汉语第三声的调值问题，一般教材都采取214的说法，然而这跟实际发音情况有冲突。为了便于考试，可以采取这种说法，但同时吸收实验语音学的研究成果（如曹文（2000）的简要说明），在声调辨正之处指出：实际上普通话的第三声并不是一个简单的降升调，而是一个降平升的三折调［2114］。而且，后面升的趋势往往并不十分明显，因此发成［2112］甚至［211］是没有问题的。这样就体现了普通话第三声的两个特点：一是音高最低，一是音长最长。初学普通话的时候往往念得不够低不够长，而且容易错误地将注意力放在“升”的部分而不是“低”的地方上，听起来就好像第二声。

又如词汇部分可以介绍一般教材不怎么涉及但新近引起重视的二语者母语与汉语易混淆词方面的内容（张博，2007；张博等，2008），主要关注近义词辨析。而对二语学习者来说，解决词语间的语际混淆问题更为关键。

再如关于“没（有）”所适用的时态，一般认为“限于指过去和现在，不能指将来”（吕叔湘主编，1999：383），而马真（2004：110）的看法似更到位：“事实上‘没（有）’也可以用于将来，……只不过‘没（有）’用于将来很不自由，要受到限制，只用于假设复句中。”

关于汉字，徐通锵（1997）等关于字本位的某些认识值得考虑，如在说明汉字的特点时可以指出：由于每个语素代表着一定的概念，因此可以这样说，汉字形音义之间大体存在这样的关系：一个汉字·一个音节·一个概念。

关于汉语的韵律特征，二语教学中常未给予应有的重视，其实它渗透在语音、词汇、语法系统中，起着很强的制约作用。如“他把书放在了桌子上”不能说成“他把书放了在桌子上”，这种语法现象就是受到韵律的作用，从韵律角度看“放在”构成了一个句法词（syntactic word），而不是词汇词（lexical word）。[①]

关于语体的语法特征，近来受到了特别的关注，且正在向教学中渗透。[②]如“挖土豆、买本书”能说，而“*挖掘土豆、*购买本书”不能说，但可以说“挖掘潜力、购买书籍”。这是语体制约语法的结果，单音节的“挖、买”具有口语性，双音节的“挖掘、购买”具有书面正式体特征。

上面各类前沿性的用例，大多受到汉语语法系统的制约，因此需要教师对汉语语法系统有比较全面的了解和理解，更需要在基础性教材中有所体现。其实，即便是个别词的分析，也应尽量反映新的研究成果。如“连”是介词、副词还是助词，认识不一，郭锐（2002）处理为助词则更具系统性。

当然，对通识性教材而言，大多数吸收和调整只能是细节

① 基于汉语事实的韵律语法研究，是近些年的重要理论成果。有些这方面的基本认识，可以参见冯胜利、王丽娟（2018）和冯胜利、施春宏主编（2021）。

② 基于汉语事实的语体语法研究，也是近年来汉语语法研究取得的重要理论成果。有些这方面的基本认识，可以参见冯胜利（2018）和施春宏（2019）。

性的。如在语气词的分类中，很多教材说语气词是“表示”陈述/疑问/祈使/感叹，其实更到位的说法似乎是“用于”而非“表示”。同样，在说明介词的分类时，一般所说的介词“表示时间、处所、方向”等中的“表示”最好改为“引介”。又如关于“简缩的方式”中的提取法，一般认为是从原词语中抽取某些语素组合成词。其实，未必完全如此，比较好的说法似乎是：从原词语中提取某些成分组合成词；这些被提取的成分大多是语素，但也可以是从复音节单纯词中提取的某些音节，如“奥林匹克运动会→奥运会、菩提萨埵→菩萨”。有的调整则牵涉语言观念问题。如“旧词的消亡”这种通行说法实际并不合适，因为有些所谓“消亡”的旧词在一定的时空中可以重新出现。如“先生、夫人、小姐、太太”曾是使用面比较广泛的词语，但这些词在20世纪六七十年代基本上从中国内地的日常交际中消失了，只用于某些特殊的领域（如外交领域）。它们虽没有完全从交际领域中隐退下去，但使用的范围大大缩小。到了20世纪八九十年代，这些词语重新在日常交际领域中启用，可以看作在日常交际中的复现。又如“当铺、股票、经理、经纪人、拍卖、大甩卖、三角债、一刀切、妓女、嫖客”等等也发生了隐退后的复现，主要是旧的事物、现象又在现实生活中出现。因此可以采取“旧词的隐退”这种说法，以与“旧词的复现”相对应。这种调整反映了对语言显隐关系的重新认识。

一般认为普及性、通识性教材，尤其是面向语言水平和语言学水平处于较低层次学习者的教材，要求编写者力求“客观”。是否应该如此，是否能够做到，可以讨论。但有一点是可以明确的，虽然普及性、通识性教材重在编，但不能因此将“编”简单地理解成“辑”，同时也应该体现一种“著”的精神，著寓编中，编显著魂。也就是说，在教材编写过程中，虽不能以编者的学术研究和教学实践为中心，但编者心中须自有乾坤。这必然影响教材的编写和所编的教材。

这实际上还牵涉到如何处理描写和解释的关系。目前的普及性语言学教材基本上重在描写，然而当前的学术背景是，解释成了一种积极的追求。而且，有时我们不无遗憾地发现，时下通行的某些现代汉语和语言学概论教材的最大问题不在于其中依据什么理论或介绍了多少种理论，而在于对解释的漠视。而我们对当前研究成果的重视，更多是从描写和解释、观念和方法相结合的角度来思考的。也许有人担心这样做会增加学习者的负担，其实，只要掌握好“时”和“度”，不但能够减轻学习者负担，还可帮助学习者在理解中记忆。当然，我们主张教材要渗透解释的理念和方法，但也要避免过度解释，为解释而解释。①

四、语言学教材的国别化、语别化、族别化问题

面向二语教学的教材，随着教学对象的国家背景、语言背景、民族文化背景的差异，应该做出分异化处理。在现代语言

① 即便是语言学教材，也必须考虑到教学对象的知识层次和这些教师、准教师将来的教学对象（是以汉语为第二语言的中小学生还是成年人，是在母语环境中学习还是在目的语环境中学习，等等），即所谓因材施教。

教学观念中，过去那种“一本教材吃遍天”的情况需要改变，而且也正在改变。

（一）国别化、语别化、族别化问题及其基本教学理念

“国别化”（country-specific）这个术语在语言教学界和语言学界中出现是近些年的事，然而它的基本内涵及其所反映出来的教学观念和研究观念则并非自此而起，可以说颇有时日了，但大多是教学观念上的说明。然而，目前在说明国别化问题时，有的文献似乎给人以这样的印象：以前的教学和研究都是非国别化的、泛国别化的。其实不然。如关于中介语的研究、关于偏误的分析、关于二语习得规律的探讨，毫无疑问，都有国别化的背景，都做了很多深入的国别化分析，虽然这当中并没有使用这一术语。当然，这个新术语的提出非常必要而及时，它带来的是观念的刷新和概念的重新定位。它突出了这个问题的重要性和迫切性，显示出语言教学和语言研究观念和方法上的发展与更新，而且还将必然引起理论探讨的热潮和教学实践的进一步总结和提高，有利于国别化教材和工具书的编写和创新。[①] 21世纪初，二语教学界和语言学界已经开始特别关注国别化问题在汉语作为二语/外语教学中的地位和作用，已有学者开始为此做了深入的专题研究，如甘瑞瑗（2006）等。这

---

① 美国著名生物学家迈尔（Ernst Mayr）指出：“在生物科学中，绝大多数的重要进展是由引入新概念或改善现存的概念而取得的；这一点可能对进化生物学较之对功能生物学来说更为真切。通过概念的改善比经由新事实的发现能更有效地推进我们对世界的了解，虽然这两者并不是互相排斥的。”（Mayr，1982/2010：16）这能很好地用来说明国别化概念提出的理论意义和实践价值。

是在新的国际汉语教学形势下为强化教学的针对性和适应性而做出的新思考。可以想见，随着汉语教学国际化的发展，“国别化”将会成为这个学科最热门的主题词之一。如何做好国别化教学，目前尚处于探索阶段，其中很重要的一项理念和措施就是使教材国别化。

所谓国别化教材，就是针对教学对象所在国家的语言、社会、文化等背景及学习者的认知方式、心理特征而编写出的适用性教材。国别化差异影响语言教学项目的选择和安排、语言教学过程的设计、语言教学方式的使用等。目前的认识似乎集中在教材使用对象的国别特征对教材编写的要求这方面。做好国别化工作，是深化汉语作为第二语言教学的必经之途，是提升汉语作为第二语言教学整体水平的必然要求。

目前，对教材国别化特征的强调主要集中在语言教材方面，而对语言学教材几无涉及。这里，我们将它跟与之相关的另一个问题放在一起来讨论。相对于国别化，笔者提出另一个概念，即语言（学）教学、教材、工具书中的语别化（language-specific）问题。我们认为，对语言学教材而言，国别化问题显得不如语别化问题突出。所谓语别化，就是针对教学对象的母语特点及通过与目的语的比较来选择和安排教学的语言项目，设计教学过程，选择教学策略。由于语言学教材一般不涉及具体的文本阅读，所举例句的文化含量相对较低，因此国别化的问题相对不凸显，主要体现在用词上更多地适应学习者的文化背景。而语别化问题则在语言学教材中尚未引起充分的重视。因此，目前我们编写的面向对外汉语教学的语言学教材基本上都是在说汉语结构如何如何。其实，就同一个汉语现象而言，跟不同的语言比较，其在教学中的地位未必相同。如对汉语个体量词的特殊性而言，韩语、日语、泰语、越语等背景的学生理解起来就比英语、法语、意大利语等背景的学生容易得多，对前者而言，量词的语法特点就不再彰显，而主要体现为一个一个量词的词项特性。在国别化一时难以充分实现的情况下，语别化问题倒可以先行体现。

说到语别化，必然涉及如何认识汉语特点和汉语研究的特点这样的问题。关于这个问题，目前有不少人批评其中存在着“印欧语的眼光”，甚至认为这是“普世语法观”在作怪。然而，我们觉得，对汉语研究中存在的“印欧语的眼光”的批评需要慎重。至少就编写汉语作为第二语言的语言学教材而言，经验告诉我们，恰恰需要以别的语言的眼光来看汉语（当然，同时还需要用汉语的眼光来看别的语言），这样才能实现语言学教学、教材和语言教学、教材的语别化乃至国别化。这样就需要更多地吸收语言类型学、对比语言学等的研究成果，吸收由研究别的语言而形成的新观念、新方法。

还有一个跟国别化、语别化相关但又有所不同的问题，即族别化（nationality-specific）问题。语言教学、语言教材、语言学教材都要因民族不同而有所区别。如对我国少数民族地区的汉语教学、在多民族国家的汉语教学等。

当然，国别化、语别化、族别化，很大程度上是交叠存在的。实际上，所谓的国别化、语别化、族别化，都是传统的“因材施教”理念和方式在新的形势背景下的拓展。换个角度看，就是根据教学对象的国别、语别、族别差异甚至于同一国家、语言、民族内部的学习者层次差异而采取“差别性原则”的教学理念，即所谓的“差异教学”。教师、教材和教学，都要因“材”而别，适情适境，随人而化。此即所谓的人本位。赵金铭（2009）特别强调教学环境对汉语教材编写的制约和影响，正与此理念相通。

（二）关于泛国别化、泛语别化、泛族别化的问题

这里还要提一下泛国别化乃至泛语别化、泛族别化的问题。我们不能因为过于强调国别化、语别化、族别化的问题而忽视了泛国别化、泛语别化、泛族别化的问题。这实际上牵涉本国环境、母语环境、本民族环境中的语言（学）教学与非本国环境、非母语环境、非本民族环境的语言（学）教学的关系，两者各有侧重，各有规律，然而同时也有共性的规律存在。

如果是在学习者母语环境中进行汉语教学，国别化、语别化、族别化问题比较突出；如果是学生进入中国来学习汉语，尤其是不同语言背景的学习者进入同一个班级学习，泛国别化、泛语别化、泛族别化的问题则有所凸显。两者互补共存，互动互进。

五、语言学教材中的论感培养问题

我们在第三章专门讨论了语言学教学中的论感和论感培养问题，这里就语言学教材中的相关问题来做进一步说明。

如前所述，在非母语的语言教学中，语感培养问题常常是教师和研究者所关心的中心话题之一。因此，相关语言教材的编写也是围绕如何有效提高非母语者的语感而进行的。而为非母语学习者所编写的语言学教材，情况则有所不同。通过我们的教学实践和教材编写实践，我们觉得，一本好的语言学教材，既要注意培养学习者的语感，即感知和判断语言现象的能力；还要注意培养学习者的论感，即理解、分析和解释语言现象的元语言学能力。甚至可以进一步说，语言学教材更多的是培养论感，通过培养论感从而达到提高语感的目的。

第三章在于根元（2002）关于论感说明的基础上，进一步将其基本内涵调整为："论感则是指对语言现象背后的条件、理据和规则、规律的直觉判断或感受。抽象一点说，论感就是对条件和现象之间所存在的结构关系的直觉感知。直观一点说，就是对语言交际中蕴涵的某种理论因素的直觉感知。这是一种跟语言直觉相区别的语言学直觉。"（另参见施春宏，2009b）本章则将其简单概括为一种元语言学能力。

为什么说培养论感是语言学教材的重要目标呢？这是由语言学教材的性质决定的，它跟语言教材的区别很大程度上体现在这里。

语言学教材是对语言系统的结构（形式）和功能（意义）、条件和规则、规律性和特殊性的说明。这种说明对教学环节而言，更多地侧重于知识的传授，同时注重分析方法和分析策略的启发。也就是说，这里培养的是元语言学的直觉和语言学的分析能力。因此，论感培养自然成为语言学教材的一个重要目标。由于以前对这方面认识不足，因此在教材编写过程中，过于强调对结构形式的描写、对结构规则的陈述，而对结构形式的解释、对结构条件的刻画显得很不充分。按照当代认知心理学的理解，实际上这里所传授的只是陈述性知识，即关于“是什么”的知识，而不是程序性知识，即关于“怎么办”的知识。陈述性知识固然重要，但程序性知识对培养学习者的论感具有更重要的作用，而且更有利于进一步提升学习者的语感。我们前文对 IP 编写模式以及语言学教材如何吸收当前语言学研究最新成果的说明，很多都是从如何培养学习者论感的角度来考虑的。

因此，语言学教材的编写，在介绍陈述性知识的同时，也要注意知识的可操作性乃至分析方法和策略的启发。教材应该引起思考，促进思考，帮助学习者知道如何去思考。

推而言之，教材的编写要为语感和论感的培养服务，对不同层次的学习者，侧重的方面是有差异的。对象不同，学习目的不同，则教学过程有别，适用的教材自然也有差异。近年来，在谈论语感培养时，绝大多数学者都涉及如何围绕语感培养来实现教材创新的问题（如王尚文，2000；周健，2005、2011；张旺熹，2007 等）。这里想进一步说明，作为语言学教材（尤其是高级阶段的语言学教材，如现代汉语教材、语言学理论教材以及专门的语法教材等），虽然仍有提升学习者语感的任务，但应更多地重视培养学习者的论感，在培养创新性语感和论感的过程中综合提高运用语言的能力。“我们特别要鼓励创新。我们的教材要帮助学生创新。……迄今为止，我们语言方面的教材、著作、文件、规定，在鼓励和帮助人们发挥语言创新能力方面是很不够的。与此有关的是我们的语言学在很多方面落后于有关的兄弟学科，我们关于语言的不少认识落后于关于社会生活的认识。”（于根元，2002）一本好的教材，需要在介绍语言知识的同时注意培养学习者观察、感知乃至分析和解释现实语言现象的能力，将分析思路和分析方法贯穿于语言知识和语言学知识的介绍过程中，必要的时候还可对这些分析思路和分析方法背后所蕴涵的理论背景及其操作原则做一些技巧性阐发。如果是师资培养和培训的教材，更要注意论感的培养。其实，最根本的语言观就是交际观。因此，了解语言知识和语言学知识毕竟不是学习的最根本的目的，而只是提高语言交际能力的方便之门。发掘学习者语言交际的潜能，提高学习者交际到位的程度，是语言（学）教学的根本目的。然而，迄今为止，我们的教材在培养论感（甚至语感）方面做得很不够，我们的考试在这方面的创新性也表现得相当不足。

由此还引发出这样的问题：对语言教学者和语言学教学者而言，更要有敏锐的语感和论感。对本族语的教学者而言，已经有了一般母语者都有的基本语感，但并非必然有更高层次的语感；同时，作为一个教师，还需要有高层次的论感，能够敏锐地发现、感知问题之所在。而对非本族语的教学者而言，尚处于提升基本语感的过程中，同时也需要养成一定的论感。作为教师，论感的培养有两个基本途径，一是系统语言知识的进一步吸收，二是对新的语言现象的不断关注和追求。人们在强调语感时，很容易将语感跟知识对立起来。其实，这种认识是有偏差的，因为这些知识的形成也是前人对语感、论感抽象的结果，有的虽然未必准确到位，但多少提供了一种认知的途径。而对创新的关注则是一个语言（学）教学者优化自己的知识结构、语感结构、论感结构的重要途径。

由上文可知，本章是将论感培养看作语言学教学中知识传授和语感培养的中间环节来对待的。这里需要就知识传授在培养学生语感方面的作用做一些补充说明。当前，人们在强调语感培养的同时，有一种较为激进的看法，似乎认为语感培养与知识传授所涉无多，甚至认为知识的传授反而影响了语感的培养。其实，这从一个误区走到了另一个误区。对非本族语学习者而言，知识传授仍然是语感培养的一个重要途径；对本族语学习者而言，知识传授仍然是提升语感的一个重要途径。关键不在于知识传授本身，而是传授什么知识和如何组织、传授知识。其实，凡是强调语感培养的人，大多强调通过语言操练和语境浸染来传授知识。也就是说，知识传授和语感培养并不是对立的。

六、教材编写中的语言观

学什么、怎么学，教什么、怎么教，用什么、怎么用，这是语言教学和语言学教学的中心问题。对教材而言，就是编什么、怎么编的问题。语言学教材不仅要向学习者呈现语言学知识，还要在语言观和方法论上给学习者以启发，引导其思考。即便在知识层面之上，也要追求注重原则层面的启发和策略层面的指导。即便是考试用书，也可以在某种程度上渗透这方面的认识。

毋庸讳言，我们的很多语言学教材实际都带有鲜明的“标准”化考试的性质或痕迹，在对教材编写之术方面，更多地注重低层次的术（标准化是其极），而忽视了高层次的术，即如何使语言学知识更容易为学习者认知、理解、记忆和拓展，如何使学习者认识和吸收语言学乃至现代科学的新观念和新方法，如何提升学习者发现问题、分析问题、解决问题的能力。这使得教材不能常新，也不愿常新，最终就更难“尝”新了。这种“标准”化性质主要表现在：在叙述过程中体现答案的唯一性，稳妥地说，是体现知识的“正确”性（“正确”性不等于准确性）；重视核心现象、典型现象的“核心”地位，常置边缘现象、过渡现象于不顾；强调分类式介绍和描写，忽视限制条件的概括和解释；对新现象、新理论都关心得不够。这是一种静态的语言观以及由此而形成的静态的语言应用观和教材编写观。

这种静态的语言观影响了我们对本体和应用之间的关系的理解。人们通常认为，所谓应用语言学理论是理论语言学的应用。这实际上是有很大问题的。关于语言学研究，尤其是语法研究，我们总能听到这样的两种声音：一是本体的研究虽很深入但教学、交际中常不管那么多；二是理论探讨固然很充分但教学、交际中并不好用。其实，这里面有误解的地方。这种理解包含了这样的认识：只要本体研究清楚了，就能解决教学、交际中的问题。这种认识一方面是对本体研究的根本目标理解得不够到位，另一方面则是贬低了语言教学理论的价值，忽视了语言交际的多层次互动的复杂性。根本问题还是没有认清理论、本体研究之虚与教学、交际之实之间的关系，没有认清根本的语言观乃至交际观。归根结底，应用语言学并非只是简单的语言学理论的应用，而是有自己的理论（于根元，1996；于根元主编，1999；施春宏，1999b；于根元，2002；于根元主编，2003；于根元，2006、2008、2009），包括“应用丨语言学”和“应用语言丨学”两个部分。陆俭明（2007）提出区分汉语作为第二语言/外语教学的本体研究和汉语本体研究，则是对这方面做出的新的思考。教材编写，也应该体现这种积极的思考，体现出一种动态的语言观、语言应用观和教材编写观。

七、本章小结

本章讨论面向第二语言教学的语言学教材的编写模式及相关理论问题，其中渗透着我们对如何建构作为第二语言的汉语本体系统的思考。我们首先区分了语言学知识编写的两种模式：“IA 编写模式”和“IP 编写模式”，主张在带有通识性质的语言学教材编写中，宜采取在 IA 编写模式的框架中融入 IP 模式的编写策略。语言教材，尤其是语言学教材，要积极关注新的研究观念，有效吸收新的分析成果，但在选择和安排、描写和解释语言项目时要“学”蕴“术”中。面向第二语言教学的语言学教材的编写既要注意国别化、语别化、族别化问题，也要关注泛国别化、泛语别化、泛族别化问题。由于语言学教材主要是面向语言教师和准教师，因此在体现基本语感分析的情况下，还要注重论感的培养，即：既要授之以鱼，还要授之以渔。我们主张，教材不仅要准确地叙述知识，最好还能够在语言观和方法论上启发思考，引导发现；即便在知识层面之上，也要追求注重原则层面的启发和策略层面的引导；教材编写，应该体现出一种动态的语言观、语言应用观和教材编写观。在多年的教材编写实践中，我们有针对性地提出了一些具有很强实践性的基本原则：基础性和前沿性相结合的原则；描写性和解释性相结合的原则；知识性和启发性相结合的原则；策略性和操作性相结合的原则。[①] 当然，这些思考还只是初步的理论总结，需要在新的实践探索和学理分析中不断发展。

需要说明的是，本章虽然主要是就汉语面向二语教师的语言学教材编写过程中存在的问题而引发的若干想法，其实，即便编写各种语言教材，也都或多或少需要注意这些方面的问题。

① 具体内涵参见施春宏、蔡淑美（2017）《汉语基本知识（语言篇）》“编写前言”中的相关阐释。

第五章　汉语教材的语法术语问题

一、引言

本章以特定汉语教材为例，专门讨论汉语作为第二语言教学中语法术语的选择、分布和呈现问题。这是语言教材编写中最为核心的问题之一。

“术语”通常指的是一个学科的专门用语。一般而言，它表达学科中所产生的概念，与该学科存在的较为特征化的、原型性的事物相关联。语言教学、教材编写离不开术语，其中语法术语更是数量众多。

语法术语是对语法现象的概念描述，在教学中与若干个语法点相对应，而其本身又是语言学研究对象的组成部分。因此，对学习者而言，语法术语（所有术语亦然）具有双重性①，既要了解其所指的语法现象，又要掌握其作为语言学理论层面的概念。教学者有效地借助语法术语可以比较方便地使学习者在一定程度上了解语法规则及其所指的语法现象，而过多地、不恰

① 郑述谱（2001）指出：“语言学术语具有两重性，它既是语言学的研究对象的组成部分，又是语言学研究的元语言。”由于本章是就语言教学中术语的性质而论，因此所论及的双重性与此有所区别。

当地呈现、使用语法术语则又不免对学习者产生干扰并加重负担。因此如何安排语法术语，是语言教学所面对的重要问题，对语言教材的编写来说尤其如此。

关于对外汉语教材中语法术语的安排问题，学界早已有所涉及，并指出了其中存在的若干问题。1958年出版的《汉语教科书》（邓懿等主编）是“对外汉语教学语法体系的奠基之作”（吕文华，2014：2），其语法知识的体系性对后来的教学语法体系及语法教学的各个方面都深有影响。当然，该书对语法术语的使用也留下了一些值得思考的问题，引发了对外汉语教学界长期的争议和反思。其后各个时期的对外汉语教材都或显或隐地存在着一些共同的问题。如赵金铭（1998）指出现在对外汉语教材中存在“术语过多”的现象；李泉（2002）指出一些汉语教材总是落入“语法的专业解说”的窠臼，体现之一就是教材中语法术语的选择和安排。在要不要出现、多大程度上呈现语法术语的问题上，吕文华（1994）提出要“尽量减少语法术语”，一般教材中，“平均120个语法项目，约使用50多个语法术语，以勾勒出一个完整、系统的语法体系”；刘月华（2003）也曾提出过“如果可以不用术语时就应尽可能不用术语”。在语法术语的讲解上，李晓亮（1996）指出，许多教材“津津乐道于语法术语的讲解”，给每个术语下定义，“常常是大类下面分小类，小类下面还有一、二、三”，太拘泥于语法的“系统性、正规性”，忽视了“实用性”和“可接受性”；吕文华（1994）指出“语法解释往往成了解释语法术语”，对语法术语的讲解替代了语法讲解。胡培培（2014）讨论了对外汉语教学语言规范的问题，并将教学内容所涉及的专业术语纳入了教学语言的范围，指出了这方面存在的问题：语言学术语名称混乱、术语概念混乱、教师使用术语不规范等。

尽管汉语教材中术语的选择和安排问题受到了不同程度的关注，但大都只是指出问题所在，缺少专门的系统探讨，尤其是关于如何选取合适的术语、如何呈现术语，鲜有涉及指导性的原则。这种情况一直延续至今。基于此，我们以当前两套通用度很高的对外汉语综合课教材——《新实用汉语课本》（第二版）和《发展汉语》（第二版）的汉语语法术语分布情况为例，通过梳理并比较这两套教材中所用语法术语的种类、呈现方式等，来考察现阶段对外汉语综合课教材中语法术语呈现和安排的基本状况，在此基础上，我们尝试从学习者认知加工的角度对如何选取语法术语及安排其呈现方式等问题提出若干可操作性的原则，以期为语法术语的教学安排和教材编写提供一个参照。

二、两套教材语法术语呈现概况比较

《新实用汉语课本》（以下简称《新实用》）是在《实用汉语课本》（刘珣等编著，商务印书馆，1981 年）的基础上编写的一套全新的、专业性的对外汉语综合课教材，刘珣主编，北京语言大学出版社已先后出版了第一版和第二版。第二版目前只出版了前四册课本，英文注释本又先后于 2010 年（第一册、第二册）、2012 年（第三册、第四册）出版；第五册和第六册仍然沿用的是第一版，英文注释本于2005年出版。基于此，我们在进行该套教材术语统计时，一至四册使用第二版，五至六册使用第一版。[①] 全书共六册70课，前四册为初级和中级以前（准中级）阶段，共50课；后两册为高级阶段，共20课。

《发展汉语》（第二版）（以下简称《发展》）系列教材由中国人民大学对外语言文化学院编写，李泉主编，北京语言大学出版社先后于2011年（初级综合Ⅰ、中级综合Ⅰ、高级综合Ⅰ）、2012年（初级综合Ⅱ、中级综合Ⅱ、高级综合Ⅱ）出版。本项研究选取的是《发展》的综合课教材系列，包括初级综合（Ⅰ、Ⅱ）、中级综合（Ⅰ、Ⅱ）、高级综合（Ⅰ、Ⅱ）这三个层级，共计122课。

这两套教材在海内外都被广泛使用，以它们为例，具有代表性。[②]

我们之所以选取汉语综合课教材，是因为综合课是对外汉语教学的一门核心课程，也是长期汉语学习者的主干课程；在各种课型中，综合课涉及的语法术语数量多，系统性强，而且

---

① 《新实用汉语课本》2015年开始陆续出版多语种的第三版，但目前只出版了第一册，故本章仍以上一版作为分析对象。

② 为了更好地了解不同时期语言学术语在综合课教材的分布情况，我们还对《新实用汉语课本》第一版（2005）和《发展汉语》第一版（2005～2006）中语言学术语（除了语法，还包括语音、词汇、汉字的术语）的分布和呈现情况做了统计分析，同时将它们与第二版进行了对比，发现这两套教材前后两版的语言学术语及其在教材中的分布和呈现情况基本上没有变化，而且都是以结构主义语言学的知识体系为基础。由此可见，语言学术语及其体系在语言教学中具有相对的稳定性。无论语言学理论和语言教学理论如何变化，基于结构主义理论的语言学知识体系仍是语言教学的基础。

各个年级都有这种课型（在开设不了诸多课型的情况下，也往往有综合课），术语系统的内在一致性也比较强；同时学习者也是在综合课的教材中更多地接触到语法术语。前述各种有关汉语教材中“术语过多”的批评意见，也多指综合课教材。这些情况为我们把握目前对外汉语教材的语法术语呈现情况提供了更为全面的视角。

第二语言学习者之所以要接触到目的语的语法术语，是因为学习者可以用其所掌握的术语来串联、理解、区分同类或不同类的语法现象，建立语法知识的关联，达到融会贯通的目标。目前对于语法的教学，特别是对于句式、句型、框式结构的教学，一般都是教给学习者形式结构及其语义内容，描写中必定要涉及术语的运用。语法术语在语法知识结构系统上的建构性和框架性让教材无法回避一些必要的术语，同时为了更好地发挥术语帮助学习者掌握相应语法现象的作用，在术语的呈现方式上也需要多加考量。

（一）两套教材语法术语选取情况对比

语法术语能在不同程度上体现语法点，充当知识线索，勾勒语法体系，教材中使用语法术语的目的就是帮助学习者概括语言现象，掌握语法规则。一套语言类教材不出现语法术语是不现实的，也是行不通的，关键是如何选择和安排。冯胜利、施春宏（2015）在谈到描写形式结构时对术语选用采取的原则就是“必要的不躲，不必要的不用”。到底哪些语法术语可以进入教材，这是我们关注的首要问题。首先需要说明的是，如果教材中既没有出现某一语法术语，也没有出现该术语对应的语法点，那么这是教材语法知识点的选择和语法体系的构建问题，与本章讨论的内容不甚相关，这里暂不讨论。而如果教材中出现了某个术语对应的知识点，那么该术语是否出现在教材中，则是我们关心的核心问题之一，即我们关注的是到底哪些术语应该介绍给学习者，哪些应该在教材中隐去。

两套教材所采用的语法体系都是结构主义语言学所建构的语法体系，而且总体而言都按照该体系的层级系统来安排语法术语的分布情况。

先看两套教材在语法术语选择和呈现上的共同之处。

两套教材在词类、句子成分、句型、句式、句类、复句等这些大类上均有不同程度的系统呈现，相同之处在于选取的语法术语基本上涵盖了汉语本体理论框架内的术语。具体情况如下：

在词类系统中，共同呈现的术语有“名词、动词、形容词、代词、数词、量词、副词、介词、连词、助词、叹词”；句子成分系统中共同呈现的术语有“主语、谓语、宾语、定语、补语、状语”。这两类术语两套教材都在“语法术语缩略形式一览表”中集中给出，并且每个术语都有相应的英语翻译。显然，这些基本术语起到整个语法体系的框架作用，若不呈现，或呈现得不够系统，则不利于基本语法知识点的安排和说明。

句式是重点教学内容，且特异性强，因此这两套教材都做了选择性的讲解，共同呈现的术语有“‘是’字句、‘把’字句、无标志被动句、‘被’字句、存现句”，其中“‘是’字句、‘把’

字句、‘被’字句”这些句式术语背后涵盖的语法意义比其字面意义要复杂得多，但它们大都是带标记词的句式术语，因此比较容易从结构形式上说明这些句式的特点，就此而言整体的透明度比较高，易于说明。句类上，《发展》有“陈述句、疑问句、祈使句”，无“感叹句”，《新实用》则四种都没有。这四种句类语调不同，语气助词有别，语调往往通过语气助词来表现，因此句类的语法重点应是在“语气助词”的教学上，而能为学习者直观认识到不同的则往往是书面上使用的标点符号不同（虽非一一对应）。所以，句类在功能上一定程度地被“语气助词”消解，在形式上被标点符号消解，其对应的术语也就可以适度地被抽离于教材了。

复句体系中共同呈现的术语有“复句、关联词、分句”及“并列复句、递进复句、假设复句、目的复句、选择复句、因果复句、转折复句、条件复句、让步复句”和作为特殊形式的“紧缩句”，与《汉语水平等级标准与语法等级大纲》中呈现的相比，“解说复句”未呈现（教材中的“紧缩句”即大纲中的“紧缩复句”，故视为已呈现）。复句教学的关键是关联词语的教学，在教材中，关联词语是以语法项目的形式出现的，复句随关联词语出现。“复句”系统中的复句术语可以担任语言点总结的任务，为学习者梳理和区分所学的具有相似或相异表达功能的复句类型。因此，两套教材都基本上呈现了复句系统中的基本层次的复句术语，而关联词语的复句形式特征更明显，对复句内部逻辑关系和语义关系具有标记和凸显作用，这可以说明“解说复句”的术语缺失概因其通常缺少显著形式标记。需要说明的是“紧缩句（紧缩复句）”，它是统指通过省略关联词语“紧缩”而成的复句，具有汉语造句方式的特殊性。在教学时，通常是把紧缩句（紧缩复句）对应于功能相同的完整形式的复句，在这一过程中，侧重教授的是这一个简略形式是哪一种功能的复句，而非向学习者简单告知“这就是紧缩句（紧缩复句）”，或将紧缩句（紧缩复句）作为一种新的复句类型来教学。

再来看两套教材在语法术语选择和呈现上的差异之处。

两套教材在术语选取方面的不同之处，主要体现在词类、句子成分、句式、复句及句群这些大类的下位层次范畴之别。列表如下：

表 1 两套教材局部系统术语数量对比

	词类	句子成分	句式	复句	句群	总计
《新实用》	24 个	19 个	9 个	22 个	13 个	87 个
《发展》	30 个	23 个	7 个	19 个	0 个	79 个

在词类系统中，除去共同呈现的术语，只出现于《新实用》的有“地点词、时间词、方位词、能愿动词、数量词”，只出现于《发展》的有“动量词、复合量词、状态形容词、否定副词、非谓形容词、及物动词、集合名词、时间名词”。句子成分方面，只出现于《新实用》的有“双宾语、程度补语、独立语、中心语”，只出现于《发展》的有“处所宾语、地点状语、时间状语、状态状语、插入成分”。显然，《新实用》更“简略”一些；而《发展》似乎更“学术”一些，涉及的语法点更为具体。当然，正由于更“具体”，因此有时会带出照应上的问题。如

《发展》出现了“状态形容词”，而与之对应的“性质形容词”并未出现。当然，也可以这样理解，即“性质形容词”是“形容词”的默认值。句式上除去共同呈现的术语，只出现在《新实用》中的是“‘有’字句[①]、连动句、兼语句”，只出现在《发展》中的是“‘得’字句、比较句”。句式选择各有千秋，这在所有语言教材中都有体现，但像上文提及的特异性强的句式，一般都有涉及。

有些术语，尽管教材中没有出现，但是其所表达的语言点却呈现在了教材中，只是换了一种说明方式。比如《新实用》中没有出现“比较句”这一术语，但比较句所包含的基本句式形式都呈现在教材中。又如“程度补语”在《发展》中没有呈现，却在教材中出现了“得”字句这一提法，实际上其用例体现的语法意义就是程度。这是不同教材处理策略的差异。问题的关键在于，选择哪些术语或语法点，又该采取怎样的呈现策略，目前似乎考虑得还不够充分。这就触及了本章的核心问题：语言点出现了，相对应的语法术语如何呈现（见下节）。

值得注意的是复句系统的术语呈现。除了上文提到的共现术语外，只出现于《新实用》的是“联合复句、承接复句、偏正复句、让步转折复句、推断复句、假设性因果复句、假设性条件复句、有限选择复句、条件假设复句、选择性假设复句、流水句”；只出现于《发展》的是“小句、对立复句、反递复

① 《新实用》中的“有”字句表示领属。“有”字句还可以表示存在，因此也被称作“存在句”。

句、无条件复句、假设让步复句、推论复句、连贯复句”。复句问题本质上是思维内容与方式的表达和篇章的衔接与连贯问题，基本模式学界多有归纳，但对一种复句形式承担不同复句功能的认识，存在一些差异，因此所用术语便有不小的差异，这在两套教材的处理上鲜明地体现了出来。其实，如前所述，关联词语对复句关系具有标示和凸显作用，“联合、承接、偏正、让步、转折”等等这些表现复句的逻辑意义的术语主要体现在具体的关联词语上，因此复句的术语出现与否本质上对学习者学习复句不会产生太多影响。

从表 1 中还可以明显地观察到的一个现象是，在句群这一系统中，《新实用》出现了 14 个，分别是“句群、并列句群、因果句群、转折句群、承接句群、目的句群、让步句群、递进句群、总分句群、假设句群、选择句群、条件句群、总括句群、解说句群”，这与其对“复句”系统的详细分析相一致；而《发展》在这一系统中并未呈现任何术语。这一点是两套术语体系差别最大的地方。原因可能在于“句群”部分完全属于篇章层面的知识，不同于句式、词组，它涉及的可资利用的具体语法规则不多，我们在教学时（特别是高级阶段），是教会学习者形成良好的汉语表达能力与篇章写作能力，因此更多地属于写作教学的内容。至于学习者如何指称自己写出来的那一段话，或者叫哪一类“句群”，并不那么重要。所以《发展》在处理这一部分术语时，直接舍弃了整个句群术语系统，也是可以理解的。而《新实用》呈现“句群”系统则体现了注重知识的完整性和系统性，但似乎过于纷繁。

通过以上对比，我们可以看出，在术语选取方面，两套教材在基本层次范畴（下文对此将做出说明）这个层面虽有差异，但大的格局相同；然而在下位具体范畴（如词类中的特定小类、定状补语的具体类型等）上，存在一些差异，越是句式之上（如复句、句群）的具体范畴，差异越显著。这让我们进一步思考术语的实用性和术语的系统性之间的关系。

（二）两套教材语法术语呈现方式情况对比

汉语教材中与术语相关的呈现方式一般有三种：一是呈现了某一术语，并将其当作语言项目处理，对其进行讲解和说明；二是直接呈现，有的以与外文对照的缩略形式呈现；三是出现了某一语言项目，但却没有用与之对应的语法术语，有的采取了其他策略。《新实用》和《发展》也是如此，在具体术语的处理上也是有同有异，甚至有的地方体现某种鲜明的差异。两套教材在词类、句子成分、句型、句类、句式、复句这些术语系统上都做了讲解的术语有“方位词，情态补语、结果补语、时量补语、复合趋向补语，名词谓语句、反问句、‘把’字句、存现句”；“并列复句、递进复句、假设复句、目的复句、选择复句、因果复句、转折复句、条件复句”和“紧缩句”。显然，这些术语所关联的语法点基本上是汉语中比较难理解的或具有较大特异性的，仅从术语字面难以推断所指的具体现象。由此可见，在学习难点的认定上，两套教材具有很大的共性，术语的呈现方式正是这种认识的体现。如前所述，比较特殊的是“并列复句、递进复句、假设复句、目的复句、选择复句、因果复句、转折复句、条件复句”和“紧缩句”，两套教材也都做了系统讲解。复句中分句间的逻辑关系基本上具有语言共性，但具体关联方式则有差异，主要体现在关联词语的区别与用法上。因此这些术语的讲解大多侧重在这些方面，这是跟上面这些术语的阐释有所区别的。

在直接呈现这一方式上，两套教材对词类、句子成分这两个体系中最基本的术语如“名词（Noun）、动词（Verb）、形容词（Adjective），主语（Subject）、谓语（Predicate）”等都呈现在教材最开始的部分，统一列表给出，并都给出了缩略的形式，实际上把这一部分当作学习者已经掌握的语言学知识（基本上能在母语学习中找到相应的语法范畴），教材只给出了汉语中相对应的术语。然而考虑到汉语语法及其语法范畴的特异性，有时直接翻译也会给学习者造成误导。这就要求在教学过程中，适当普及基本的语法知识，排除认知理解障碍。

在第三种呈现方式上，语言点出现了，对于相对应的语法术语教材会做不同的处理。如“存在句”被替换成“表示存在的句子”，由于汉语存在句语义复杂，形式多样，这样的处理在特定阶段相对简洁、易懂，也比较管用。同理，“‘把’字句、‘被’字句”的语义复杂繁多，但形式上有特定的标记词，因此显示出较高的透明度。所以，对于“存在句”以及“表示存在的句子”这样的术语，还可以从形式入手，替换为“‘有’字句”等可能更为合适，也比较有利于理解。尤其是初中级阶段，由于需要学习的语法现象多是术语所对应的典型现象，因此用标记词来命名术语更具透明度，更便于讲解和操作。可资参照的是，相对于"'把'字句"，"处置式"显然是不宜呈现于汉语教学的。

两套教材术语呈现方式的不同主要在于两者在同一术语的呈现方式上有所不同。如下列术语在《新实用》中做了讲解而在《发展》中直接呈现："简单趋向补语、数量补语、动量补语、可能补语，形容词谓语句、动词谓语句、主谓谓语句、正反疑问句、省略式疑问句、'是'字句、无标志被动句、'被'字句"。这一类别的术语大部分都是某一大类的下位术语，如"简单趋向补语、数量补语、动量补语、可能补语，正反疑问句、省略式疑问句"，语义和用法上与其分别对应的上位术语"趋向补语、补语、疑问句"差别不大。《新实用》对于讲解的术语，都将其安排在教材每课的"语法"部分，即作为语法点介绍。《发展》对于这些直接呈现的术语，有的放置在"综合注释"中，如"数量补语、动量补语、可能补语，正反疑问句、省略式疑问句、'是'字句、无标志被动句、'被'字句"；有的放置在每单元的"语言点小结"中，如"简单趋向补语，形容词谓语句、动词谓语句、主谓谓语句"；《发展》中还有一些直接呈现的术语，而在《新实用》中未出现，如"插入成分、祈使句、肯定句"，这些术语都放置在随文的"脚注"中，举例说明何为该术语，而非讲解。原因可能在于有些教材注重语言的结构、功能，语法讲解部分比重较高，有些教材则在这些方面不凸显。由此可见，语法术语的呈现方式也与教材类型相关，当然也与教材编者对特定术语的"脚手架"功能是否认同、如何认知和操作有关。

三、语法术语安排的若干基本原则

通过上述考察与比较，我们不难发现两套教材在语法术语安排上主要涵盖两个方面：选择哪些需要呈现的语法术语；选择怎样的方式呈现，即这些语法术语如何分布。这给我们讨论汉语教材语法术语安排的基本原则带来很多启示。下面我们就对外汉语综合课教材中如何选取语法术语、如何呈现语法术语简要论及若干基本原则。这里虽然针对的是语法术语的安排，其实其他语言层面的术语安排也大体需要考虑这样一些原则。

（一）基本层次范畴原则

既然术语选用时“必要的不躲，不必要的不用”，那么，何谓“必要”，就是问题的关键。通过考察发现，表达“基本层次范畴”的概念往往就是必要的，需要优先处理的。

简言之，基本层次范畴（basic-level category）指的是在人类认知中形态最简单、区别最清楚的概念。这个层次上的范畴成员具有感知上的相似的整体外形，属于同一类别的成员可引起人们行为上大致相同的反应（张敏，1998：59）。语法术语也是分层级的，有基本层次的，有非基本层次的。如词类下的“名词、动词、形容词、副词”、句子成分下的“主语、宾语、谓语”等就都属于基本层次范畴，世界上大部分语言都存在这类术语所关联的现象，具有认知显著性，学习者基本能够直观感知到其典型用例。习得这些基本层次范畴的术语，也有助于向其他层级的概念、范畴扩展。因此，词类、句子成分这两类术语系统也都较为系统地呈现在了两套教材中，并且呈现的方式都是统一用英语中对应的术语（甚至是缩略的形式）给出，这是由学习者的认知特点、习得规律决定的。

两套教材在具体处理上的不同点在于各个小类要不要再细分，即对表达非基本层次范畴的术语的选择和处理。如《新实用》在“名词”这一类下再细分，呈现了“地点词、时间词”和“方位词”，而《发展》在“名词”类目下细分呈现了“集合名词、时间名词”。[①] 可是不管怎么细分，都不影响“名词”这一处于基本层次范畴的术语出现，也正因为基本层次范畴内的术语具有用法上的“典型性”和“原型性”，学习者通过对这一层次范畴内术语用法的掌握，就能相对便捷地拓展到对其下位层级术语的理解及对相应语法项目的使用上。

（二）相对透明性原则

表达基本层次范畴的术语在不同语法学体例中具有相通之处，其典型现象在不同语言中通常具有相应的句法表现，即体现为语言共性。然而，语法术语系统中更多的则是表达非基本层次范畴的术语，或者说具有语言偏向性的术语，如词类下面的特殊小类（如“区别词 / 非谓形容词”）、特殊句式及特殊的句子成分等。表达这些范畴（多为基本层次范畴的下位次范畴，

① 仔细揣摩，这两套教材之所以在“名词”下又列呈某些相关术语，概因这些术语所指称的语言现象具有汉语语法系统的特殊性，需要做出专门的讲解。因此，引入相关术语，有时也是为了解说问题的方便。

但也可以是更具概括性的上位超范畴）的术语的选择和呈现需要有新的指导性原则。这一系列术语的选取或者术语呈现方式的协调，我们试图通过提出“相对透明性原则”来予以引导。

术语本身作为目的语的一个个词或短语，由不同词素或词组成，自身有透明与否（即是否“见字明义”）的问题。[①] 对学习者而言，有的透明度较高，如“‘是’字句、‘有’字句”，有的透明度较低，如“兼语句、连动句”。[②] 就语法术语来说，由于它作为元语言层面的特殊性，对其“见字明义”的要求则是语法术语对语法项目的概括能从组成它的结构形式上大体“一目了然”。语言项目通常包括两个方面内容，一是形式表现，二是功能意义。对于初学者来说，构成语法术语的词素或词通常比其目前阶段所学的单词或短语要难理解，为了让术语起到构建知识体系的作用，最好的方式就是使术语中的关键字或词能够相对充分地激活学习者头脑中术语所对应的相关的语法知识，而完成这一目标最直观的方式则是从形式入手。所以，我们进一步提出在语法术语的选取和呈现方式上，采取形式透明度第一、语义透明度第二的策略。例如，两套教材在句式上都共同呈现了术语“‘是’字句、‘把’字句、‘被’字句”，这些句式术语

① 这是当下方兴未艾的构式语法特别关注的方面。构式语法将每个语法单位都看成一个形式和意义相匹配的构式，典型的构式都有不同于其组成成分的特征（Goldberg，1995：4）。作为原型范畴的“构式”，不同构式之间存在着透明度的差异；对透明度的分析，可以从形式、意义以及形义匹配关系这三个角度来考察（施春宏，2013）。就其本质而言，每个术语实际也都可看作一个“构式”，因此可以从透明度来认识。

② 这里的透明度主要是从形式角度来说明的。若从意义角度来考虑，特殊句式的原型性更加突出。

背后涵盖的语法意义比其字面意义要复杂得多，从句式的结构出发来定义和选择术语，可以让学习者，特别是初学者对这个语法术语的“所指”是什么一目了然。同理，上述比较中，句类系统下的术语在两套教材中出现的情况不一，是因为作为语义表达的句类术语“陈述句、疑问句、感叹句”和“祈使句”，被比它们更直观、更显眼的标点符号和语气词这些表面的形式所代替了，所以它们是否呈现并不影响教材的整体语法知识结构。

另一方面，《发展》中的“程度补语”被作为“‘得’字句”术语呈现，尽管牺牲了对语法项目的语义功能的提示，但却在形式上清楚直观，在一定阶段发挥了术语的作用。《新实用》中“存在句”被替换成“表示存在的句子”，对于初学者来说，这样的术语替换并不能提供多少可理解性的帮助，而在《基础汉语》（商务印书馆，1971 年）和《汉语课本》（商务印书馆，1977 年）中，采用的则是“‘有’字句”来表示存在，这样从结构形式上就能说明句子的特点，便于教学，也便于学习者掌握。当然，是从形式出发还是从意义出发来抽象出术语并在合适的阶段提供给学习者，问题比较复杂。基于形式标记的术语，有时并不容易抓住其意义和功能；而基于意义概括的术语，也未必容易找到合适的对应形式。两难之际，有时只能采取权宜之计，基础阶段的学习多以形式作为抓手。这种处理策略也随着学习阶段的不同而有所调整。

较为特殊的是“连动句、兼语句、被动句”等术语，由于形式上没有统一的标记，在失去形式标志的情况下，我们需要具体问题具体分析。如“连动句”这一术语是从其对应的语法项目的语义层面来命名的，而“兼语句”则从其对应的句法构造的形式层面命名（一语兼二用）。这两个术语在《新实用》中均一一呈现，而在《发展》都没有出现，而两者都是不同角度透明性（即形式透明或者意义透明）的表达，能在某种程度上被学习者所认知，如何取舍，与教材编者对知识结构的安排和对认知机制的理解有一定的关系。

需要说明的是，每个术语实际上都是“形式—意义对”（form-meaning pair），即都具有构式性，因此并不能严格地根据术语名称就推断出它所关联的语法点和所指涉的语言现象。这里所言的透明性，只是就大的便于理解和习得的可操作性原则而言。

（三）相对系统性原则

语言是一个系统，反映语言现象系统性的术语自然也体现出某种系统性，但就术语的选择和安排而言又具有相对性。术语的相对系统性可从广度和深度两个角度来认识。

术语系统的广度指所用术语是否涵盖了汉语本体知识的基本概貌，如语法术语系统是否呈现了词类、句类、句式、句型、复句等类别的基本术语。这方面在很大程度上取决于教材本身的类型。近年来，关于教材类型的争论主要体现于是以功能为纲还是以结构为纲。刘珣（2003）提出“以结构为基础恐怕仍是汉语作为第二语言教学的根本规律”。这种主张反映在教材术语的安排上就是，相对于《发展》,《新实用》呈现的语法术语广度方面系统性强，甚至多出了整套“句群”系统的语法术语。[①]

术语系统的深度指的是术语范畴的层级性问题，涉及对术语所指现象概括的颗粒度问题。如“补语”作为基本层次范畴是“句子成分”的下位术语，其自身下位术语有“数量补语、可能补语、状态补语、趋向补语”等等，“趋向补语”下面又可细分为“简单趋向补语、复合趋向补语”第四层术语，这四层是否都要呈现，如果不是，层级性如何把握？

术语安排和呈现的“相对系统性原则”主要体现于术语系统在深度上的相互关联。总体而言，同一语法范畴内下位术语的呈现要体现某种平衡性，可以多层级，但应避免具有对称性、对应性内涵的下位层次术语只见其一，不见其他，否则就失去了划分层级的效度，也不利于学习者构建知识框架体系。比如《发展》在“形容词”这一范畴下只呈现了“状态形容词”，与之对应的“性质形容词”似宜出现；在“动词”的范畴内只呈现了“及物动词”，“不及物动词”应该呈现。同理，呈现了“简单趋向补语”，最好也呈现出“复合趋向补语”；呈现了“动量词”似也应呈现“名量词”，等等。[②]至于呈现的顺序及方式应参考第二语言习得规律，但教材整体上的语法术语概貌要体

① 有一个现象，作为汉语语法基本单位的“语素（词素）”都没有呈现在教材中。这主要是因为，就交际而言，最基本的、最自然的感知单位就是词和句子，这也是外国学习者真正需要掌握的，而且汉语的“语素（词素）”在直观感知上又跟“字”相当，单个语素常是单个汉字。所以“语素（词素）”这一概念的未呈现是有理可据的，语言本体系统的体系性和语言教学术语的系统性，并不存在严格的对应关系。

② 当然，这只是就系统的整体性而言，而非特定阶段术语呈现的系统性。在某个阶段，可以只呈现某个大类下面的某个特殊小类。学习者的水平差异和不同性质术语呈现方式的关系，需要专门讨论。

现相对系统性。当然，这是就整套教材术语系统而言，不是具体每课、每个语法点的安排。

有一种特殊情况，例如“补语”的下位术语有“结果补语、可能补语、数量补语、程度补语、趋向补语、情态补语、时量补语、动量补语”，这些补语是否都一一呈现？我们认为这类问题要兼顾术语所指现象频率高低以及上文所谈到的相对透明性原则加以取舍。

语法术语的系统性问题很大程度上受教学语法体系的影响。语法术语是语法体系的节点，呈现在学习者面前的就是语法体系知识的线索。李泉（2016）提出对外汉语教学语法体系建立的核心标准应是：详尽、实用、协调、简单。当然，有些术语未曾出现在教材中，并不表示其所匹配的语言点被排除在该教材的语法体系之外，同时由于术语的元语言性，教材中的语法术语也无需完整呈现教学语法的体系。但是为了让教材中的术语相对成系统，语法术语中各个范畴下的“姐妹术语”也要考虑到彼此间的关联和协调，尽量避免顾此失彼，应在有用、好用的基础上体现系统内部的相对平衡，这样才能勾丝成线，形成一张实用有形的概念之网，圈住学习者大脑中的语言核心知识。

以上三项原则可以说是关于教材中语法术语选取和安排的指导性原则。教材中的语法术语不可或缺，但又不可泛滥。在选取上，首先遵循基本层次范畴原则，将语言学中最基本的概念通过术语教授给学习者，这类基本层次范畴的语法术语主要属于汉语词类和句子成分范畴，帮助学习者了解汉语语法基本单位的框架，构建最基本的语法知识体系。在句式、句类、复句这些语法范畴内的术语选取和呈现方式上，遵循透明性原则，形式透明第一，语义透明第二，让术语呈现的方式更为简洁、直观，对于形式与语义两方面都不太透明的术语，要衡量知识结构与认知机制之间的关系加以选取。同时以相对系统性原则作为参照，注意同一语法范畴内的下位术语之间的照应，不能失去必要术语之间的系统关联。

四、本章小结

面向第二语言教学的汉语教材是如何选择和安排语法术语的，虽常受关注，但未有较为系统的考察和分析，对语法类术语在二语教学中的脚手架作用及作用的性质、方式和界限尚未引起重视。针对这些问题，我们选取了两套对外汉语教学综合课教材中的语法术语呈现情况为例，从汉语语法项目的特点和学习者的认知规律的角度，对如何选取对外汉语综合课教材中的语法术语、如何呈现语法术语等方面提出了三条基本原则：基本层次范畴原则、相对透明性原则、相对系统性原则。

当然，仅从这些角度提出的原则或许并不能涵盖教材“语法术语”的所有问题，仍需借鉴第二语言习得理论，不断吸收汉语本体研究、认知理论、心理语言学等学科的研究成果和教学实践成果加以改进。我们提出这些问题与原则，希望进一步引起大家对相关问题的重视，以期为第二语言学习者们提供切实的帮助。

附录:《新实用汉语课本》和《发展汉语》的术语呈现方式对比

版本信息:[1]刘珣主编《新实用汉语课本》(第二版),北京语言大学出版社,2010年(第一册、第二册)、2012年(第三册、第四册);刘珣主编《新实用汉语课本》,北京语言大学出版社,2005年(第五册、第六册)。[2]李泉主编《发展汉语》(第二版),北京语言大学出版社,2011年(初级综合Ⅰ、中级综合Ⅰ、高级综合Ⅰ)、2012年(初级综合Ⅱ、中级综合Ⅱ、高级综合Ⅱ)。

(按:下表所列除了语法术语,同时列出语音术语、词汇术语、汉字术语。下表中“一册七课”代表“第一册第七课”,依此类推;“初综Ⅰ、初综Ⅱ”分别代表“《初级综合Ⅰ》、《初级综合Ⅱ》”,“中综Ⅰ、中综Ⅱ”分别代表“《中级综合Ⅰ》、《中级综合Ⅱ》”,“高综Ⅰ、高综Ⅱ”分别代表“《高级综合Ⅰ》、《高级综合Ⅱ》”。)

一、语法术语

（一）词类系统

术语	《新实用汉语课本》	《发展汉语》
名词	《语法术语缩略形式一览表》；中英对照呈现	《语法术语及缩略形式参照表》；中英对照呈现
代词	《语法术语缩略形式一览表》；中英对照呈现	《语法术语及缩略形式参照表》；中英对照呈现
数词	《语法术语缩略形式一览表》；中英对照呈现	《语法术语及缩略形式参照表》；中英对照呈现
动词	《语法术语缩略形式一览表》；中英对照呈现	《语法术语及缩略形式参照表》；中英对照呈现
量词	《语法术语缩略形式一览表》；中英对照呈现	《语法术语及缩略形式参照表》；中英对照呈现
形容词	《语法术语缩略形式一览表》；中英对照呈现	《语法术语及缩略形式参照表》；中英对照呈现
副词	《语法术语缩略形式一览表》；中英对照呈现	《语法术语及缩略形式参照表》；中英对照呈现
介词	《语法术语缩略形式一览表》；中英对照呈现	《语法术语及缩略形式参照表》；中英对照呈现
连词	《语法术语缩略形式一览表》；中英对照呈现	《语法术语及缩略形式参照表》；中英对照呈现
助词	《语法术语缩略形式一览表》；中英对照呈现	《语法术语及缩略形式参照表》；中英对照呈现

续表

术语	《新实用汉语课本》	《发展汉语》
叹词	《语法术语缩略形式一览表》；中英对照呈现	《语法术语及缩略形式参照表》；中英对照呈现
方位词	二册二十一课，P167；语法，讲解	初综Ⅰ七课，P68；综合注释，讲解
动态助词	《语法术语缩略形式一览表》；中英对照呈现	初综Ⅰ十四课，P149；综合注释，直接呈现
能愿动词	一册十一课，P185；语法，讲解	—
数量词	一册八课，P122；语法，讲解	—
动量词	—	初综Ⅰ十九课，P211；综合注释，直接呈现
复合量词	—	中综Ⅱ九课，P127；综合注释，讲解
状态形容词	—	中综Ⅱ九课，P126；综合注释，讲解
否定副词	—	中综Ⅱ十一课，P157；综合注释，讲解
非谓形容词	—	中综Ⅱ十一课，P159；综合注释，讲解
及物动词	—	中综Ⅱ十三课，P186；综合注释，直接呈现
集合名词	—	中综Ⅱ十四课，P203；综合注释，讲解

（二）句子成分系统

术语	《新实用汉语课本》	《发展汉语》
主语	《语法术语缩略形式一览表》；中英对照呈现	《语法术语及缩略形式参照表》；中英对照呈现
谓语	《语法术语缩略形式一览表》；中英对照呈现	《语法术语及缩略形式参照表》；中英对照呈现
宾语	《语法术语缩略形式一览表》；中英对照呈现	《语法术语及缩略形式参照表》；中英对照呈现
定语	《语法术语缩略形式一览表》；中英对照呈现	《语法术语及缩略形式参照表》；中英对照呈现
状语	《语法术语缩略形式一览表》；中英对照呈现	《语法术语及缩略形式参照表》；中英对照呈现
补语	《语法术语缩略形式一览表》；中英对照呈现	《语法术语及缩略形式参照表》；中英对照呈现
双宾语	一册十课，P165；语法，讲解	—
情态补语	二册十五课，P17；语法，讲解	初综Ⅰ二十九课，P318；综合注释，讲解
简单趋向补语	二册十六课，P41；语法，讲解	初综Ⅰ，语言点小结（四），P336；直接呈现
时量补语	二册十六课，P44；语法，讲解	初综Ⅰ十八课，P198；综合注释，讲解
数量补语	二册十七课，P68；语法，讲解	中综Ⅰ四课，P45；综合注释，直接呈现
结果补语	二册十八课，P92；语法，讲解	初综Ⅰ十九课，P210；综合注释，讲解

续表

术语	《新实用汉语课本》	《发展汉语》
动量补语	二册二十二课，P192； 语法，讲解	初综Ⅱ十课，P105； 综合注释，直接呈现
复合趋向补语	二册二十三课，P216； 语法，讲解	初综Ⅱ三课，P24； 综合注释，讲解
程度补语	二册二十六课，P285； 语法复习，直接呈现	中综Ⅰ八课，P93； 综合注释， 以"'得'字句"术语呈现并讲解
可能补语	三册三十三课，P140； 语法，讲解	中综Ⅱ四课，P52； 综合注释，直接呈现
独立语	四册四十课，P46； 语法，讲解	—
中心语	六册六十一课，P12； 练习，直接呈现	—
多项定语	—	中综Ⅱ十课，P142； 综合注释，讲解
处所宾语	—	初综Ⅰ二十四课，P267； 综合注释，直接呈现
地点状语	—	初综Ⅰ十一课，P117； 综合注释，直接呈现
时间状语	—	初综Ⅰ十一课，P117； 综合注释，直接呈现
多项状语	—	中综Ⅱ十课，P141； 综合注释，讲解
状态补语	—	中综Ⅱ七课，P96； 综合注释，直接呈现
插入成分	—	初综Ⅱ二十课，P221； 课文脚注，直接呈现

（三）句型系统

术语	《新实用汉语课本》	《发展汉语》
形容词谓语句	一册二课，P23；语法，讲解	初综Ⅰ，语言点小结（二），P231；直接呈现
动词谓语句	一册六课，P82；语法，讲解	初综Ⅰ，语言点小结（二），P231；直接呈现
名词谓语句	一册九课，P143；语法，讲解	初综Ⅰ八课，P79；综合注释，讲解
双宾语动词谓语句	一册十课，P165；语法，讲解	—
能愿动词谓语句	一册十一课，P185；语法，讲解	—
形式动词谓语句	六册六十八课，P162；语法，讲解	—
主谓谓语句	一册十二课，P206；语法，讲解	初综Ⅰ，语言点小结（二），P231；直接呈现
无主句	三册三十四课，P162；语法，讲解	—

（四）句类系统

术语	《新实用汉语课本》	《发展汉语》
疑问句	—	初综Ⅰ二课，P13；综合注释，直接呈现
是非问句	一册二课，P23；语法，讲解	—

续表

术语	《新实用汉语课本》	《发展汉语》
正反疑问句	一册七课，P102； 语法，讲解	初综Ⅰ十课，P105； 综合注释，直接呈现
省略式疑问句	一册七课，P102； 语法，讲解	初综Ⅰ二课，P13； 综合注释，直接呈现
选择疑问句	一册十二课，P206； 语法，讲解	—
疑问代词问句	一册十四课，P251； 语法复习，讲解	—
反问句	三册二十八课，P39； 语法，讲解	初综Ⅱ十二课，P128； 综合注释，讲解
双重疑问句	四册四十八课，P231； 语法，讲解	—
陈述句	—	初综Ⅰ四课，P32； 综合注释，直接呈现
否定句	—	初综Ⅰ四课，P35； 综合练习，直接呈现
特殊疑问句	—	初综Ⅰ十二课，P128； 综合注释，直接呈现
祈使句	—	初综Ⅱ十三课，P137； 课文脚注，直接呈现
肯定句	—	初综Ⅱ二十课，P223； 课文脚注，直接呈现

（五）句式系统

术语	《新实用汉语课本》	《发展汉语》
“是”字句	一册四课，P50； 语法，讲解	中综Ⅰ八课，P93； 综合注释，直接呈现
“有”字句	一册八课，P122； 语法，讲解	—
连动句	一册十一课，P187； 语法，讲解	—
兼语句	一册十三课，P228； 语法，讲解	—
“把”字句	二册十六课，P42； 语法，讲解	初综Ⅰ二十一课，P236； 综合注释，讲解
无标志 被动句	二册二十三课，P217； 语法，讲解	初综Ⅱ，语言点小结（二），P170； 直接呈现
“被”字句	二册二十五课，P262； 语法，讲解	初综Ⅱ，语言点小结（二），P170； 直接呈现
存现句	三册二十九课，P59； 语法，讲解	初综Ⅰ七课，P67； 综合注释，讲解
连动兼语句	四册四十一课，P68； 语法，讲解	—
“得”字句	—	中综Ⅰ八课，P93； 综合注释，讲解
比较句	—	高综Ⅰ一课，P7； 综合注释，直接呈现

（六）复句系统

<table>
<tr><th>术语</th><th>《新实用汉语课本》</th><th>《发展汉语》</th></tr>
<tr><td>复句</td><td>四册四十四课，P139；
语法复习，直接呈现</td><td>高综Ⅰ一课，P7；
综合注释，讲解</td></tr>
<tr><td rowspan="2">关联词</td><td rowspan="2">五册五十一课，P9；
语法，直接呈现</td><td>高综Ⅰ一课，P7；
综合注释，讲解</td></tr>
<tr><td>高综Ⅱ十一课，P159；
综合注释，讲解</td></tr>
<tr><td>分句</td><td>五册五十二课，P29；
语法，直接呈现</td><td>初综Ⅰ二十五课，P277；
综合注释，直接呈现</td></tr>
<tr><td>联合复句</td><td>四册四十四课，P139；
语法复习，直接呈现</td><td>—</td></tr>
<tr><td rowspan="2">并列复句</td><td>四册四十四课，P139；
语法复习，直接呈现</td><td rowspan="2">高综Ⅰ十三课，P162；
综合注释，讲解</td></tr>
<tr><td>五册五十一课，P9；
语法，讲解</td></tr>
<tr><td rowspan="2">承接复句</td><td>四册四十四课，P140；
语法复习，直接呈现</td><td rowspan="2">—</td></tr>
<tr><td>五册五十四课，P73；
语法，讲解</td></tr>
<tr><td rowspan="2">递进复句</td><td>四册四十四课，P140；
语法复习，直接呈现</td><td>中综Ⅱ五课，P66；
综合注释，直接呈现</td></tr>
<tr><td>五册五十七课，P135；
语法，讲解</td><td>高综Ⅰ三课，P32；
综合注释，讲解</td></tr>
<tr><td>偏正复句</td><td>四册四十四课，P140；
语法复习，直接呈现</td><td>—</td></tr>
</table>

续表

术语	《新实用汉语课本》	《发展汉语》
假设复句	四册四十四课，P140； 语法复习，直接呈现	中综Ⅱ七课，P95； 综合注释，直接呈现
	六册六十一课，P10； 语法，讲解	高综Ⅰ七课，P83； 综合注释，讲解
目的复句	四册四十四课，P140； 语法复习，直接呈现	中综Ⅱ二课，P21； 综合注释，直接出现
	五册五十五课，P94； 语法，讲解	高综Ⅰ十一课，P134； 综合注释，讲解
选择复句	四册五十课，P278； 语法复习，直接呈现	中综Ⅱ二课，P22； 综合注释，直接呈现
	六册六十三课，P50； 语法，讲解	高综Ⅰ十二课，P147； 综合注释，讲解
因果复句	四册五十课，P278； 语法复习，直接呈现	初综Ⅱ一课，P3； 课文脚注，直接呈现
	五册五十二课，P31； 语法，讲解	高综Ⅰ九课，P108； 综合注释，讲解
转折复句	四册五十课，P278； 语法复习，直接呈现	初综Ⅱ十七课，P186； 综合注释，直接呈现
	五册五十三课，P54； 语法，讲解	高综Ⅰ二课，P18； 综合注释，讲解
条件复句	四册五十课，P278； 语法复习，直接呈现	中综Ⅱ二课，P22； 综合注释，直接呈现
	六册六十四课，P74； 语法，讲解	高综Ⅰ五课，P57； 综合注释，讲解
让步复句	四册五十课，P279； 语法复习，直接呈现	中综Ⅱ八课，P110； 综合注释，直接呈现

续表

术语	《新实用汉语课本》	《发展汉语》
让步转折复句	五册五十六课，P113；语法，讲解	—
推断复句	五册五十八课，P158；语法，讲解	—
假设性因果复句	六册六十二课，P30；语法，讲解	—
假设性条件复句	六册六十五课，P99；语法，讲解	—
有限选择复句	六册六十六课，P120；语法，讲解	—
条件假设复句	六册六十七课，P143；语法，讲解	—
选择性假设复句	六册六十八课，P163；语法，讲解	—
流水句	五册六十课，P201；语法，讲解	—
紧缩句	五册五十一课，P9；语法，讲解	高综Ⅰ十五课，P187；综合注释，讲解
小句	—	初综Ⅱ十九课，P207；课文脚注，直接呈现
对立复句	—	初综Ⅱ一课，P5；综合注释，直接呈现
反递复句	—	高综Ⅰ四课，P44；综合注释，讲解
无条件复句	—	高综Ⅰ六课，P70；综合注释，讲解

续表

术语	《新实用汉语课本》	《发展汉语》
假设让步复句	—	高综Ⅰ八课，P95；综合注释，讲解
推论复句	—	高综Ⅰ十课，P121；综合注释，讲解
连贯复句	—	高综Ⅰ十四课，P174；综合注释，讲解

（七）句群系统

术语	《新实用汉语课本》	《发展汉语》
句群	五册五十一课，P9；语法，讲解	—
并列句群	五册五十一课，P10；语法，讲解	—
因果句群	五册五十二课，P32；语法，讲解	—
转折句群	五册五十三课，P54；语法，讲解	—
承接句群	五册五十四课，P74；语法，讲解	—
目的句群	五册五十五课，P94；语法，讲解	—
让步句群	五册五十六课，P115；语法，讲解	—

续表

术语	《新实用汉语课本》	《发展汉语》
递进句群	五册五十七课，P135； 语法，讲解	—
总分句群	五册五十八课，P158； 语法，讲解	—
假设句群	六册六十一课，P11； 语法，讲解	—
选择句群	六册六十三课，P50； 语法，讲解	—
条件句群	六册六十四课，P75； 语法，讲解	—
总说句群	六册六十九课，P188； 语法，讲解	—
解说句群	六册六十九课，P188； 语法，讲解	—

二、语音术语

术语	《新实用汉语课本》	《发展汉语》
拼音	一册一课，P6； 语音练习，直接呈现	—
四声	一册一课，P7； 语音练习，直接呈现	—
声母	一册一课，P9； 语音，讲解	初综 I 一课，P2； 语音知识，讲解

续表

术语	《新实用汉语课本》	《发展汉语》
韵母	一册一课，P9； 语音，讲解	初综Ⅰ一课，P2； 语音知识，讲解
声调	一册一课，P10； 语音，讲解	初综Ⅰ一课，P3； 语音知识，讲解
一声	一册一课，P10； 语音，“the first tone”，讲解	初综Ⅰ一课，P3； 语音知识，“一声”呈现，讲解
二声	一册一课，P10； 语音，“the second tone”，讲解	初综Ⅰ一课，P3； 语音知识，“二声”呈现，讲解
三声	一册一课，P10； 语音，“the third tone”，讲解	初综Ⅰ一课，P3； 语音知识，“三声”呈现，讲解
四声	一册一课，P10； 语音，“the fourth tone”，讲解	初综Ⅰ一课，P3； 语音知识，“四声”呈现，讲解
变调	一册一课，P10； 语音，讲解	初综Ⅰ四课，P28； 语音知识，讲解
轻声	一册二课，P22； 语音，讲解	初综Ⅰ二课，P11； 语音知识，讲解
半三声	一册三课，P33； 语音练习，直接呈现	—
双音节	一册三课，P34； 语音练习，直接呈现	—
多音节	一册五课，P62； 语音练习，直接呈现	—
儿化韵	一册五课，P61； 语音，讲解	初综Ⅰ七课，P63； 语音知识，讲解

续表

术语	《新实用汉语课本》	《发展汉语》
上声调	—	初综Ⅰ一课，P2； 语音练习，直接呈现
音节	—	初综Ⅰ一课，P2； 语音知识，讲解
隔音符号	—	初综Ⅰ八课，P75； 语音知识，讲解

三、词汇术语

术语	《新实用汉语课本》	《发展汉语》
词	一册一课，P5； 直接呈现	初综Ⅰ一课，P4； 学习课文，直接呈现
词组	一册七课，P96； 练习与运用，直接呈现	—
专有名词	一册一课，P5； 生词，以“PN”直接呈现	初综Ⅰ一课，P4； 学习课文，“专名”简略形式 直接呈现
离合词	三册二十七课，P18； 语法，讲解	—
构词法	三册二十七课，P19； 字与词，讲解	—
联合式	三册二十七课，P19； 字与词，讲解	—
偏正式	三册二十八课，P40； 字与词，讲解	—

续表

术语	《新实用汉语课本》	《发展汉语》
补充式	三册二十九课，P60； 字与词，讲解	—
动宾式	三册三十课，P79； 字与词，讲解	—
主谓式	三册三十一课，P98； 字与词，讲解	—
重叠式	三册三十二课，P122； 字与词，讲解	—
附加式	三册三十三课，P143； 字与词，讲解	—
减缩式	三册三十六课，P203； 字与词，讲解	—
综合式	三册三十七课，P222； 字与词，讲解	—
后缀	—	初综Ⅱ二十一课，P238； 综合练习，直接呈现

四、汉字术语

术语	《新实用汉语课本》	《发展汉语》
笔画	一册一课，P12； 汉字，讲解	初综Ⅰ一课，P7； 汉字知识，直接呈现
笔顺	一册四课，P51； 汉字，中英翻译直接呈现	初综Ⅰ一课，P7； 汉字知识，直接呈现

续表

术语	《新实用汉语课本》	《发展汉语》
复合笔画	一册五课，P67； 汉字，讲解	
部件	一册七课，P104； 汉字，讲解	初综Ⅰ九课，P99； 汉字知识，直接呈现
The left-right structure	一册八课，P124； 汉字，讲解	—
Equal left-right	一册八课，P124； 汉字，讲解	—
Small left-big right	一册八课，P124； 汉字，讲解	—
Big left-small right	一册八课，P124； 汉字，讲解	—
Equal left-middle-right	一册九课，P144； 汉字，讲解	—
The top-bottom structure	一册十课，P166； 汉字，讲解	—
Equal top-bottom	一册十课，P166； 汉字，讲解	—
Big top-small bottom	一册十课，P166； 汉字，讲解	—
Small top-big bottom	一册十课，P167； 汉字，讲解	—
部首 / 偏旁	一册十三课，P229； 汉字，以“部首”呈现并讲解	初综Ⅰ九课，P99； 汉字知识，以“偏旁”直接呈现
构字法	二册十五课，P21； 汉字，讲解	—

续表

术语	《新实用汉语课本》	《发展汉语》
象形	二册十五课，P21； 汉字，讲解	—
指事	二册十六课，P44； 汉字，讲解	—
会意法	二册十七课，P69； 汉字，讲解	—
假借法	二册十八课，P95； 汉字，讲解	—
形声法	二册十九课，P117； 汉字，讲解	—
同音字	二册二十五课，P263； 汉字，讲解	高综Ⅱ六课，P78； 字词准备，直接呈现
形近字	二册二十六课，P286； 汉字，讲解	—
多音多义字	三册三十八课，P242； 字与词，讲解	—
独立结构	—	初综Ⅰ五课，P49； 汉字知识，讲解
品字形结构	—	初综Ⅰ五课，P49； 汉字知识，讲解
上下结构	—	初综Ⅰ六课，P61； 汉字知识，讲解
上中下结构	—	初综Ⅰ六课，P61； 汉字知识，讲解
左右结构	—	初综Ⅰ七课，P74； 汉字知识，讲解

续表

术语	《新实用汉语课本》	《发展汉语》
左中右结构	—	初综Ⅰ七课，P74； 汉字知识，讲解
全包围结构	—	初综Ⅰ八课，P87； 汉字知识，讲解
半包围结构	—	初综Ⅰ八课，P87； 汉字知识，讲解

第六章　教学语法的体系创新问题

一、引言

本章重点阐释我们正在探索中的教学语法体系，并以此为基础，构建一种基于当代语言学和语言教学基本理念的、独具特色的汉语二语教学模式。

这里先提出我们的基本教学观念，然后详加论述。基于构式语法的基本观念和我们对构式习得和教学过程的分析，经过这些年的教学实践，我们觉得任何语法点的习得都既是基于结构的，又是基于功能的，同时还是基于语境的。因此，这里提出面向二语教学的“结构—功能—语境”教学新模式。由于这个教学模式包含语法点习得和教学的三个侧面，而且三者又合成一个整体，因此我们称之为“三一语法”。[①]

三一语法是一种新型的二语教学语法体系，其基本框架包

① 三一语法是1998年冯胜利在哈佛大学主持中文部及哈佛北京书院时提出的面向二语教学的教学语法体系。2008年秋施春宏受哈佛大学博士后项目资助赴哈佛大学访学，两人便开始了三一语法的合作研究。这几年两人一起讨论、研究和总结，力图把语言自身以及语言（二语）习得过程中相互关联而又彼此不同的三个层面有机地结合起来，进行二语教学。冯胜利、施春宏（2011、2015）是三一语法研究的初步成果。

括句子[①]的形式结构、结构的功能作用、功能的典型语境这三个维度，它们彼此独立而又相互联系，构成一个有机整体。这种三维一体的语法系统，体现了“场景驱动、功能呈现、法则匹配”这一教学法的科学性，既有很强的实践价值，同时也有很高的理论意义。

下面就我们的初步构想，对三一语法的基本内涵和框架做出简要的说明。

二、三一语法的缘起、内容和基本主张

三一语法是从中文教学的研究、设计和管理经验中总结出来的一种新型的三位一体的二语教学的语法体系，其基本框架是：

1）句子的形式结构；
2）结构的功能作用；
3）功能的典型语境。

分别来看，上述三点中的每一点，在海内外教师的教学实践中，都或多或少、在这儿或在那儿地有所涉及；尤其是句子

① 我们认为，句子是基本的、枢纽性的习得单位，每个语法项目的习得都必须依托于句子，无论是句平面之下的词和短语，还是句平面之上的语段、篇章。因此我们对教学模式的探讨便将语法点放到相关句子中来描写其形式和功能。就构式语法的观念而言，“句子”一般而言就是句式性构式，但为了表述的简洁性，这里仍以传统的“句子”称之。

的结构，凡教书者均不可不分析、讲解。功能学派的二语教学法也比比皆是。所以表面看来，三一语法是把坊间两个不同学派（形式和功能）的主张糅合在一起。然而，需要指出的是：仅凭形式和功能两方面的学说不能产生三一语法；三一语法是“三”，不是“二”。因此，尽管三一语法的前两方面是形式和功能，但如下文所示，三一语法中的形式结构不是形式句法中的“原则和参数”（Principle and Parameter）或“最简方案”（Minimalist Program），也不是一般结构描写中的形式层级与关系；三一语法中的功能，既不是认知语法中的“象似性原则”（iconicity principle）之类的认知原则，也不是一般意义上的功能语法中的信息结构安排。所以，三一语法中形式和功能这两个方面虽然基于学界关于形式和功能研究的基本认识，但根据教学需要而又有所调整和发展；同时还将语境也看作语法的有机组成部分。三一语法的三个方面各有侧重，但并非简单杂糅，而是将教学语法所包含的几个方面有机地整合在一起，每两个方面都是相互作用的，同时三者之间又互动共存，递相为用，统一于一个整体之中，共同构成并服务于二语教学的语法教学体系。

三一语法中的“形式结构”是概括形式句法中“原则参数、格位、论元”等成果以及结构语言学的成分分析而提炼出的“主体结构分析法”——句子和短语是依照虚词和实词在句中的语义特征及其结构功能组织安排的，而不是袭用“普遍语法”（Universal Grammar）操作的结果。

三一语法中的“功能作用”也不是按照功能学派的功能原

则说明句子和短语的组织方法，而是参酌功能研究成果而提炼出的“结构的语体用途”，亦即该句结构在汉语里是“干什么用的”——这里的功能“不管结构，重在用途”。

三一语法中更具特色的是第三维——“功能的典型语境”。这是我们直接从教学实践中总结出来的一个新范畴，它必须以功能实现的场景典型性以及教与学两方面的适应性为前提，所以这里的“典型语境”不是语言分析和语言教学中所谓的一般语境，也不是简单地指汉语使用者最常见的语境。它的所指是有特定条件的，是根据教学对象的认知经验、二语习得的特定阶段和语言教学的生动便捷而归纳出来的“教学型”语境。

因此，三一语法的三个维度是在一个系统中彼此独立而又相互联系的三个新的子范畴。从实践上看，三一语法的基本主张是：

第一，语言教学中的每一个教学点，无论是词项式语法点（如“了”和“都”）还是句型式语法点（如“‘把’字句”和“名词谓语句”），或者特殊语块式语法点（如“一……就……”和“都……了”），都必须从上述的三个维度来考虑；

第二，对老师而言，任一语法点，均须三维地分析和理解，三维地准备和讲授；

第三，对学生而言，任一语法点，均须三维地习得和理解，三维地记忆和使用。

需要特别指出的是，我们提出的三一语法是教学语法，不是“教学法”。换言之，三一语法的三个方面都可以通过不同的教学法来实现、来完成。所以，敬请读者不要把它们混同于教学法。当然，由于三一语法特别强调典型语境的设置，而且在“形式—功能—语境”之间建立映射关系，因此只要将具体项目的语法阐述略做调整，便可转化为一种教学模式及其操作方法。从这个角度来看，说三一语法兼有教学语法和教学法两种性质，也是合理的。

三、汉语教学与三一语法

从语言学的角度来研究汉语的二语教学，应该说是从赵元任开始的。他的《国语入门》（1948）的前言，就是后来《汉语口语语法》（1968）的前身。后来国内外相继出现了许多二语教学语法的文章和专著。如李英哲等著的《实用汉语参考语法》（1990）、刘月华等著的《实用现代汉语语法》（1983）、李德津等著的《外国人实用汉语语法》（1988）、房玉清所著的《实用汉语语法》（1992）、吕文华所著的《对外汉语教学语法探索》（1994/2008）、邢志群所著的 *Teaching and Learning Chinese as Foreign Language: A Pedagogical Grammar*（Xing，2006）、温晓虹所著的《汉语作为外语的习得研究——理论基础与课堂实践》（2008）、邓守信所著的《对外汉语教学语法》（2010）等都是代表。根据冯胜利在北美 20 多年的中文教学经验，早期少数学者在教学语法方面虽然做过大量的工作，但那时候的教师一般都把语法当作应急之需，没有系统地研究，更没有从系统功能角度考虑教学问题。20 世纪 80 年代以后，大批语言学和二语教学的研究生毕业后从事中文教学，有的将形式句法的理论引入中文教学，有的将功能语法、社会语言学的理论拿来编写教材，以至于语言学研究和教学两个方面，都出现了“形式和功能”的对立与争论。

就理论研究而言，这种“执偏惧全”的方法和个人的学术训练背景有关，同时也是研究深入的需要，所以无可厚非。然而在实践领域，一张纸的两个面都是不可偏废的。马神武（James D. McCawley）曾经说过，如果研究胃而不管它的消化功能，恐怕难以得其真谛。同理，研究人的眼睛而不管它的视觉功能，也很难得其本质。基于这种思考，虽然我们的学科训练是形式句法或功能语言学、社会语言学，但在中文的语法教学上，始终主张“形式—功能珠联璧合”的教学实践。冯胜利（2008a）在加州中文教学年会上强调“结构功能观”的教学语法主张，认为“每一结构均有功能，每种功能皆有结构”。语言教学必须“形式—功能”两兼而不能偏废。这样“体用兼合”才可以做到事半功倍。然而，做到“体用兼备”就能满足二语教学的需要和解决二语教学中的问题了吗？换言之，让学生知道了句型（以及各种结构类型）的结构和功能，他们就会用了吗？

就学生而言，掌握句型的体和用，充其量是知道了“是什么”和“干什么”的问题，然而，还有一个“在哪儿用”的问题。很可惜，这个问题长期以来没有引起人们足够的重视。

就教师而言，知道了所教句型的结构和功能，仍然不能保证该教师可以在课堂上把该句型的结构和用途富有成效地教给学生。在教师培训中，老师最头疼的问题是不知道对给定的句型“从何教起”，亦即不知道“该句型应当怎么教”。

有鉴于此，为解决学生“语言习得脱离实际”的问题，为解决教师“语言教学无从下手”的问题，我们把语境加到“教学语法”中来，于是形成三维一体的语法系统。这个新的教学语法体系原名“三维语法”，后来经反复讨论后定名为三一语法（Trinitarian Grammar）。①

四、为什么三一语法是教学语法的新体系

结构加功能，并不新；教说话要有语境，也不稀奇。然而，将三者有机地融合为一个教学语法的体系，这还是第一次。三者之中的每一方面，也和以往的理解和要求有所不同。

首先，语法不能没有结构，教学语法当然也就不能不讲结构（二语习得和一语习得不同，后者可以不讲或少讲结构）。然而，问题是怎么讲结构。由于每个语法点的形式结构最终都体现为某种句子型式，因此为了说明方便，下面便以“句型”来说明。当然，这里的句型不但包括传统语法教学中所说的句式，而且也比一般教材中所言的句型要宽泛得多。在语法教学中，凡是句子的结构型式，都可以视为句型。

以初级阶段的“把”字句教学为例。“把”在传统句法里是“介词”；在形式句法里可以分析成“轻动词”（light verb）或者

① Trinitarian 的意思还可指：任何一个“一”都指向另外两个“二”；三者之间的地位并无高下，无先后，是完全平等，类似“你中有我，我中有你”的关系。但是分开来看，又彼此有别，个性和分工相异，可互证互参。感谢金婷博士的提示。

"助动词"，在形式语义学中则可以分析为"表界标记"。教学语法必须根据这些成果将其结构（的属性和条件）概括得既全面，又简单。譬如：

［形式结构］A＋把＋B＋V–R/PP
［1］B须是有定的NP；
［2］V须是行为性动词；
［3］V的后面要么带一般补语（R），要么带地点性成分（PP）。

一个句型的"形式结构"应当包含两个部分：一是该句型的基本结构形式（符号简明）；二是对该结构的特征的说明（要求清楚、明了）。上面的三条说明是根据学界以往和新近的研究成果归纳而成（当然，这还只是基于基础教学阶段的需要而做的结构分析）。这三点都与语义和句法有关，其中第三点还表现出韵律上的要求①。"形式结构"的内容跟下面的"功能作用"有一定的对应关系。注意，这里"结构"要点所关注的是根据该结构教学的一般要求来决定的，因此该结构的特殊用法、拓展用法或变形的用法，都不是基础教学语法所要涉及的对象。这种做法在海外叫作"地滚球"式的教学法。"地滚球"是美国普林斯顿大学中文组前主任陈大端先生提出的一个极其重要的

① 注意：在二语教学中，"表现"韵律和"讲解"韵律是不同的；教师的责任是"懂"后者而"练"前者。

教学语法的原则，可惜未能引起学界足够的重视。其基本思想是：任何句型的教授都要根据二语习得者的背景（其母语、接触或学习目标语的年限及水平等）以及该句型的结构语义规则来决定该句型的中心点及连属的内容。恰如“铁球滚地”，其辙深辙宽（=该语法点的中心要点和连属内容）取决于草地的土质（二语习得者的母语）和承受力（水平）；最关键者，球滚的辙迹不可能和球的直径一样宽（亦即，不能教授该句型的全部内容和知识），否则就不是“地滚球”，而成了“落汤鸡”。

下面看“把”字句的功能：

[功能作用]用来表达：

[1]物体的移位；

[2]行为引发的结果。

形式结构是“体”，功能作用是“用”。因此，三一语法的“功能”不完全是功能句法的“功能”。三一语法的功能要解决的问题是“该结构在交际中是干什么用的”，不是功能语法通常研究的“该结构是如何在功能作用下形成的”。该结构是不是因为某种用途才形成这样的构型，不是我们关心的内容（那是功能语法学家的事）；教学语法关心的是“这个形式在交际中是用来干什么的”的问题。譬如说，“把”字句在交际中是用来干什么的？功能语法没有把它当作重要目标来研究，教学语法以前也没有专项研究来讨论这类问题。我们建立的三一语法则是以这个问题为目标，给出每个句型的实际用途。显然，三一语法的“功能”要比功能语法的“功能”具体、现实得多。而唯其更具体、更现实，它才能满足或实现教学语法的目的。

无疑，上面“把”字句的两个用途是我们从最新的功能语法的研究成果中提炼、概括出来的。有了这个概括，我们就可以简洁地说：汉语里的“把”字句是用来表达“物体移位”和“行为结果”的。有人会问：这样概括“把”字句的用途是不是太窄了，太偏了？因为“把”字句的传统分析是“处置”，现在怎么不“处置”了啊？其实，“处置”这个术语在语言学上虽有精练之处，但在教学语法上却非常含混——老师明白，但学生很难明白，尤其是西方学生。因此“处置”不能满足我们上面说的“简洁”的要求。其次，根据张伯江（2000）、张旺熹（2001）等人的研究，“把”字句的语义核心是位移，而“位移”或“移位”的概念非常具体，容易让学生理解和把握（尤其是基础阶段）。因此以“移位”为“把”字句的作用不是“偏”而是“正”。再次，位置移动则有变化，有变化则有结果，因此“把”字句的第二个作用说成是“表达行为引发的结果”，这也可以概括“把”字句的其他（或将来再学）的功能（施春宏，2010b）。这样看来，上面概括出的两条作用，大体可以成立（尤其是对初学者而言）。重要的是，它能让老师和学生知道“把”字句是干什么用的了。当然，研究确定三一语法的“功能作用”，是一项非常繁巨的工作，研究者不仅要熟悉该句型的句法语义结构方面的已有分析和语言事实，同时还要根据二语习得的规律选择和制定该句型不同功能的主和次。在这方面，我们需要并期待更多、更深入的后续研究和丰富有效而又具有创造性的教学经验。

特别要引起注意的是，我们说“把”字句的功能是移位，并不等于说“把”字句在实际语言应用时或者在描写位移事件时，比其他句式用得多，也不意味着没有其他表移位的句型，更不意味着“把”字移位的使用比其他移位句的使用频率就一定要高。大家知道，一个语义概念可以用不同的语法格式来表达。同义或近义句型之间的使用频率的高低，和该句型的功能作用是两个不同的问题，不能混淆。

同时还要清楚，知道了“干什么”并不意味着就知道了“在哪儿用”。这是我们最近几年在教学中发现的“教学语法”中的最重要的问题之一。[①] 由此，我们进一步思考的问题是：教学语法是不是截止到“语言本身”就完成任务了呢？以前学界似乎没有提出过这个问题，因为以前的教学语法都截止在语言本身，语言之外的问题似乎就不是语法所管的了。所以，尽管教学语法为的是教学，它却不管语言之外的教学问题。然而事实是：句型结构和功能全都掌握以至纯熟了以后，老师也未必就知道怎么教或从哪儿教起，学生未必知道怎么用或在哪儿用。这实际上就是“懂”和“会”的关系问题，“懂”（理解）未必“会”（能够使用），只有“会”了才算真正地“懂”。教学的根本目的是“会用”。常见的现象是：熟悉语法的老师上课时滔滔不绝地讲语法，学过语法的学生下课以后却沉默不语，不知

① 这实际就是语体语法“交际四要素（对象、场所、内容、态度）”中对“场所”的语法要求的体现。

所用。前者是按捺不住地告诉学生老师所学的语法知识；后者是苦不堪言地学无所用。事实上，“语言教学”就是教人“学语言”，就是教人“学用”！因此，没有“语言的使用”就谈不上“语言教学”。据此，教学语法不包括语言本身之外的使用及其所以使用的“环境（包括人、事、地、意）”，就不是真正的语言教学。有鉴于此，我们突破教学语法的传统，把语言本身（形式和功能）之外的“语境”这一要素也加进来，不仅让形式表现出其固有的功能，同时让功能有发挥其作用的典型场合。这就是三一语法中的“典型语境”的来源。就“把”字句而言，它使用的典型语境是什么呢？为适用于初级阶段的学习者考虑，我们的设计是：

［典型语境］和移位/结果有关的：

［1］搬家，安置家具、物品等。例如：

他们把好看的家具都搬走了。

他把电视放到了桌子上，把画挂在了客厅里。

［2］整理房间。例如：

每次女朋友一来，他就把脏衣服都扔到床底下。

桌子上书太乱了，你快去把它们摆整齐。

功能实现的场所多种多样，而三一语法体系里面所提炼的语境必须是最典型与/或最极端的，而且这种语境是基于学习者的认知经验和习得阶段的。前者是逻辑的产物，后者是教学的需要。二者合则两美，离则两伤。从这两者出发，我们制定了如下“提炼典型语境”的五大原则[①]：

A. 该句型出现频率最高的场景；
B. 代表该句型结构功能最典型的场景；
C. 描述该场景的词语为习得者已学者；
D. 所描述的场景与习得者的生活有关；
E. 所描述的场景便于 / 适于课堂教学。

当然，这些提炼典型语境的若干原则之间有时并不能完全协调，如就“把”字句的使用整体而言，A 跟 C、D 未必一致，A 和 B 也未必一致，因为使用频率和结构功能也未必对应。[②]但我们认为，“把”字句的习得是有层次性的，依习得者不同学习阶段而有所不同。基于此，我们的处理策略是，在满足特定阶段习得者基本条件的情况下提取出现频率最高的场景。其他相关原则之间也须视此生成不同的协调策略。

不难想象，有了“典型语境”这一维度，教学语法才可以做到“语言与教学”相互结合、“学生与老师”彼此互利、“理论和实践”天然合一。

---

① 注意：进一步的研究可以将此五条量化，列出数学公式，进行计算，从而使之成为更为科学化的“三一语法语境率”。毫无疑问，这是三一语法理论下推演和开辟出来的一个有待进一步开发的、新的研究领域和教学绩效法。

② 就本项研究而言，使用频率更多地用来作为参考项，其他各项往往需要优先考虑，在此基础上再考虑高频使用的情况。

五、三一语法的实践价值和理论意义

三一语法说到底是世间物质的三维属性的自然表现。理论上说，任何物质不能没有结构；天下不存在没有结构的功能，因此没有结构就没有功能。然而，任何物质都有和其他物质的关系，因此有对其他物质存在的作用。从这个意义上说，没有无作用/功能的结构（物质）。然而这只是物质的二维性，任何存在（或物质）均有其时空性，这就是物质的第三维度。没有时空的“结构/功能”无法存在，任何事物都是这样，语言也不例外。因此，不存在没有功能的语言结构，也不存在没有结构的语言功能。“体”是原生的，“用”是派生（或孪生）的。体和用都必须在时空中才能存在/生存。宇宙是大的时空，语境是小的时空。因此“形式”、“功能”和“语境”是不容分割的三维一体的自然产物。

三一语法是教学语法，因此它的意义首先是有利于教师教学。对教师而言，顺序必须是先弄懂结构（有无形式句法学或结构语言学的训练关系到对结构的认识是否准确），然后搞清楚该结构的功能（懂不懂功能语言学关系到能否概括出准确的用途），最后是找到相匹配的典型语境（有无课堂操练的经验关系到能否找到典型适切的语境）。

实践上，教学语法直接方便老师，直接使学生受益。三一语法的初衷直接源于让学生受益的考虑。学生学习某一句型的程序是：先（明显地）从语境开始，再（隐示）功能，最后

（明确地）点明结构。毫无疑问，这种次序符合人类普遍的认知过程和策略，亦即：场景具体、功能适切、结构明确。不仅如此，它还是二语操练课堂上的典型程序：以情景导入句型，用问题喻示功能，用答案点明结构。语法教学，教师不仅要把学生讲懂了，更要让学生练会了，而且还要快速地懂，高效地会。三一语法不但能让操练课多快好省，同时便于让习得者直接入境，而且也可以让教师少讲（与课题无关的）废话。由此可见，三一语法具有自身“场景驱动、功能呈现、法则匹配”的教学法上的科学性。

从语言学的角度看，不难想象，三一语法的研究，对理论句法的研究有直接的促进作用。譬如，三一语法把理论语法变成教学语法时，可以在一定程度上检验其理论的优劣。又如，三一语法的研究可以补充理论语法的不足。如“真好”和“好人”都可以说，但“真好的人”不能说。显然，这里不是简单的结构对错问题（比较：“挺好的人”可以说），而是因为“真”用于表达对事物的肯定性评价，带有夸张口气；而定中结构中的定语成分往往不能出现用作主观评价的成分。同时，三一语法还可以发展理论语法。如“学生多”“老师好”这样的单个形容词做谓语的句子，一般不能单说，而一旦将它们用于对比、比较的语境中，就可以了，如“学生多，老师好，学校的操场也不小”。这是由汉语韵律结构对语法的制约使然（冯胜利，2005）。

对功能语法来讲，三一语法同样可以促进其研究的深入。譬如，对“是”的功能研究，在三一语法的指导下，可以重新考虑汉语的“是”究竟和英文的“to be”有什么作用上的不同。

又如，就句型研究而言，功能语法研究特定句型所表达的功能，但这并不等于分析该句型是干什么用的。在把功能语法发展成教学语法的同时，可以发掘出句型在语言中的其他用途。如功能语法未曾关注“使用中的语体问题”，但语体却是三一语法“典型语境”中不可或缺的成分之一。有趣的是，语体一变，语法就不对了。例如：

（1）昨天领导组织大家购买和阅读了新版宪法。

（2）a.* 今天爸爸给我买和读了一本新书。

b.* 昨天领导组织大家买和看了新版宪法。

所以，语用维度里必须标明和掌握：“V 和 V（+ 宾语）”是口语里不能说而书面语里却可以用的句法格式。尽管如此，韵律结构上仍有限制，必须是“$V_{\sigma\sigma}$ 和 $V_{\sigma\sigma}$（+ 宾语）”（双音节动词 + 和 + 双音节动词）的形式。其实，这种形式只有到了书面正式语体里才能使用（冯胜利，2010）。有的语法项目，功能基本一致（如“为”和“为了”），但语体不同。我们可以通过不同的例子（这是语境的体现）来展示其差异，以强化学生语体语法的感觉。语体是相关语境的进一步抽象概括。

总之，没有结构，无法说明句子“是什么”的问题；没有功能，无法说明“干什么用”的问题；没有语境，无法训练学生“在哪儿用”。学生在学习“把”字句结构的时候经常会问：“老师，‘把’字句是干什么的？”在三一语法的帮助下，老师可以简洁地回答：“‘把’字句是表达‘移动物体’时用的”，并用搬家、整理物品等场景中的情况为例，来说明“把”字句适用的典型语境。“把”字句当然还有其他的功能和用途，但对初学“把”字句的学生而言，这里的“移动物体”就够了——这就是语言教学中的“地滚球”原则（重心所在的地方压痕深）。

有学者指出：“如果‘把’字句被局限为纯为位移服务的形式，或者‘行为’结果的句式，那么老师们恐怕很难解释下面这样的句子：‘我不小心把书丢了。’这里没有位移，也可能什么具体行为都没有，书就不知道哪里去了。这类句子恐怕在教学中会经常遇到，就是在一、二年级的教材中也不乏见。”[①] 我们认为，这里牵涉到教学语法的性质问题。教学语法和理论语法的最大不同是，前者以教学效果为标准，而不是以“语言理论的科学性”为标准。两者都追求真理，但是前者的真理靠 L2 的习得效果来验定（理论再准确，学生学不会，就是失败），后者的真理靠 L1 的语言创造来验定（理论再完美，没有“生新排误”的能力，就是失败）。具体而言，教学语法的“把”字句不会把“我不小心把书丢了”当作“把”字句的基础标准来教。它是二阶甚至三阶“把”字句语法的内容，因此其功能作用和一阶的“把”字句不同。在教学上，分开处理比理论语法的“统一解释”要更为合理。这正是“地滚球”原则的具体体现。认识不到这一点，不仅很难区分理论语法和教学语法之迥异，也很难产生二语教学的最佳绩效。

---

① 此处引文是本章内容当初向《语言科学》投稿时匿名审稿专家的评审意见。笔者虽对相关理解有不同认识，但这段话对认识相关问题非常有启发性，故谨录于此，并致谢意。

六、如何在教学中使用三一语法

从三一语法中最能直接得益的就是课堂教学。如果说有的老师在以往备课中对“特定语法项目从哪些方面讲解”“哪些语法内容必须讲解”的问题还不甚清楚的话，那么有了三一语法的体系，老师备课就不可避免地要从三个方面去考虑一个句型的语法问题：结构是什么？用途是什么？典型的语境是什么？当然，这不仅是备课的问题，同时更是讲课的问题。换句话说，在三一语法的原则体系下，语法教学（语法课）就不仅仅是教授句子结构了，教师必须还要把该句结构功用讲解清楚。如上文所述，谈句子的功用离不开场景，而句子（或句型）使用的场景不止是日常生活的，同时还有工作的、会议的、对外国人的、对领导的等等不同话语场所。三一语法在教学中要考虑的功能语境至少要包括语体的内容。因此，三一语法的基本框架包括以下内容：

- 三一语法
  - 形式结构
  - 功能作用
  - 典型语境 / 语体
    - 正式—非正式
    - 典雅—通俗

毫无疑问，“把”字句使用的“搬家语境”是非正式的语体 / 语境；而使用“进行”一类词汇的社论文体，则是正式的语体语境（如“把”字句跟“将”字句的区别之一就是，“将”字句一般用于正式语体，如“将革命进行到底”“将盐少许放入汤中”）。语法结构不能脱离语用和语体而抽象地存在，因此，语法教学也不能再像以前那样地割裂式地“裸体教学”。[①]

不仅语法课在三一语法模式的原则下要进行适当改革，语法操练课更可以直接从三一语法模式中得到训练效益的提高。首先，句型操练的类型和原则跟以前不同了。很明显，传统的操练是让学生反复轮说所训练的句型，或部分，或全部。至于用该句型说什么内容，则因老师的知识、情趣和经验的不同而不同。今则不同，句型的结构和该句型的功能必须结合起来一起练习，而保证能够“结构—功能”同时两兼的是典型语境的使用——在典型语境中，功能跑不了，结构走不开。这是我们视为三位一体的“立体习得法”。请看：

（3）整理房间——摆放东西

教师：宿舍太乱了，同屋的父母要来，你怎么整理呢？床上的袜子怎么办？

学生：袜子放到柜子里。

老师：用搬东西的句型怎么说？

学生：把袜子放到柜子里。

老师：非常好！地上的报纸呢？

学生：……

① 这里“裸体教学”一语取自吴伟平（2014）的形象比喻，意谓“没有语体的语言教学”。

老师：椅子上的书呢？

学生：……

老师：桌子上的鞋呢？

……

可以看出，操练教员在这里并没有直接告诉学生“把”的功能是“移位”，也没有讲解“把”字句的功能是什么。然而，就在师生的问答之中，学生全都在这个“立体语法”原则中，学会并掌握该句型的结构、用法和使用环境。这是三一语法的好处所在——它可以“寓讲于练”，功能在语境中呈现，结构在功能表达中体现。注意，传统的“句型操练法”没有把语境作为操练的必需要求，因此课堂只要训练了学生说句子，如“他把饭吃了”“他把书拿走了”等等，就合乎要求，完成了课堂教学和训练的任务。然而，什么时候说、什么地方用、做什么事用这些句子，则不在“句型操练法”的规定范围之内。正因如此，才有“出了教室，不会说话”的弊病。三一语法的“最佳语境”法，正是为了克服、避免这个弊病而设计的。我们相信，虽然这个理论刚刚建立，其效果将在日后的实践和定性、定量的测量中得到充分的证明。

三一语法对老师的另一个好处是，直接解决了句型操练时“导入”的困扰。没有经验的教师在语言教学中最大的困扰就是如何“在不说出所练词句的情况下，让学生大量、自然地说出所要练习的目标词语”——充分相信学生的理解能力而不过高估计学生的语言能力。正是在这个问题上，缺乏经验的老师不知道怎么办，所以只能用“造句法”让学生生造。当这些老师知道了造句法最不可用的时候，就容易东抓西凑，五花八门，弄不好，一堂课稀里糊涂，草草了事。一般说来，一个新手没有一两年甚至更长时间的努力，很难得心应手地导入所练句型。其实即使是有经验的老师，也常常有困惑的时候。负责教师培训的主任老师都知道，所谓教师训练，其实很大程度上就是培训老师如何学会操练的导入技能。在这一点上，三一语法的“典型语境”为解决导入问题提供了一个现成的工具。事实上，典型语境就是导入语境，它的内容就是为操练课的导入而设计的。

当然，我们这里呈现的只是一个基本的上路的门径、方向，并非相关问题的指导大全，更非教学标准。实际上，这里更多的是一种观念的启发和操作上的提示，老师在具体教学场景中也许可以找到更好的解决策略。

七、编写三一语法手册的设想

为了使三一语法的研究成果资源化，我们拟编写面向二语教学的三一语法手册，其条目包含初、中、高级汉语习得中常用的语法项目，不求全面，但求每条都有可讲之处。目前已编写出版了《三一语法：结构 · 功能 · 语境——初中级汉语语法点教学指南》（冯胜利、施春宏，2015），韩国多乐园 2018 年出版了该书的韩文版，英文版将由香港中文大学出版社出版。下面具体阐释一下我们的编写设想。

（一）条目选择

三一语法手册条目的选择首先参考一系列的国际汉语教学/对外汉语教学的语法大纲和词汇大纲，分析国内外比较通行的若干汉语教材，同时还大量阅读面向第二语言教学的汉语语言学教材、工具书、参考语法书、偏误分析论著等，并结合我们的教学实践来选择、确立语法项目。在选录条目时，凡是纯粹词汇性的条目不选（如量词，目前作为初中级常用条目只收录了“口、位”；又如“找”，有“找零”和“寻找”这两个不同的义项，但只有“找零”义的用法有些可讲之处），教学中很容易说明、习得者很少出现偏误的不选。像复句关联词目前只收了少数几条，因为这种篇章上的（逻辑上的）内容，在格式使用上一般不会有大问题，常常出现偏误的是具体连词或副词的使用，如“只要”和“只有”之类。

如果一个形式有多重意义和功能的话，我们的处理原则基本是按义项/功能立条，一个义项或一个典型功能列出一条。这样才能跟“典型语境”配合，做到“形—用—境”相对应，三而为一。这符合当下构式语法的基本理念和教学实践（施春宏，2011a）。这种立条原则还进一步体现了我们对汉语作为第二语言教学的本位（即以什么作为语言教学的基本单位）问题的重新思考：如果基于构式观念来重新思考二语教学的语法本位问题，则必然采取一种分层次的综合本位观（施春宏，2012），从而在语言教学中实现每个具体语言项目“形—用—境”的统一。

在立条时，特别关注语块性条目和条目的语块性特征，因此拟将常见的固定或半固定格式收录其中，尤其是具有框式结构特征的条目。这跟当下的语块教学理念相一致（薛小芳、施春宏，2013）。如“不怎么样、看样子、几岁、从（来）不/没”和“没有……不、要……了、正/在/正在……呢、……多了、……着……着、……得不错、……了半天”等。总的原则是就大不就小。在这些语块性质的语法教学点中，有的条目虽然并不构成一个句法单位，但因在教学中常作为一个相对固定的配合形式出现，而且有特殊的功能。也就是说，这些语块性结构都是特定的“形式—功能配对体”，都有特定的使用语境，因此单立为一条，无论从理论上还是教学上，都是有依据的。基于这种考虑，有的条目虽然可以归入其他条目中，如“多大”似可归入“多”，但因常见且又有特定交际功能而将其独立立条。换言之，这里的选择不仅考虑形式语法和功能语法要求，同时也兼顾韵律语法和语体语法的原理。这是跟传统的词汇教学、语法教学有很大不同的地方，也是三一语法将形式结构、功能作用、典型语境结合在一起进行教学的必然选择。

在所选条目的关联上，由于相对应的条目或义项在使用频率、使用场景中呈现出不对称现象，因此这里的选目主要考虑到常用性和编者的语感。目前总的编选原则是：以实用性为主，一定程度上兼顾系统性。

（二）编写内容

手册中的每个项目包括三一语法的基本内容：形式结构、

功能作用、典型语境。

"形式结构"以格式的归纳为主，采取"符号格式 + 标记词"的描写策略，如"把"字句的形式结构为"A+ 把 +B+V−R/PP"；"太……了"的形式结构为"S+ 太 +Adj+ 了"和"S+V+得 + 太 +Adj+ 了"，体现形式上的结构性。

手册在描写形式结构时用到的术语有：S（主语）、O（宾语）、Comp（补语）、R（结果），N（名词）、V（动词）、Adj（形容词）、Pron（代词），NP（名词性短语）、VP（动词性短语）、AP（形容词性短语）、PP（介宾短语）、RP（结果短语）；另用 A、B 表示格式中涉及的两个相对应的动作角色成分。由于该手册是教师手册，而不是学生手册，因此在说明中并不考虑所释词语的词汇等级，但举例是面向学习者的，则尽可能考虑到词汇等级。在描写形式结构时必然会牵涉到一些术语的使用，我们主张术语使用的基本原则是：必要的不躲，不必要的不用。

"功能作用"主要是概括该条目的语法功能或语法意义。这里功能作用一般不是指该条目本身具有某项功能，而是指该条目进入相应的格式中所体现的整体功能。

"典型语境"指该条目适应的语境，同时用举例来说明。这里的典型语境只是举例性的，并非唯一语境；是相对于母语为非汉语的初中级学习者的常规语境，与外国学生日常生活和学习相关，并非汉语日常交际中常用的语境。两者有一致的地方，也有很大的不同。这里的语境是用来教学的，并非只是用来说明语法的。所举用例特别注重于语境和语体的适切性，用词照顾到学生水平，因为我们做的就是备课用书。在用例的编拟和选择上，我们基于教学内容、认知基础和习得过程做了特殊的考量。

我们还打算增加“注意”和“比较”两方面的内容：

“注意”项扼要提示一些需要特别说明的地方，所涉及的内容比较广，凡是需要给教师做出提示性说明而在上面三个方面不方便说的，都放在这个项目里。这里的提示也许对新手教师更有帮助。

“比较”是相近、相关的条目的比较，主要是用法的比较，特别关注相比较项目之间的细微差别。比较只是点到即止，注重的是初中级阶段容易出现偏误的地方。两个比较项之间区分主条和参见条。

（三）编写样例

如何编写三一语法手册，尚须做系统的考虑。这是一项工程量极其庞大的工作，需要专题研究。这里暂就不同类型举出6则样例，以求教于学术界和教学界。

需要说明的是，下面样例中的结构形式、功能作用都是针对初中级的内容做出的说明，并非所列条目的所有情况。如“把”字句除了下面列出的内容外，实际还有很多方面没有涉及，而这些内容学习者要到更高层次中才能接触到。

【样例1】

◇“把”字句“bǎ”zìjù

［形式结构］A+ 把 +B+V+R/PP

·B 须是有定的 NP；

·V 须是行为性动词；

·V 的后面要么带一般补语（R），要么带地点性成分（PP）。

［功能作用］用来表达：

［1］物体的移位；

［2］行为引发的结果。

［典型语境］和移位 / 结果有关的：

［1］搬家，安置家具、物品等。例如：

他们把好看的家具都搬走了。

他把电视放到了桌子上，把画挂在了客厅里。

［2］整理房间。例如：

每次女朋友一来，他就把脏衣服都扔到床底下。

桌子上书太乱了，你快去把它们摆整齐。

☞注意：1）V 和 R/PP 之间不能插入别的成分。如果 V 后跟 PP，介词直接附着在动词后边，构成一个整体；如果句中有“了”，这个“了”不能放在动词和介词中间，而要放在介词后边。读的时候，停顿往往出现在介词之后。如（斜线表间歇）“把书 / 放在 / 桌上、把画 / 挂在了 / 客厅里”。2）口语中，PP 中的介词 P 是“在”的时候，可以不出现，如“把电视放桌上、把画挂客厅里”。

【样例2】

◇不［1］bù

［形式结构］S＋不＋VP

［功能作用］用来否定一个叙述，或者用来表示主观或原则上不做某事。

［典型语境］［1］否定某个判断。例如：

他不像一个留学生。

我不知道他去年就来过北京。

老张不是老师，他是个律师。

［2］不想做某件事。例如：

妈，你先睡吧，我不睡，明天有考试。

说什么他也不答应，你去劝劝他吧。

我不听他的，他的话没一点儿道理。

［3］原则上不做某事。例如：

他从来不乱花钱。

我吃饭时不喝酒，饭后也不喝咖啡。

我是素食主义者，不吃肉。

比较：不［1］～没/没有［1］。它们都能用在表示动作行为的动词前，“不”否定的是做某个动作的主观意愿或原则，如“我不喝酒，更不吸毒”；而“没/没有”否定的则是动作行为的发生、完成，如“我没/没有喝酒，更没/没有吸毒”“我昨天没喝，今天可以喝一点儿”。

【样例3】

◇不是……吗 búshì……ma

［形式结构］不是＋N/NP＋吗？

不是＋VP＋吗？

［功能作用］强调肯定，提醒注意某种明显的事实；或用反问表达惊讶、不满或批评。

［典型语境］［1］谈认识的人。例如：

你不是小王吗？我听李老师说起过你。

他不是那个有名的画家吗？我看过他的画展。

［2］提醒做过的事。例如：

你们不是都去过那个地方吗？给我们简单介绍介绍吧。

他不是学过一年英语吗？怎么连这么简单的单词都不懂？

［3］责怪对方。例如：

（孩子：）妈妈，我想喝咖啡。（妈妈：）我不是告诉过你了吗，小孩儿不能喝咖啡。

你不是早就知道答案了吗，还来问我？

☞注意：［2］和［3］中的“不是”是一个单位，不同于用于判断句的“不＋是”。

【样例 4】

◇到底［2］dàodǐ

［形式结构］S＋到底＋（是）＋VP1＋还是＋VP2

S＋到底＋V 不 V＋VP/NP

S＋到底＋VP 不 VP

S＋到底＋A 不 A

S＋到底＋V 没 V＋NP

［功能作用］对对方态度、意见模糊而表达一种不耐烦的情绪。

［典型语境］［1］问别人对事情的态度。例如：

他这样做是什么意思？到底是想帮我们还是想骗人？

都三年了，你也不见我父母一面，你到底想不想结婚？

［2］质问某种情况。例如：

都半小时了，怎么还没有算出答案？你到底会算不会算呀？

波士顿的冬天到底冷不冷？你说了半天了也没有说清楚。

你到底带没带钥匙？

他到底写没写作业呀？写了就赶紧交给老师。

比较：到底［2］—到底［1］。用“到底［1］”提问时，在几个选择项中，要的是具体的回答，“到底”后面的选择成分重读；用“到底［2］”提问时，要的是明确的结果，往往有责怪的意味。此时，重读“到底”时，质问的口气较重；重读“到底”后面用于选择的动词或形容词时，质问的口气较弱。

【样例 5】

◇都 dōu

［形式结构］NP［数量超过 1］+ S + 都 + VP

（NP1，NP2，……），S + 都 + VP

S［复数］+ 都 + VP

S + 把 + NP + 都 + VP

［功能作用］用来总指前面每一个，指前面所有成员中的每一个或所有事物的每一部分分别如此。前面常常有数量表达，或列举具体的被包括的内容。

［典型语境］告诉别人看过的和吃过的东西，以及去过的地方等。

这些书我都翻过了，没什么意思。

那两个城市我都住过，一个人多狗少，一个人少狗多。

中国菜、美国菜、日本菜，我们都喜欢吃。

他去过很多地方，亚洲、欧洲、非洲、大洋洲，甚至南极洲，他都跑了一遍。

我把整个书架都翻了一遍，还是没找到那本书。

☞ 注意：1）“我们都给她送了一朵花”指我们每个人分别给她送了一朵花，而不是我们合起来给她送了一朵花；“全家都是军人”不是说全家总括起来是军人，而是说全家每个人都是军人。一般教材、词典中说“都”表示“总括”，不准确。2）“都”还有一种比较特殊的用法，“都”用在问句中。例如：“昨天你都买了什么书？”“你都看过哪些电影？”有追问的意味。此时，“都”后边要有疑问代词，如“什么、哪些”（因此不能说“* 你都买过书吗？”“* 你都买过没买过书？”）。

【样例 6】

◇对不起［1］duìbuqǐ

［形式结构］～，［S］+VP

［S］+VP，～

［功能作用］惯用语，用来表示自己做了不该做的事而抱歉时的客套，含有负疚的意味。

［典型语境］［1］公共场合。例如：

对不起，打扰了。

（公共汽车上）对不起，踩你脚了。

对不起，让你久等了。

［2］朋友之间。例如：

真是对不起，我把你的生日忘了。

是我不小心弄错了，真对不起。

☞ 注意：跟英语的 sorry 相比，“对不起”多一些负疚感。而 sorry 只表示心里不舒服、难过，对给对方造成的不便自己无责任，只是同情而已。道歉则是用 to apologize、make an apology 之类。没有负疚感的道歉（相当于英文的 sorry），中文一般说“不好意思”，用于口语。

八、本章小结

基于当代语言学和语言教学的基本理念，从汉语教学的实际出发，本章提出并阐释了一种新型的二语教学语法体系——三一语法，并由此建构了一套独具特色的二语教学模式。三一语法的基本框架包括句子的形式结构、结构的功能作用、功能的典型语境这三个维度，它们彼此独立而又相互联系，构成一个有机整体。这种“结构—功能—语境”三维一体的语法系统，体现了“场景驱动、功能呈现、法则匹配”这一教学法上的科学性，既有实践价值，同时还有理论意义。在此基础上，我们着力编写了一本三一语法手册，该手册在条目选择原则和编写内容（尤其是功能概括和例句选用）等方面都具有较大的创新性。

近来，学界基于三一语法的理念和体系做出了一系列的应用和探索，如吕海燕（2015），王茜（2016），施春宏、蔡淑美、李娜（2017），郭利霞（2017），刘芳芳（2017），应燕平（2017），崔亚冲（2018），李力尹（2018），谢安琪（2019）等。我们相信，随着新的探索成果不断积累，三一语法的效应会有更充分的呈现。

其实，这种创新性的二语教学语法体系，经过改造，同样适用于母语教学中语法项目的教学，因为三一语法从本质上说是一种“基于用法”（usage-based）的教学语法体系。当下，“淡化语法”乃至“放下语法”的声音仍然很高，中小学语文基本不教语法了。究其原因，就是过去长时期里的语法教学没有取得应有的效果，语法教学变成了语法知识的记忆和训练。将语法项目的结构形式和功能、语境相分离，最终导致学难致用，学无所用。要想有效扭转这种状况，根本路径就是在语法教学时要将所学的语法项目还原到用法场景中，用中学，学时用。

第七章　词汇教学的基本原则问题

一、引言

基于前沿性的语言学理论（尤其是论元结构理论、构式语法、语体语法、韵律语法、功能语法）和结构主义描写范式，我们在第六章提出了一种新的二语教学语法体系及其教学模式——三一语法。三一语法本质上是教学语法，而不是教学法，但它应该能够有效地用之于教学实践中。

在当代语言学观念中，词汇和句法之间实际上存在一个连续统。若从“大语法”（既包括一般意义上的词法和句法，还包括音法、义法和用法）的视角来看，很多词汇问题实际可以化归到语法问题之中。基于这样的观念，本章便以词汇教学为例来检测三一语法的适用性及其效度，重点讨论二语词汇教学的基本原则。

关于汉语作为第二语言的词汇教学的基本原则，学界多有论述。比如，孙新爱（2004）认为词汇教学要把握“语素、字、词结合”“在语境、句子中教学”“结合词的组合关系和聚合关系”等原则；李如龙、吴茗（2005）提出对外汉语词汇教学的“高效之路”是在“区分频度、常用先教”的基础上推进“语素分析教学法”；万艺玲（2010）提出的词汇教学原则包括“结合汉字特点、利用汉语词汇的特点、注重结合具体语境、结合文化背景因素、区分书面语词汇和口语词汇、注重教学中词汇的科学重现”；刘座箐（2013）指出词汇教学要遵循“词汇量控制、适度扩展、阶段性、课型差异性”四项原则；毛悦等主编（2015）则倡导“区分频度、分类教学、系统性、交际性和文化”五项原则；李先银等（2015）认为词汇教学的基本原则是“交际性、区别性、针对性、层级性、生成性、全面性”。如此等等。

教学原则是教学实践的指导思想和基本出发点。有意思的是，虽然面对的都是词汇教学这一对象，但各家提出的具体原则却多种多样，甚至差异很大。这就得思考，同样是谈原则，为什么会出现如此差异？也即，各家确立这些具体原则的依据是什么？这些原则又是从什么角度提出的呢？可能受到某种限制，上述文献对于如何确立这些基本原则大多并未做出说明。当然，从宏观角度来认识，这些原则基本应是围绕“汉语词汇系统的特点、汉语教学的规律和特点及语言学习的目的”（李先银等，2015）这些方面来确立的。然而，所立原则差异之大，却也不能不引发新的思考。通过分析，我们发现上述诸多原则是基于不同的角度和层面提出来的。有的属于教学项目的编排层面（如“区分频度、词汇量控制、课型差异性”），有的属于教学内容的选择层面（如“分类教学、适度扩展、区分书面语词汇和口语词汇”），有的属于教学进程的规划层面（如“常用先教、阶段性、层级性、注重教学中词汇的科学重现”），有的属于教学策略的处理层面（如“结合汉字特点，利用汉语词汇的特点，语素、字、词相结合，结合词的组合关系和聚合关系，注重结合具体语境，在语境、句子中教学，结合文化背景因素”），有的属于教学方法的使用层面（如“语素分析教学法”）；还有的则是从更为宏观的层面来考虑（如“交际性、针对性、系统性、全面性”等）。实际上，除了基于具体的教学策略和教学方法外，其他原则对于语音、语法、汉字等要素的教学大都同样适用，且基本都可以归入到“因材施教”这个更高的层面。

作为总体指导着整个词汇教学过程的基本思想，二语词汇教学的基本原则应该从哪些方面来确立呢？词汇教学的原则具体有哪些？系统性和操作性何在？尤其是针对词汇系统中特异性鲜明而教学中长期存在但又不好解决的特殊现象（如涉及词汇—句法界面的词汇问题），能否提出更为有效的指导原则？如何才能把原则真正落实到具体教学过程中去呢？这些问题都值得我们进一步重新探索。本章即在运用语言习得和语言教学新观念的基础上对此做出进一步的思考。

二、确立二语词汇教学基本原则的基本理念

原则是观念性的、指导性的，在一定程度上也体现为策略，具有可操作性。但原则又并非具体词语的教学方法，而是能够对教学方法、操作过程进行观念性指导的更高层面。基于此，我们认为二语词汇教学的原则设立应该体现“词汇＋教学”及其关系的基本特征，即既要立足于汉语词汇系统的基本特点，又要从母语为非汉语的学习者最容易出现的词汇习得偏误入手，

以有利于提高学习者学习效率并且有利于教师课堂讲练为根本目标。显然，这是一种“基于用法”的语言观和语言习得观、语言教学观。

首先需要说明的是，原则的确立似乎具有客观性，实际上并非完全如此。在对上述论及教学原则的文献进行分析后我们发现，所有的原则都或隐或显地具有理论（或理念）偏向性，不同的理论背景、教学理念对教学原则的确立和理解都有明显影响，甚至具体的教学实践也对研究者采取什么教学原则有导向作用，即具有教学偏向性。本章对教学原则的理解也是如此。本章试图借鉴当代语言学和语言教学的新理念来重新审视词汇教学的基本原则问题。基于我们的理论探讨和教学实践，我们认为，第六章所阐述的二语教学语法体系“三一语法”可以为此提供一种观念上的启发。这种语言习得观和教学语法观与当下方兴未艾的构式语法理念相通，后者在语言习得中的有效性已有一定的实践基础证明。本章即从三一语法的基本理念出发，同时借鉴构式语法（尤其是 Goldberg，1995、2006 等所倡导的认知构式语法）的基本理念[①]，来探讨二语词汇教学的基本原则及其策略。

在展开论述之前，我们先基于第六章的阐述从词汇和句法的关系角度对三一语法的基本观念和框架做出进一步的简单说

---

① 构式语法的核心理念是将语言系统中所有层级的单位（无论是实体的语素、词、固定习语还是抽象的句式、格式甚至语篇）都视为构式。构式作为形式—意义对，“它在形式或意义方面所具有的某些特征不能从其组成成分或业已建立的其他构式中完全预测出来”（Goldberg，1995：4）。后来其内涵在此基础上有所修正，认为“即使有些语言型式是可以充分预测的，只要它们的出现频率足够高，也仍然被作为构式而存储”（Goldberg，2006：5），但核心内涵未变。

明。与构式语法一样，三一语法所持的教学语法观是大语法观，将语法和词汇视为一个连续统，甚至对两者并不做出严格的区分，而是将所有语言单位都看成形式和意义 / 功能的配对体（即构式）。在这种教学语法观中，词项本身也是构式，其特征不但包括形式和意义 / 功能方面的特征，还包括词语的用法特征。就此而言，讲意义和用法实际同时也是在讲句法。如教“给、送”和教双宾语结构，是互为表里的（当然，前者对所适用的语境有更具体的要求）。即使是句型、句式这样的句法格式，也必须结合词项的说明才能阐释清楚某一句法格式的有限能产性问题。不仅如此，三一语法还遵从“大词库，小句法”的语言学理念，将很多传统研究中视为句法因素的现象放到了词库层面来处理，基本上只是将屈折形态、线性配置、照应关系等具有结构规则性的编码系统及其操作归入句法。而且，有的语言项目，在教学实践中到底是归入语法项目还是归入词汇项目（如离合词、二价动词、二价名词、二价形容词等，下文将举例论及），视教学者观察的视角和处理的策略而定，没有必要做出严格的区分。这样，三一语法所关注的语法项目实际上既包括一般句法项目（如句型、句式），也包括具有特殊句法、语义、语用表现的词项式语法点（如“别、了、都、往往”和“操心（操～心）、合作（跟～合作）、兴趣（对～的兴趣）”）和特殊语块式语法点（如“请问、几岁、不怎么样、一……就……、都……了”）。[①]

---

① 还需要说明的是，三一语法视野中的语法，还包括韵律语法、语体语法视野中的语法。限于篇幅，这里不再展开，但后文第五节谈论“词语辨析的最小差异原则”会有所涉及。

如上一章所述，三一语法的基本框架包括三个方面：1）句子的形式结构；2）结构的功能作用；3）功能的典型语境。[①]这三个维度彼此独立而又相互联系，构成一个有机整体，即化一为三，合三为一。基于三一语法理念及其体系，我们认为可以用它来重新认识二语词汇教学中的相关问题。当然，这不是说本章将词汇教学都看成语法教学，而是主要借助三一语法对语法项目的分析理念来重新审视二语词汇教学中涉及词汇—句法接口的问题。这些问题实际上正是词汇教学的重点和难点所在，可是同时又往往是传统的词汇学理念和词汇教学理念关注不够或不好解决的地方。如前所述，根据构式语法的基本理念，词项在本质上具有构式性，即形式和意义（本章的意义取广义理解，包含功能）具有配对性，而且这种配对是在特定语境中规约化的结果。习得一个词项，除了习得它的形式（语音、词形及词类成分之间的关系）外，还要同时习得它的意义及其所适应的语境特征，而且只有了解了意义所适应的语境特征才能准确地把握意义本身。习得构式的过程，是对构式的形式和意义同时做出概括和存储的过程。而形式和意义的配对关系只有在具体语境、特定场景中才能被充分激活、有效习得。也就是说，只有活跃在语境中的词项，才是活的词项，才能实现形式—意义对的交际价值。甚至可以这样认为，构式的内涵，应该从一

① 需要特别提请注意的是三一语法对功能作用的特定理解。功能语法的功能一般以交际对象的“人”（如跟谁说时所用的）或语言形式的“义”为中心；而三一语法作为教学语法，它所注重的“干什么用”的“用”，严格限制在所用的“事”上（虽然也涉及人），语言形式的意义也通过功能来呈现。

般意义上的“形式—意义对”拓展到“形式—意义—语境对”。从这个意义上说，形式、意义、语境三者之间具有结构关系上的对应性。从三一语法的理念来说，词汇教学的根本目标就是使学习者能够有效地组词造句构篇并将之正确地用于具体的交际场景中，因此可以而且需要通过有效的词汇学习来带动语法学习、语篇学习，或者说词汇学习除了词音词形词义学习外，本质上还是在语法中学习，或者说所学的是大语法观视野中的语法。当然，由于重点解决接口问题，将“形式—意义—语境”的互动关系结合到词汇教学中，所以词汇教学和语法教学自然有交叠，而这些交叠之处正是三一语法理念比较擅长处理的地方，这也是下文论及的有些原则在一定程度上适用于语法教学的原因。这种“大词库，小句法”的基本理念，正是本章确立词汇教学原则的根本理念。

有鉴于此，我们需要从词项本身的构式性特征和词汇—句法接口方面来考虑词汇习得原则的建构。我们建立教学原则时还需要考虑学习者词汇习得过程中的特点、难点和教师在教学过程中的难点以及词汇教学的便捷、可操作性，这些都制约着宏观原则的针对性，因此还需要建构一些偏于策略性的教学原则。

基于这样的考虑，从三一语法的基本理念出发并将之应用于词汇教学，我们认为可以初步重新构建这样一些二语词汇教学的基本原则：意义和用法相结合的原则、典型语境驱动的原则、词语辨析的最小差异原则、语际差异的对比参照原则。这几个方面的原则，可以大体分为两个维度：前两项原则立足于三一语法基本观念及其内涵的不同侧面（具体顺序有别），即

“意义和用法相结合的原则”主要凸显形式结构和功能作用的匹配关系，“典型语境驱动的原则”主要立足于这种匹配关系得以呈现的功能性语境；后两项原则倾向于教学过程的策略性，是教学中为突破重点、难点而需要参照的最基本的操作性原则。这些原则都是围绕如何习得和教授词汇内容的关键之处展开的。除此而外，还应有教学用语与词汇等级相适应这样的一般性原则。

当然，并非所有词汇项目的教学都需要同等地采用这些原则。教学的着力点就是特殊之处、认知难点，因此原则也是针对特异之处、教学和习得中容易出现偏失（学生偏误和教师、教材等失误）的地方而设立的。也就是说，确立原则要立足于习得对象的特殊用法和用法偏误。[①]因此这里只是针对性的说明，而不是全面的概括，也不是教学技巧和方法。至于如何理解词义、如何记住词形、如何扩大词汇量、如何安排词汇教学进度等教学策略，本章不做讨论。当然，原则应该能够指导具体教学过程中的策略和方法。

还有一个问题也需要说明一下。上文提到，上述几项原则，有的似乎不只是词汇教学的原则，语法教学似乎也需要这样一些原则；而像“语际差异的对比参照原则”尤其是“最小差异原则”，似乎是各种语言要素教学都需要参照的原则。就此而言，这些原则似乎都不是专属于词汇教学的基本原则了。对此，我们的看法是，就教学原则层面而言，无论是词汇教学还是语

---

① 就本章而言，我们所面对的主要是涉及词汇—句法接口的词汇教学问题，而不是所有词汇教学问题。

法教学，甚至语音教学、汉字教学，带有共性的地方并不少，因此很难找到绝对属于某个层面的教学原则。不过，既然是基于三一语法的教学理念来审视词汇教学，上述这些原则必然带有它所秉承的语法观。这种基于“大词库，小句法”观念的词汇教学理念，必然会带上一些也适用于语法教学的影子。但毫无疑问，如果基于词汇教学来理解，则有所侧重。而且本章是基于大语法观来重新审视词汇教学问题，以词汇—句法接口问题作为关注的重点，因此这些原则的确立，实际上是以词项在语法结构中的实现和在交际语境中的使用作为考察角度的，它自然会使基于这种观念的词汇教学原则呈现出传统意义上的词汇教学原则所不具备的某些特征。因此，这些基本原则的设立和操作不但有理论偏向性，同样具有词汇教学偏向性。需要说明的是，下列这些原则，有的并非我们的首创，但在具体阐述中渗透着我们基于新的语言观和语言教学观的理解，同时我们还特别注重相关原则之间的系统性、层级性。

下面就来具体阐释各个原则的基本内涵，并举例说明各个原则的基本操作策略。

三、意义和用法相结合的原则

“词”的教学包括词音、词形、词法、词义和词用（词语用法）等方面。这里不谈词音、词形和词法，主要看词义和词用的教学问题。词义，不言自明，此不赘述。一般所言的用法，所指相对宽泛，既包括词语的搭配条件和句法能力，也包括具体的格式表达或句式选择，还包括语境的选择等（当然也有只是将用法理解成功能作用的）。我们这里主要指与词语搭配有关的问题，即词语在组合中的适用情况，具体地说，就是词语对特定组配的结构选择和对相配词语的选择限制。词语的使用实际就是词语进入到形式结构中所呈现的方式和所发挥的作用。就此而言，词汇教学中“意义和用法相结合的原则”实际上是基于三一语法体系中形式结构和功能作用两者的结合而提出的。

在词汇教学过程中，学习者不仅要了解词语的意义，更重要的是要掌握词语的用法，以便能够正确地使用。意义是在用法中体现的，离开了用法的词义，学生很难真正理解，更谈不上使用了。在实际的词汇教学中，一般都很重视词的意义，而对词的用法关注得并不充分。比较典型的表现就是各类教材中的生词表，除了词音和词形，有的给出词义，同时给出非目的语的对译形式。在给出词义时，又常常以近义词来释义，而对具体用法限制涉及很少；即便是语法点注释的内容，对用法的说明往往也不够具体。这样势必容易造成词语习得的偏误。鉴于此，在词汇教学活动中，教师要把词语的意义和用法结合起来进行，尤其要注意帮着学生通过用法来理解词义、说明使用。下面结合二语学习者经常碰到的问题同时也是汉语教师面对的难题，具体说明意义和用法相结合的原则及其具体操作。

词语的搭配是组词造句的基础环节，是展现词语用法的一个微观窗口。因此，教师在讲解词义时要特别关注其句法组合和语义适配的特殊情况。离开了具体用法的词汇教学，学生可能不会用，或者一用就容易出错。[①] 比如，有的老师在教“办法”这个词时，仅告诉学生它的意思是“办事的方法”，与英语的“way、means”相对应。学生好像也明白了“办法”的意义，但同时也造出了下面的句子：[②]

（1）* 为了达到他们的目的他们会做各种各样的办法。

（2）a. * 我的目标是汉语说得跟中国人一样好，因此我经常问老师什么样的学习办法是好的。

b. * 第二个是自己能决定自己的工作办法，很自由。

跟“办法”搭配的动词一般是“想 / 有 / 没有～”而不能是“做～”（与英语“make a way”不对等）；其意义侧重于“办”和“做”的方式，常跟做某事或解决某个具体的问题搭配在一起，如“解决环境污染的办法、想办法解决环境污染问题”等，而不跟“思想、学习、工作、科学”等表抽象意义的名词搭配（这些正好跟“方法”区别开来）；“办法”多用于一次性、和具体时空关联的行为，“方法”用于长期性、普遍性的行为。显然，这里的形式结构不是简单地指主谓宾、名动形之类的顺序安排，而是结合了特定的组配方式和语义特征，也即：形式结

---

① 对“桌子、大象，吃、属于，好、漂亮”这样的词语而言，形式结构和功能作用都能从其语类特征（暂不考虑语体特征）推导出来，因而习得时并不容易出现问题，这自然就不会成为关注的重点。特殊用法才是用法教学的关键所在。三一语法作为教学语法，着眼点正是集中在那些“教学中很容易说明、习得者很少出现偏误”之外的现象。

② 以下例句如无特殊说明，均来自北京语言大学建设的“HSK 动态作文语料库”。

构已经蕴涵在特定组合之中，用法的讲解实际也是在进行更为精准的形式结构说明。这就是本章所谓的“用法”。

像“办法”这样的词，其组合搭配通常具有一定的选择范围，组合方式也比较自由。而有些词语因经常共现，便形成了一种惯常性搭配，如“挑起—纠纷 / 祸端 / 矛盾、缓和—矛盾 / 紧张局势、创造—条件 / 机会、解除—后顾之忧 / 警报”等；还有一些词语的组合搭配确定性更强、也更固定，如“（功能）衰竭、（阳光）明媚、可持续（发展）、锻炼（身体）”等，类似于凝固短语。对于这些凝固程度较高的特殊搭配，形式结构合乎一般组合规则，但组配词项相当受限（有时是单向受限，有时是相互限制），这就是语块理论（Chunk Theory）中所指的配选式语块[①]。对这样的语块性结构，我们在教学时就要适当地将其作为一个整体教给学生。没有意义和用法的结合，这些特殊现象的教学就很难到位。

对词汇教学来说，结合句法功能谈用法是基本的路径之一。没有不依傍句法的词汇意义，这也是学习者把握词义的基本切入点。比如，有的学生在学习“愿望、经验”这样的词时造出了下面这样的句子：

---

① 配选式包括定选式和配伍式两个下位类型。定选式语块通常由两部分组成，一般是固定的有序搭配，其功能已经类似一个凝固的短语，如“端正态度、锻炼身体、天资聪颖”等；配伍式语块的两部分虽然共现，但搭配的确定性没有定选式强，如“挑起—纠纷 / 祸端 / 矛盾、创造—条件 / 机会”等，而且在一定程度上可以有多种组合方式，如“矛盾是由对方挑起的、挑起了一个新的祸端”等。关于语块系统的层级及各个子语块概念的内涵，参见薛小芳、施春宏（2013）的分析和说明。

（3）a. * 也许是这个缘故吧，自古以来人们愿望“无病长寿”。

b. * 我愿望你们都支持我、理解我。

（4）a. * 因为他们什么都不懂，对他们来说，看的、听的都是没有经验过的。

b. * 然而，我们晚辈没有经验过残绝人寰的战争，而只知享受我们长辈辛苦取得的经济发展的成果。

“愿望”和“经验”都是名词，不能充当谓语，应该分别换成“希望”和“经历”。只有在教学过程中指出词语在句子中的能力限制和句法要求，才能有效帮助学生避免上述偏误。

其实，不同词类的句法功能差别，在汉语教学中一般都会得到关注。但有些更为特殊的现象，仅用基本的词类概念仍然不足以说明，例如汉语词汇系统中有些词必须借助特殊的框式结构才能呈现其特殊的论元结构（argument structure），如离合词、二价名词（如“兴趣、印象、意见、好感”等）、二价形容词（如“有利、不利、冷淡、热情”等）、准价动词（包括准二价动词和准三价动词，分别如“见面、问好、结婚、吵架”和“表示、当作、介绍、协商”）等[①]。这里的用法主要是具有特异性的格式表达，而不是一般的规则性内容。这些词，出现偏误的概率很高，不结合用法，就讲不到位。

再以离合词的使用为例。离合词的意义和用法，跟一般动词相比，最大的不同就是具有可“离”可“合”的特点，而其

---

① 准二价动词和离合词有重叠的地方，如“帮忙、问好”之类既是准二价动词，又是离合词；而“睡觉、冒险”只是离合词，“并存、道歉”之类只是准二价动词。

中“离”的形式、方式是学习者最难掌握的。而学习者往往不知道什么时候、在什么地方、插入什么样的成分，也不太清楚成分的位置该如何安排等。例如：

（5）a. * 昨天晚上我只睡觉了三个小时。

b. * 我们艰难的时候，她老是帮忙我们。

即使到了汉语学习的高级阶段，学生仍时常会用错。像上面的（5a）句，数量短语应该插入“睡”和“觉”之间，即“睡了三个小时的觉”。而（5b）句则应该将对象成分“我们”插入“帮”和“忙”之间形成“帮我们的忙”。

对这样的词，光靠意义的说明（尤其是用外文对译的方式来说明词义）并不能使学习者有效掌握句法的使用特异性。因此需要将它们的实际用法直接呈现出来，并通过多次再现和操练，形成框式意识，以强化特殊形义关系习得过程中的“表层概括”[①]。语言教学，需要充分利用学习者对语言用法的表层概括能力和认知加工机制。

然而，有些教材对离合词的释义不到位，没有突显离合词“离”的用法，学生从注释中看不出离合词的特殊性。“睡觉”和“帮忙”在教材里经常被释义为：

① “表层概括假说”指的是：“与表层论元结构形式相关的句法语义概括，通常比基于该表层形式与另一不同形式（这种形式被假定为前者句法上或语义上的派生形式）这两者之间所做的概括更加丰富。”（Goldberg，2006：25）表层概括假说和场景编码假说是构式主义研究路径基于其基本理念提出的一系列假说中两个至为基础的假说，这两种假说都强调语言知识来自语言使用及在此基础上所做的概括。

睡觉（动）	to sleep
帮忙（动）	to help

这种直接对译的标注方式看起来简单易懂，实际带来了更为复杂的问题。这很容易使学习者一开始就得到不完全的甚至是错误的输入，认为汉语“睡觉、帮忙”这样的词和英语中的 sleep 和 help 相对应，从而忽视它们在用法上的区别。在词语释义和教学中，直接对译法的适用范围是相当受限的，不能使学习者形成有效的“表层概括”。

因此，不管是教师课堂教学还是教材编写，在涉及离合词时，应该将意义和用法有机结合，同步输入，尤其注意将汉语离合词和学习者母语中对应的词在意义和用法上的区别讲清楚，把母语迁移带来的负面影响降到最低。高书贵（1993）认为离合词在教材生词表中可以采取下面这样的展示形式：

睡觉（vi）	to sleep	不早了，该睡觉了 / 他每天很早就睡觉
（v+o）	to have a sleep	睡一觉 / 睡了三个小时的觉
帮忙（vi）	to help	他一会儿就来帮忙 / 他给我帮忙
（v+o）	to give a help	帮了忙 / 帮了很多忙 / 帮了一天的忙 / 帮你忙 / 帮他的忙

这样就将离合词的意义与各种扩展用法和特定格式有机地结合了起来，有利于学习者准确使用离合词。其实，典型离合词的句法表现更像“语”而不是“词”，因此不妨采取“先离后合”（先离合短语再离合词）的方式来教学，这样更容易形成短语式的表层概括。

比离合词现象更为特殊的是汉语中的二价名词、二价形容词、准价动词等，它们的意义和用法的特殊性及其习得难度长期未受到重视。这些词在语义上关涉到主体成分和对象成分，并且常需要通过介词来引导对象成分形成框式结构（如“对……（的）兴趣、对……有利、跟……见面”），在用法上很特殊。如果在教学过程中仅仅讲解它们的词义而不强调其用法上的特殊性，学生很容易用错。[①] 例如：

（6）a. * 我印象天津非常深。

b. * 以上是我流行歌曲的一些感想。

（7）a. * 这样的现象相反原来的目的，是不是？

b. * 我小时候却不太喜欢母亲，我总觉得怕她，她很冷淡我。

（8）a. * 所以不常到外边去，不常见面中国人，还有我的学习进步也不太发展。

b. * 生活既忙碌又紧张，没回家乡问好你们。

① 关于二价名词、准价动词习得的特殊表现，分别参见蔡淑美、施春宏（2014），杨圳、施春宏（2013）。

不管是二价名词“印象、感想”、二价形容词“相反、冷淡”，还是准二价动词“见面、问好”，当它们所关涉的对象成分要出现时，都需要通过“对”或者“跟”之类的介词来引导。因此，用介词来引导对象成分是这些表面上看来并没有多大联系的词语之间的共同特性。如例（6a）应该为“我对天津的印象非常深”；（7a）为“这样的现象跟原来的目的相反”；（8a）则为“不常跟中国人见面”，等等。学习者由于不熟悉这些词在用法上的特殊性，往往直接将对象成分置于它们后面做宾语，由此导致了上述偏误。这样一些特殊用法，学习者即便到了高级阶段也未必能很好地掌握。为了形成有效的表层概括，就需要在这些类型的词语教学中，采取框式结构的呈现方式，使词项的特异性和局部句法表征的共同性都能得到有效呈现。

上面所举用例都是实词教学，虚词教学自然也离不开意义和用法的结合。虚词，既是语法的，也是词汇的，有的偏向于语法，有的偏向于词汇。但虚词所表示的意义多为语法意义，不易把握，不结合用法几乎无法讲清。比如，要辨析“或者—还是”这一对表示选择关系的近义词，单从它们所表示的意义来看，很难看出有什么差别，但二者在用法上明显不同。“或者”一般用于陈述句，而“还是”则用于疑问句。学习者如果不了解它们在用法上的区别，就容易出现偏误。例如：

（9）a. * 我学了三年多汉语，一听到汉语歌曲还是中国电影我就可以放下一切去欣赏它们。

b. * 再说用怎样的尺度来决定某个家庭有“代沟”或者“无代沟”？

虚词的个性很强，所谓个性，也主要是体现在用法上。如果教师脱离了用法去讲虚词的意义，只会让学生越来越糊涂。就虚词教学而言，意义要了解，用法是关键。但更为关键的是，虚词正因为其“虚”，只有提供“语义背景”也即“典型语境”才能使其用法“实”起来，因此我们将虚词教学放到“典型语境驱动的原则”中说明，此不赘述。

由此可见，词的用法及其使用条件必然牵涉到词的语法功能的问题。也就是说，在词汇教学中，必然渗透着对词语组配条件、语法功能的教学。这既涉及词汇问题，也关涉语法问题，更是词汇和语法的接口问题。当然，词汇不同于语法，词汇教学也不等于语法教学，但词汇教学中容易出现偏误的地方常常是语法上有特异性或者难以解释清楚的地方。[①] 因此，如何适当、有效地将语法知识渗透进来，是值得我们思考的。这与对外汉语教学界所提倡的“强化词语教学，淡化句法教学”（杨惠

① 孙德金（2006）讨论了对外汉语语法教学中“不教什么”的问题，认为这是对外汉语语法教学的重要原则问题。文中所提的两个原则问题是：属于词汇范畴的不教；属于共知范畴的不教。前者强调语法教学和词汇教学的分野。需要进一步说明的是，哪些属于纯粹的词汇范畴，哪些属于词汇—语法接口的范畴。如上面所论及的二价名词、二价形容词、准价动词等，既具有词项的特异性，又具有语法的规则性。对这样的词汇和语法的“中介”现象，往往应该成为词汇教学的重点，也是语法教学需要关注的对象。

元，2003）有相通之处。[①]二语词汇教学实际上也需要建立和贯彻“大词库，小句法”的教学观念，甚至将很多语法规则现象的习得也化解到词汇习得中去。赵金铭（1994）指出，“教学语法的研究，可以说主要是用法的研究”，讲用法的目的是让学生了解在什么情况下使用这个词语和使用这个词语时应该注意哪些问题。基于此，“意义和用法相结合的原则”也可以称为“词汇教学参照语法功能的原则”。参照语法，就是参照规则性内容，可扩展，可类推，相对普遍化，但同时也要特别关注句法规则的适用条件，进而认识其部分能产性问题，因为所有的语法规则都是受限的，都具有词项适应的特异性。这在词汇而言，就呈现为特异性、个体性（各别性），语言习得必须习得这样的特殊语项的知识，习得组装规则和特殊语项的配合内容。如果再考虑到语法功能所体现的词语序列、语类组配等，甚至考虑到韵律形式对词语使用的影响，那么这项教学原则也可以进一

---

① 所谓的“强化词语教学”，是指：“在整个对外汉语教学中，词语教学自始至终都应该放在语言要素教学的中心位置。在词语教学中，老师不仅仅要讲清楚词语的音、形、义，更重要的是讲清楚词语的用法，即词与词的搭配以及搭配时应该注意的问题，并且通过大量的练习来掌握词语的用法。”而“淡化句法教学”则强调：“句法教学中只教最基本的句型，句法规则宜粗不宜细……句法规则应该用对比的方法只讲解最基本的规律，只讲那些能够讲清楚的、把所有语言事实能框住的规则。对于那些讲不清楚的，或者不能把所有的语言事实都框住的，不从句法的角度讲，从词法的角度讲，从词语搭配的角度讲，让学生学会搭配和组装。句法教学还要讲清楚使用条件，要讲清楚为了什么目的、对什么人、在什么情况下、在什么环境中说这个句型。”这种认识也是很多教师和研究者的一种基本认识。

步概括为“形式和意义及用法相结合的原则”。[①]

四、典型语境驱动的原则

词汇教学，一方面要让学习者掌握汉语词语的意义（即知道“是什么”），另一方面要帮助他们掌握词语的用法（即知道具体“干什么”，用于怎样的形式结构和搭配中，能实现怎样的语言功能）。不过，仅仅知道“是什么”和“干什么”并不意味着就知道了“在哪儿用”。三一语法的第三个维度“典型语境”就是试图解决“在哪儿用”的问题。将典型语境（即词语在什么样的场合中使用）这一维度考虑进来，就是要使学习者不仅实现“能懂”的目标，而且达到“会用”的水准。

首先需要说明的是，三一语法主张设立的典型语境，正如前文所指出的，是基于二语习得和教学的特征而归纳出来的“教学型”语境，并非理论研究和一般教学中所谓的语境，也非母语者的常用语境。这种语境既是认知的，又是教学的，具有二语习得阶段性和二语学习者的日常经验性。如“往往”用来

---

① 近些年，语块问题受到了语言研究和语言习得与教学研究的广泛关注（薛小芳、施春宏，2013）。语块包括多词结构、插入语、框式结构、关联词语、习惯搭配、口语惯用句式等。很多语块现象，在传统教学中是词汇教学和语法教学都不怎么管的。这些单位放到哪部分教？尤其是那种既非习语又无句法层次关系的框式结构，若采取基于表层概括的整体习得和教学，显然更有效率。如“太……了”，这种框式结构是词汇到句法的过渡单位，结合词汇教学显然比较方便。因为虽然知道了“太+A”结构，就知道了“太……了”的组配可能，但未必知道“太……了”的整体功能。语块既是构式研究的重要内容，也应是词汇教学的一个重要内容，三一语法对此也颇为关注。

表达带有规律性或倾向性的情况，或对以往经验的总结，教学中可以设立这样两个典型语境：1）谈某种习惯。例如：李红往往一个人逛街，一逛就是一整天。| 这半年，吉米特别努力，往往工作到深夜。2）说人生常理。例如：不爱说话的人往往害羞。| 人一到中年，记忆力就往往开始下降。（参见冯胜利、施春宏，2015：155—156）又如“离”用来表达A和B之间空间或时间上的距离，教学中可以设立这样两个典型语境：1）谈两地、两人或两物之间的距离。例如：甲：北京大学离清华大学有多远？乙：不远，一站地。| 电视离沙发太近了，看久了会伤眼睛。2）谈时间上的距离。例如：现在离春节只有一周了，得准备准备了。| 离出发只有十分钟了，人怎么还没到齐？（同前，102页）设立这种语境的背景是，将说话视为做事，而做事就是做事的人在具体场景中实施某种行为。在这种语境中习得语言，既能使学习者进行“场景编码”，又能使学习者直观感知到发挥功能作用的典型情景。[①] 这种语境的设置，注重语境和语例在结构和功能上相匹配。

在汉语词汇系统中，虚词的特异性至为鲜明，最能体现既是词汇的又是语法的这个特征。目前的虚词教学，虽然在知识体系性介绍方面，多放到语法中，但就具体的词项教学而言，则列入词汇中；即便是放到语法中，也是多作为标记词的形式出现，跟一般的句型、句式之类的典型语法知识并不相同。而

① 关于句式性构式的生成机制，构式语法提出了“场景编码假说”（Scene Encoding Hypothesis）：“与基本句子类型相对应的构式将人类基本经验的事件类型编码为构式的中心意义。”（Goldberg，1995：39）

虚词教学一直是难中之难，“在外国人学习汉语所发生的错误中，有关虚词的错误占一半以上”（李晓琪，1995）。“跟实词相比，虚词的数量少得多，……但它的使用频率很高，而且个性很强，运用复杂，所以从写作上看，不管是外国人还是中国人，毛病常常出现在虚词的使用上。”（马真，2004：5—6）如果我们能建构出恰当的认知语境，将大大提高虚词的习得效率。如“挺……的”是由两个虚词构成的框架，有这样的功能：“用来表达程度比较高，又比‘很’的程度低。多用于口语，带有评价意味。”教学时可以设立跟评论人事有关的语境，如评价人的外貌、举止、性格，物品的样子、特征，表演、文艺作品等。这都是初中级学生日常经验中的惯常语境，教学中也便于激发学生的表达能力。例如：

（10）a. 她性格挺好的，从来不乱发脾气。
b. 你这件毛衣挺漂亮的，在哪儿买的？
c. 这本书写得挺不错的，你可以看看。

有的虚词有时即便放在单个句子中也还不能准确揭示其意义，只有在特定语境、具体场景中才能说明白。为此，马真先生提出了“语义背景”这个重要概念，即：“某个虚词能在什么样的情况或上下文中出现，不能在什么样的情况或上下文中出现；或者说，某个虚词适宜于什么场合或什么样的上下文中使用，不适宜于什么场合或什么样的上下文中使用。”（马真，2004：193）对虚词而言，特定语用场景具体体现在上下文的语义背景上。在虚词教学中常常发生的现象是，老师讲完了某个虚词的意义和用法后，学生看起来很明白，但一用就出错。比如“终于”这个词，意义并不难理解，一般概括为“经过较长时间最后出现某种情况”；作为时间副词，用法也不太复杂，但许多学生在使用“终于”时经常会出现偏误。例如：

（11）a. * 他的生意越来越不好，终于破产了。

b. * 我的爷爷也吸烟，吸烟得了病，终于他去世了，因此我讨厌吸烟。

c. * 我认得一些同学，学了几年的汉语，考了汉语水平考试，但终于没有通过考试。

上面这些句子的“终于”都用错了，只能换成“最后”或“最终”。看来，学生从“经过较长时间最后出现某种情况”这一笼统的意义说明中还无法确切知道“终于”的使用背景。那么，到底什么情况下可以用“终于”呢？不妨对比一下使用正确的例子：

（12）a. 前几天一直下雨，今天太阳终于出来了。

b. 经过他们的努力，实验终于成功了。

c. 他学习很努力，终于考出了好成绩。

跟例（11）相比，这些句子展示了“终于”的使用背景：“终于”多用于“希望出现的、好的或令人满意的”情况，那些“不希望、不好的或不满意的”情况一般不用“终于”，而要用不受此限制、仅表示时间或次序上排位在后的“最后”或“最终”。只有明确“终于”使用的背景，母语为非汉语的学习者才能准确把握它所表示的意义和用法，才能辨析清楚它与“最后/最终”等近义词之间的差异。基于三一语法的语法点分析，在设立句子性语境时，一般要求由相关句子来提供具体的背景，如上面例（11）和（12）中的前半句提供“某种状况经过了较长时间（接下来某种变化将会发生）”这样的语义背景，后半句提供“（承接前面状况而出现了）希望出现的、好的、令人满意的变化”这样的语义背景，“终于”出现于后半句的语义背景中。这样就能使学习者基于表层概括而能获得对语境的直观感知，而且教师也便于由此相对便捷地进行系列性的句型操练。

当然，回过头来看，上面关于“终于”的释义“经过较长时间最后出现某种情况”实际并不到位。如何在释义中体现近义词的语境差异，确实需要专题研究，学界对此认识不多。用法和语境的结合，也应该是词语释义需要参照的一项原则。教师、教材应该把典型语境落实到词语释义当中。也即，典型语境驱动同意义和用法相结合应该是相通的，把典型语境融入到意义之中进行教学，这样学习者才能进行完善的表层概括。

如果从典型语境的角度来认识语义情景，就可以进一步帮助具体的教学，对了解“终于”的语义内容也更有帮助。如我们可以概括出“终于”在二语教学中所适用的典型语境：认真练习、复习而最后取得好效果：

（13）a. 这几天我一直在练字，现在终于会写毛笔字了。

b. 为了练口语，他天天去市场买菜，终于能说几句汉语了。

这样的句子可以造出很多，形成系列性的表达。典型语境驱动的关键就在于师生在互动中将教学点的形式和功能结合起来，而在典型语境中设置“问答链”，能够强化学习者的使用频率，建构并固化其知识结构。这也是实现建构主义教学模式的基本路径。①

又比如“何况”一词，教材里的释义为“更进一层”，用法是“作为连词连接两个句子”。有的老师直接将教材的阐释照搬来教给学生，结果学生的作文里出现了下面这样的句子：

（14）a. * 汉语对我来说是一门外语，何况是最难学的一门。

b. * 我第一次到外国留学，何况在北京又没有亲人，没有好友，我心里又孤单，又难受。

这两个句子中的“何况”使用都不恰当。学生也觉得很委屈，明明是按照老师说的、教材写的条件去造句，为什么还是不对？

① 语言学习的建构主义（constructivism）特别重视语言习得过程中的频率效应（frequency account），在使用中习得语言（参见 Gass & Selinker，2008：219—226）。基于建构主义的教学模式“强调以学生为中心，视学生为认知的主体，是知识意义的主动建构者”（何克抗，1997），教师在教学环节中要创设有效的知识情境，帮助学习者自主建构所学知识的意义。因此，学习者知道某个语言知识“在哪儿用”才是学习的关键。这就要求教学中应该将如何处理“在哪儿用”的问题作为知识学得的突破口。其实，语境设置也是促进学习者隐性学习（implicit learning）乃至隐性教学的重要而有效的途径。

的确，在上面两句中，“何况”连接的两个分句确实都在语义上更进一层。如“汉语对我来说是一门外语”和“是最难学的一门”这两句，前者表示“汉语对我来说是陌生的”，后者更进一步强调汉语“是最难学的”。那为什么还是用错了呢？我们还是先举出正确的用例，通过对比来看“何况”到底用在什么样的场合。例如：

（15）a. 大人都搬不动这块石头，何况是孩子呢。（孩子就更搬不动）

b. 有的汉字中国人都不认识，更何况我们是外国留学生。（外国留学生就更不认识了）

c. 他对陌生人都很热心，何况对自己的朋友呢。（对自己的朋友就更热心了）

d. 动物都有感情，何况人呢？（人就更有感情了）

从这组例子可以清楚地看到，“何况”虽然也表示“更进一层”的含义，但是用反问的语气来强调这种“逼近”关系的，含有“不用说、更加”的意思。如（15a）句蕴含着“大人搬不动这块石头，孩子就更搬不动这块石头”的含义。而例（14）的两句虽然都表递进关系，但并不具备需要用反问语气来表示“不用说、更加”的语义背景，因此不能使用“何况”。例（14a）应将“何况”改为单纯表示更进一层意思的“而且”。例（14b）则可以将“何况”改成“而且”或“况且”。这也就是说，对于“何况”，我们既要教给学生它有“更进一层”的含义，更要告诉学生它的使用背景，即用反问语气表示“不用说、更加”的场合。[①]只有将它的意义、用法和语义背景或者说使用条件讲解清楚，学习者才不容易用错这个词。

在讲解虚词的语义背景时，一定要尽可能地结合典型语境，并用极其简单的句子将这种语境表达出来。这不仅是语境提取和设置本身的问题，也是在操练学生的篇章表达。

从上面的例子可以看出，词汇教学中紧密结合词语所出现的特定语境，可以起到事半功倍的效果。每一个词语的语法功能和使用场合都有特定的要求，而语境是涉及很多不同层面的、非常复杂的系统。语义背景只是特定语境的一个方面或者说一种视角，还有其他的一些方面，如语段、篇章、文化背景等等。而如何将词语的意义、用法和特定语境有机结合起来，如何选择和提炼适合学习者学习和理解的典型语境，如何在课堂上富有成效地通过典型语境来导入、操练最终使学生达到恰当、自如使用词语的目的，是值得每一个教师思考、重视的问题，同时也是充满蓬勃生机的发展领域。

有时典型语境并不好归纳，或者归纳出来未必适合教学场景，这时例句所提示的语境功能就显得特别重要。例如语体问题一直没有引起汉语作为二语教学的关注，功能语法也未曾关注“使用中的语体问题”，但语体却是三一语法的“典型语境”中不可或缺的成分之一。实际上，语体是相关语境的进一步抽

---

① 例（15）的前半句都可以用“连……（都）……”来表达，如“连大人都搬不动这块石头，何况孩子呢”。由此可以见出“何况”的语义内容和语义背景。

象概括。不同的词项（语法点），有时功能基本一致，但语体并不相同（使用的场合、对象和内容不同）。我们可以通过不同的例子（这是语境的体现）来展示其差异，以强化学生语体语法的感觉。如近义副词“差点儿”和“几乎”的语体差异体现在，前者比较口语化，后者比较正式。因此，这两个词在下面的句子中就不宜换位：

（16）a. 他第一次跟女朋友约会就差点儿迟到。

b. 他几乎抵达终点了，却突然跌倒。

像“怪……的”，跟“挺”意思相同，用来表达具有比较高的程度，带有轻松评价的口气。它们都有口语色彩，但“怪”带有更多的俚俗语色彩。例如评价某人或某物时：

（17）a. 这人怪讨厌的，总在背后说人坏话。

b. 我买的这件衣服还没穿就过时了，怪可惜的。

五、词语辨析的最小差异原则

词语辨析（无论是显性的还是隐性的）是词汇教学和习得的重要策略。为了帮助学习者将那些意义相近、句法特征相关、同音或写法相似的容易混淆的词语类聚——易混淆词（confusable word）区分开来，词语辨析就成了教学中不可缺少的一个关键环节，这也是词汇教学过程中的一个难点。目前学界对易混淆词及其辨析原则和词典编撰等方面已经展开了较为系统的研究，如张博等（2008、2016）等。在易混淆词中，最为普遍、最为集中、最为顽固的偏误主要集中在近义词上，这是教学中为什么特别关注近义表达辨析的根本原因，而且近义词习得数量和质量也是判断语言习得水平高低的重要标志。因此，这里以近义词为代表，对词语辨析的基本原则做出分析和说明。

关于如何进行近义词辨析，学界早有讨论，成果也很丰富，主要集中在以下几个方面：1）辨什么，即辨析的角度和具体途径问题，如从理性意义、色彩意义和用法、语境等各个方面来进行辨析。这方面有较多共识，如郭志良（1988），孟祥英（1997），赵新、李英（2001），杨寄洲（2004），敖桂华（2008），等等。2）怎么辨，学界提出了不少具体的辨析策略，基本上都主张抓近义词的主要差异，张博（2013）为此提出研编易混淆词辨析词典的一异一辨原则。3）以词典形式呈现的常用近义词辨析结果，这方面也有了比较丰富的成果，如刘淑娥等（1983），刘乃叔、敖桂华（2003），卢福波（2000），马燕华、庄莹（2002），王还主编（2005），杨寄洲、贾永芬（2005），鲁健骥、吕文华主编（2006），等等。在此基础上还涉及怎么教的问题，对此人们也在实践中总结了不少具体的教法，但往往经验不同，主张有别。如杨峥琳、洪炜（2015）提出近义词辨析教学中预防式和治疗式方法相比较。由此可见，近义词辨析涉及众多方面和侧面。那么，近义词辨析以及相应的教学该以什么作为抓手呢？

有的教师在近义词辨析的教学过程中，常常从理性义、色彩义、用法等各个方面对近义词进行综合的、全面的分析，认为这样才能展示给学生最完整和系统的知识。比如，在一次赴泰汉语教师培训观摩课上，一位试讲者是这样展示“不”和“没”这两个词的区别的（限于篇幅，原有的举例均略）：

［不—没］

a）“不”多用于否定意愿，“没”多用于否定客观叙述。

b）“不”多用于否定现在、将来的动作行为；“没”用于否定已经发生的动作或状态，不能否定将来。

c）“不”可以否定经常性或习惯性的动作。

d）“不”用在形容词前，否定事物的性质状态；“没”否定状态的发生或变化。

e）否定“认识、知道、是”等要用“不”，不能用“没”；否定“有”要用“没”，不能用“不”。

f）“不”可以用在能愿动词前，否定能力、意愿或可能性；“没”只能用在“能、敢”等能愿动词前。

g）“不”可以放在动词和补语之间，表示不可能；“没”没有这样的用法。

可以说，这位老师从意义、时体、搭配、用法等各个方面对“不”和“没”的使用差异进行了全面比较，基本上是把近义词用法词典里关于“不”和“没”的辨析条目都搬出来了。可是，这种“一气呵成、全盘托出”的词典式展示，学习者又能真正接受多少呢？实践证明，那些差异点较多的近义词比较在教学中如果一次性全都展示，全都讲练，学习者的认知负荷很重，难以产生积极的效果。

以上这样的词义辨析实际上是基于汉语本体研究所做的考察，没有处理好语言知识和语言学知识、习得过程中的语言知识和系统整理后的语言知识之间的关系。在词汇教学中有的教师习惯于直接采用汉语本体研究的成果，而对这些研究成果如何结合汉语作为第二语言教学的特点进行深加工则有所忽视。我们认为，即便教师全面掌握了近义词的差异，也不能像上面那样一次性全部列出、一股脑儿地全讲给学生。词语辨析，应结合学习者的实际情况和具体教学内容，践行词语辨析的“最小差异原则”。所谓“最小差异”，指的是在词语辨析过程中侧重其区别性特征，一次侧重一个方面，提供一个知识点，在“一切相同，只差一点”的最小差异对（minimal pair）里来进行比较，以降低新信息加工的难度。①下面仍以“不”和“没”的词义辨析为例，具体说明如何实施最小差异原则。

“不”和“没”这对近义词在否定的侧重点、时体要求、搭配对象和用法等方面都有区别。可是，这些差异不会全部都集中在某一次或某一句的表达中。在特定的语句里，它们之间的差异主要在于某一个关键点的不同。比如，在学到“没”的时候，学生的作文里出现了这样的偏误句：

① 发现或构建“最小差异对”（也作最小对立对）是语言研究的最为基本的分析方法，教学中也应如此。这里提出的“最小差异原则”和张博（2013）在讨论外向型易混淆词典的编纂原则时所提的“一异一辨”策略是相通的。

（18）* 我特别烦我父母，每天在我的身边像教孩子一样干涉我，所以我没去上课而且老师布置的作业也没做。

从上下文来看，此句中的“去上课、做作业”是作者不想或者故意不做的事情，带有很强的主观意愿在里面，应该用否定主观意愿的“不”而不用否定动作行为发生的“没”，即上述条目 a）的差异。虽然“不—没”还有很多其他方面的差异，可是在这个特定句子中就只展现了条目 a）这一点。在教学过程中，教师可以通过正误句子的对比来突显其中的“最小差异”。例如：

（19）a. 我特别烦我父母，每天在我的身边像教孩子一样干涉我，所以我没去上课而且老师布置的作业也没做。（✗）

b. 我特别烦我父母，每天在我的身边像教孩子一样干涉我，所以我不去上课而且老师布置的作业也不做。（✓）

c. 昨天我生病住院了，没去上课，也没做作业。（✓）

d. 昨天我生病住院了，不去上课，也不做作业。（✗）

在这样具有“最小差异”的环境里进行比较，“没”和“不”的区别一目了然，教师这时再有针对性地对它们的使用要求加以说明，学生应该比较容易掌握二者在这点上的区别。

再看另一个“不”使用不当的例子：

（20）* 但是我去年暑假不回日本，因为在这儿过比在日本过费用便宜得多。

这个句子中的“去年暑假”表明是过去的时间，此时应该用“没”而不用“不”，即上面条目 b）所反映的内容。在这个句子中，“不—没”的最小差异在于时体要求不同，“没”多用于否定已经发生的事情，“不”多用于否定现在的或者将来发生的事情。依据最小差异原则，不妨将其区别展示如下：

（21）a. 但是我去年暑假不回日本，因为在这儿过比在日本过费用便宜得多。（✗）

b. 但是我去年暑假没回日本，因为在这儿过比在日本过费用便宜得多。（✓）

c. 但是我明年暑假不回日本，因为在这儿过比在日本过费用便宜得多。（✓）

d. 但是我明年暑假没回日本，因为在这儿过比在日本过费用便宜得多。（✗）

原则上，关于“不”和“没”之间的复杂差别，都可以依据最小差异原则来一项一项地进行辨析。教师在辨析的过程中，应适当结合不同教学阶段的具体语法点来进行比较。比如在教能愿动词这一内容时，便适时展示“不”和“没”在与能愿动词搭配方面的最小差异，给出“一切相同，只差一点”的典型例句（实际也就是设置了典型语境），等等。这样，在每一个教学阶段，都根据教学内容的安排，抓住其中具有区别性特征的最小差异来进行讲练，每次集中精力解决一个方面的问题，其他差异可以先不管。待有教学内容的需要或者学生出现了其他方面的偏误时，再进行辨析。

当然，并不是每一组近义词之间的差异都像“不”和“没”那样复杂和多面。很多近义词的区别比较简单，在教学时只要抓住其中最具有区别性特征的方面，给出“最小差异对”的典型例句，有时一两句话就足矣。这时最好的处理策略，就是在适当的语境中给出合格与不合格的用例来呈现其主要差异。

下面选取了学生在近义词辨析时出现的一些偏误句子，分别从语义侧重、语义轻重、感情色彩、搭配等方面来展示“最小差异原则”的运用。

（22）满足—满意

a. 妈妈对我这次的考试成绩很满足。（×）

b. 妈妈对我这次的考试成绩很满意。（✓）

c. 我爱听、爱唱，没有机会就哼哼几句也觉得满意了。（×）

d. 我爱听、爱唱，没有机会就哼哼几句也觉得满足了。（✓）

说明：“满意”的重点在“意”，表示他人或某事符合自己的心意；“满足”的重点在“足”，即自身感到已经足够了。

（23）知道—了解—理解

a. 大部分的人早晚都要结婚，那么男生应该知道女生，女生应该知道男生。（✗）

b. 大部分的人早晚都要结婚，那么男生应该了解女生，女生应该了解男生。（✓）

c. 我了解你说的那个人，昨天我们见面了。（✗）

d. 我知道你说的那个人，昨天我们见面了。（✓）

e. 所以我的行为我的爸爸根本不能了解。（✗）

f. 所以我的行为我的爸爸根本不能理解。（✓）

g. 从那里我理解了中国人的习惯、文化。（✗）

h. 从那里我了解/知道了中国人的习惯、文化。（✓）

说明：三者都能表示对事物或人有所知晓，但语义轻重并不相同。“知道”表示对人或者事物有一个大概的认识，不太深，“了解”表示对人或者事物有进一步的认识，比“知道”的程度要深，而“理解”比“了解”的程度还要深，重在感情上的认同。

（24）太—很

a. 爸爸，我太健康，你放心吧。（✗）

b. 爸爸，我很健康，你放心吧。（✓）

c. 你的房间很乱了，赶紧收拾一下吧。（✗）

d. 你的房间太乱了，赶紧收拾一下吧。（✓）

说明："太"和"很"都可以表示程度高，但感情色彩不同："太"除了表示程度高，还带有夸张的口气，当它用于不如意的事情时，往往表示"过分"的含义，略带贬义，句末常带"了"；"很"是中性词，句末一般不带"了"。

（25）参观—访问

a. 记者参观了这位著名的作家。（✗）

b. 记者访问了这位著名的作家。（✓）

c. 我在绍兴访问了名胜古迹，其中最有印象的还是鲁迅纪念馆。（✗）

d. 我在绍兴参观了名胜古迹，其中最有印象的还是鲁迅纪念馆。（✓）

说明："参观"和"访问"都是动词，后面可以直接加宾语，但二者在搭配对象上有区别。"参观"的宾语只能是地方，不能是人；"访问"的宾语可以是人，也可以是地方（城市或国家）。

可见，近义词的讲练不能贪多求全，否则只能是欲速不达。对于大多数学生，不必面面俱到地细讲，针对学生出现的偏误讲清楚差别，让他们能正确运用即可。也就是说，"留学生现在需要什么就给他什么，需要多少就给多少，这样零敲碎打地定量供应，才有助于他们消化知识"（李绍林，2010）。对于他们还没有遇到或还没有发生混淆的、目前还接受不了的、用于高水平表达的或者细枝末节的东西，可以暂不涉及。

词语辨析中还有一种现象长期未受到教学上的重视（虽然

有时教师在直觉上已经感受到了），即同义的单双音节词语的用法差异。近些年兴起的韵律语法、语体语法对此有了新的认识。例如：

（26）a. 阅读报纸　　b. 读报　　c. * 阅读报　　d. 读报纸

（27）a. 昨天领导组织大家购买和阅读了新版宪法。

b.* 昨天领导组织大家买和看了新版宪法。

以上两例中，"阅读"和"读、看"，"购买"和"买"都是近义词对，但它们音节数量不等，用法有别。例（26）中，双音节动词"购买"要和另外一个双音节动词构成"双配双"的韵律格式；而对应的单音节动词不受这个限制。这种单双音节的对立也体现了书面正式语体与口语非正式语体的对立。例（27）中，并列的单双音节动词后面所带的成分都不是单音节，似乎都应该合法了，但仍然形成了句法对立。这是因为"V 和 V（+宾语）"这种格式的使用受到了语体限制，它是口语里不能说而书面语里可以用的句法格式。由此可见，虽然近义，但音节数量多少存在语体性质的差异，因而在词汇教学过程中要摆脱"裸体教学"（即脱离语体的教学）。三一语法视野中的语法也将韵律语法、语体语法的基本认识纳入到其所主张的教学语法体系中（参见冯胜利、施春宏，2015）。这也是当下词汇教学中应该特别引起重视的方面。很多附载在词汇之上的内容，并不能通过传统词汇观和语法观就认识到位，需要在新的理论背景下使其显现。

值得注意的是，最小差异原则是针对具体的、特定的近义词教学活动提出来的操作原则，这并不意味着所有的词义辨析就只能以分散的方式来进行。在合适的阶段和时期，教师可以把近义词集中起来进行讲练。一般来说，初级阶段的近义词辨析宜采用分散的随机教学，到了中高级阶段可以适当进行集中系统教学；学期中采用分散教学，在期末的总结复习阶段可以挑选出一些常用的近义词，通过典型例句集中展示它们的主要差异，归纳出需要特别注意的方面，再让学生反复练习，巩固知识，培养语感。这也就是说，教师既要注重每一次细水长流的辨析，也可以根据需要展开集中强化的归纳总结，循序渐进地帮助学生构建近义词辨析的知识网络。

六、语际差异的对比参照原则

对母语为非汉语的学习者而言，在词汇学习过程中，还有一个较大的干扰来自母语或学习者所熟悉的其他语言。学习者往往将母语或其他语言中的某个词与汉语里的词对应起来，把母语词的意义、组合、搭配等用法类推到汉语的对应词上去。由于不同语言中词汇的语义系统或词语用法并不一致，这样的对应就容易造成语际间的负迁移。英语背景的学习者在习得“参观”和“访问”时出现偏误，其原因很大一部分就是受英语“visit”的影响。

语际负迁移在不同语言背景下的学习者身上都具有普遍性。教材生词表所展示的与目的语（汉语）对应的外文对译词常常会给学习者带来很大的干扰，尤其是汉语中具有近义关系的一组词对应于学习者母语或某种熟悉的外语中的某一个词的情况。例如：

（28）a. * 他的意见就说："我们是和尚，和尚就是给人们带来幸福，现在没有水喝了，我们自己挖井，找水吧。"另外两个人听了他的话想这是个好办法。（应为"觉得"）

b. * 我的母亲是老一代人，她想女人到了一定的岁数就一定要结婚。（应为"认为"）

c. * 但对父母来说，他们先想男子的家庭环境，然后想钱、学历等等。因此父母与子女之间常常发生问题。（应为"考虑"）

（29）* 我每天很早上班晚上很晚才下班，工作得实在太辛苦，总觉得自己为何活着，为什么东西要吃这么多的苦。（应为"思考"）

（30）a. * 我以为"绿色食品"和农药化学产品都要一起发展起来。（应为"认为"）

b. * 虽然有时候我以为他们很可怜，不过这也是无可奈何的。（应为"觉得 / 认为"）

（31）a.* 老师认为奇怪，调查以后，我们都知道了。（应为"觉得"）

b. * 如果你是一个抽烟的人的话，可能你认为很不满意，但是你先想别人的健康，这样的话，我国的未来会更好。（“认为”应为“觉得”；“想”应为“考虑”）

c.* 我年青的时候，我并不了解我父亲。那时我认为他不爱我，在他的眼光里我是废物，后来发现我的父亲也爱我。（应为“以为”）

（32）a. * 有的人认为吸烟是我的一种权利，没什么理由干涉我的一种生活享受，但是我们不能只思考我自己，应该多想想别人。（应为“考虑”）

b. * 他们为什么不去思考更好的办法呢？（应为“想”）

（33）a. * 或者妻子也要振作一点，找好的方法去解决，不要考虑自杀就能了结自己的心愿，而且伤害到自己的亲人。（应为“认为 / 以为”）

b.* 他一考虑要打水就开始发怒。（应为“想到”）

“想、觉得、以为、认为、思考、考虑”这些词构成一个易混淆的词群（张妍，2006），它们之间的差别又比较复杂，学习者如果分辨不出这些细微差别就很容易用错。除了义近混淆的因素，我们认为上述这些偏误在很大程度上也受到了英语的负迁移影响。汉语的“想、觉得、以为、认为、思考、考虑”都可以用英语的“think”或“think about”来对应，英语背景或熟悉英语的学习者常常按照“think”或“think about”的词义和用法来使用这些近义词，因此出现了复杂的多对多式交叉混用偏误。

对于汉字文化圈尤其是来自日本和韩国的学习者来说，他们的母语里存在着不少汉字词，其中有一部分汉字词在书写形式上和汉语词相同或相近，但意义和用法实际有别（鲁晓琨，1990；潘钧，1995；刘富华，1998；全香兰，2004；陈晨、许文平，2009；施建军、洪洁，2013 等）。这些同形词之间的差异常为日韩学生所忽视，也容易带来语际偏误。例如：

（34）a. * 他日常就很痛苦，他自己想死，要安乐死。（日本，应为“平时”）
b. * 特别在初中、高中这个特别精神敏感的时期，如果日常没有与异性交流的机会，怎样能以自然的态度对待女性？（日本，应为“平时”）
（35）a. * 非洲人也是跟我们一样的人间。（韩国，应为“人”）
b. * 人间是表面上好像强得很，但内心不是强，而是非常弱的。（韩国，应为“人”）

“日常”在日语和汉语中都跟“平时”这个意义有关，但二者的词性不太一样。汉语的“日常”是属性词，但日语的“日常”是名词。例（34）是日本学生直接将其母语中“日常”的词性和用法照搬到汉语中来了。同样的，韩语中的“人间”是“人，人类”的意思，而汉语的“人间”指的是“人类社会，世间”之义，二者在词义上有明显的区别，但韩国学生直接用“人间”这个汉字词来对应汉语的“人”一词，由此出现例（35）的偏误。这些都是受母语中汉字词的影响而带来的语际偏误。

甚至有些在意义和词形上均没有什么联系的词语也会给学习者带来负迁移。例如：

（36）a. * 在一间男校里，男生们最喜欢的就是电脑游戏里的打足球。（应为“踢”）

b. * 我最喜欢的是打扬琴的那位很漂亮的小姐。（转引自张博等，2008：53）（应为“弹”或“敲”）

c. * 也有人一边打二胡一边唱歌。（转引自张博等，2008：53）（应为“拉”）

d. * 如果长辈喜欢打围棋，那就针对围棋谈话。（应为“下”）

e. * 如果你今天问他对什么有兴趣，他大概要回答“我喜欢时而看电影，时而打计算机。”（应为“玩电脑”）

f. * 我父母以前没有学过电脑，他们常常批评整天打网的我，他们担心因为电脑我的成绩不好，但是我给他们教用电脑，他们知道打网的好处、有利的地方以后理解我了。（应为“上”）

“打—踢—弹—拉—下—玩—上”在意义上和词形上都没有什么联系，汉语母语者绝对不会将其弄混，但以英语为母语或熟悉英语的学习者出现了上述偏误。这主要是因为他们将“打”的意义及其用法误推到其他词上去。表示“做某种游戏”的“打”在英语中的对译词为“play”，而英语中的“play”不仅可以与“basketball、football、tennis”等表示球类运动的词语搭配，也可以与“piano、violin”等表示乐器的词语搭配，还可以与“chess、internet、computer games”等表示智力或娱乐游戏的词语相搭配。当学生知道“打篮球”的英译为“play basketball”时，就可能将英语“play”的其他搭配也搬到汉语中来，于是出现了上述误用。

值得注意的是，有的语际偏误在不同母语背景下的学习者中都普遍存在，如将“think / think about”的意义或用法套用到汉语的“想—觉得—以为—认为—思考—考虑”上。而有的语际偏误可能只在单一母语背景或少数母语背景下的学习者中存在。像下面这样的偏误只在蒙古学生中存在（周琳、萨仁其其格，2013）：

（37）a. * 我不打算出几个孩子。

b. * 熊猫繁殖能力不强，一般出一二小熊猫。

以上两例的“出”应为“生”，这种特异性语际偏误是受蒙古语的影响而导致的。

基于上述对语际偏误的分析，我们认为在词汇教学中要贯彻“重视语际差异，加强对比研究”的原则，要有针对性地进行语别化教学。所谓语别化，就是针对教学对象的母语特点及通过与目的语的比较来选择和安排教学的语言项目，设计教学过程，选择教学策略（施春宏，2010d）。教师要关注学习者母语词汇的特点以及与汉语词汇的差别，既用其他语言的眼光来审视汉语，也用汉语的眼光来看其他语言。此外，教师还应区分出哪些词汇偏误是共通性的，哪些是特异性的。对于学生反复出现偏误且具有共通性的词语，教师在课堂上应采取集中训练的教学方式；对于特定语言背景下出现特异性偏误的词语，教师应该采取有所分别、单个突破的教学方式。当然，具体教学时如何做到集中训练与单个突破之间的平衡，并不是一件很容易的事情。

另外，语际差异对比研究的成果还应该充分体现在教材中，以增强教材的针对性和实用性。语别化并不是说把汉语教材译成以某种语言为媒介语的教材就可以了，而是要根据语际差异对比研究的成果来综合安排学习点的选择与排序、教学方法与练习方式等各方面内容。李泉、宫雪（2015）曾指出要在教材中呈现出经过对比研究发现的教学重点和难点以及应该繁复和简约之处。而且，教材在对汉语词语进行释义时，一定要慎重选择学习者母语中的词语来对译，除了尽可能提供精准的译词，教材还应适当给出典型例句来说明不同语言中用法上的细微差别，这样才能有效避免学习者“先入为主”地用母语词来对译汉语词，由此减少由母语译词带来的负迁移。

在词汇教学中贯彻“重视语际差异、加强对比研究”的原则是基于教学对象的差异性（如国别、语别、族别等）而进行“有的放矢”的教学，实际上就是因材施教理念和方式在新的形势背景下的拓展和深化。

七、教学用语与词汇等级相适应的原则

在二语词汇课堂教学中，教师还要特别注意教学用语的选择。不管是生词的释义、课文的讲解还是例词、例句的展示，

都应该根据学习者的汉语水平和理解能力来考虑，遵循“教学用语与词汇等级相适应的原则”，即教师要尽量在学习者能理解的范围内谨慎选用适当等级的词语来进行课堂教学，做到浅显、明白、易懂。具体来说，就是尽量用学习者学过的词语来解释生词和讲解课文，尽可能避免使用他们没学过的词语尤其是高级词甚至超纲词来解释或举例。

具体说来，主要从以下两个方面入手。

首先是释义用语要做到明白易懂。在词汇教学中，对词语进行释义是既普遍又关键的一个环节，它的作用是让学习者明白词语的意义及其用法。因此，如何做出正确而有效的释义是词汇教学的第一步。如果用来释义的词语本身就是生词，超过了学习者已有的水平，造成无法理解，那么释义就是失败的。有的老师在对词语尤其是一些意义较为抽象的词语进行释义时，常常照搬词典、教材或参考书中的释义内容而没有进行必要的再加工，变成直接“用生词解释生词”，给学习者带来很大的困扰。比如，一位老师将初级词“标准”释义为“衡量事物的准则”。实际上，“衡量”是中级词，“准则”是高级词，学习者在初级阶段都没学过，很难明白是什么意思，这样就会越释越糊涂。又比如有的老师用“究竟”来解释“到底”一词。学习者不明白，问“究竟”是什么意思，老师继续解释说“究竟”就是“追究”，结果与正解越来越远。这三个词是近义词，有相同点也有不同点，且不说这种近义释词的方式会给学习者日后的使用带来干扰，光是用“究竟、追究”来解释“到底”就不符合词汇等级相适应的原则。“到底”是初级词，而“究竟、追究”都是中级词。其实，只要稍微加工一下，再给出典型例句和语境，就可以解决问题。例如：

【到底】仔细查问问题的原因或答案：这到底是怎么回事呀？我都糊涂了。|你到底去不去北京？去的话就要赶紧订机票了。

释义内容是学习者能听得懂的，例句的语境也是他们在日常生活中经常碰到的情况，这样不仅可以避免近义词循环释义和违反词汇等级原则的弊端，而且还可以帮助他们快速掌握“到底”的意思和用法。马静、行玉华（2008）还举过一个例子，说一位老师将“超过”解释为“超越”，学习者茫然。老师便继续说“超越”就是“逾越”，“逾越”就是“无人能出其右”。这样的释词用语可谓“一山更比一山高”，学习者只会坠入云雾之中，茫然不知所措。其实，“超过”可以通俗地解释为“从某物或某人的后面赶到了前面”，既浅显又明白易懂。

可见，教师一般不宜直接照搬基于本体研究的论著和工具书上的内容来教学，应根据学习者的语言水平对现成的释义内容进行“再加工”。在充分考虑学习者的汉语水平和所掌握的词汇范围的基础上，用通俗易懂的词语准确地表述其意义和用法。下面通过“词典释义”和经过加工的“教学释义”的比较来具体展示如何贯彻教学用语与词汇等级相适应的原则。

【洪水】（词典释义）暴雨、急剧融冰化雪、风暴潮等自然因素引起的江河、湖泊水量迅速增加，或者水位迅猛上涨的一种自然现象：～泛滥。

（教学释义）河、湖中突然而迅速上涨的大水，是一种自然灾害：1998 年长江发生了严重的～灾害。

【借鉴】（词典释义）把别的人或事作为镜子，来对照自己，以便取长补短，吸取经验教训：以资～。

（教学释义）学习别的人或事情好的方面，避免不好的方面：我们这次～了他的经验，终于成功了。

【特殊】（词典释义）事物的性质或情况不同于一般：～规律。

（教学释义）和一般的情况不相同、不一样的：因为家里的～原因，他很早就工作了。

【别】（词典释义）禁止，劝阻：～动｜～走｜～急。

（教学释义）①劝别人不要做某件事情（吸烟、喝酒等）：你都咳嗽了，～吸烟了。

②提醒别人注意、小心（上课、开会、过马路等）：今下午是两点上课，～迟到了。

实际上，教师对释义内容“再加工”的过程就是充分利用学生以前学过的词语或汉语知识，综合考量所授知识点及学生学习水平、理解能力、交际语境等方面的萃取过程。当然，也不能一味追求简单，要尽量避免在通俗化过程中出现释义不准的情况。

要做到教学用语与词汇等级相适应的原则，还有一个不容忽视的方面就是语言学术语的使用，总的原则是“必要的不躲，不必要的不用”（冯胜利、施春宏，2015：前言）。由于词汇教学并不仅仅是教给学生词语的意义，而是要在意义的基础上教会学生词语的用法，但对用法的说明有时又绕不开一些语言学术语。因此，选用什么样的语言表达和描述方式来说明其用法规则，就成了教师必须要面对的问题。比如，在辨析“进行—举行”时，有的老师是这样说明的：

> “进行”常带动词性宾语，表示某种活动的持续，“举行”主要带名词性宾语。

很多非语言学专业的汉语母语者对“动词性宾语、名词性宾语”和“持续”这样的术语都不太了解甚至根本不懂，更何况母语为非汉语者呢？作为专业研究中的描写工具，这样的术语当然很重要，但是在汉语作为第二语言的词汇教学中则要尽量避免。近义词的辨析一般在初、中级阶段展开，如果这时候就出现抽象的语言学专业术语，就有可能超出学习者的理解水平。即便是到了高级阶段，学习者对这类术语也不一定能真正理解透彻。“进行—举行”的差异主要体现在搭配对象的不同，教师只要直观展示二者在具体搭配对象上的差异就可以了。不妨采用下面这样的形式：

	讨论	调查	研究	批评	比赛	晚会	婚礼	画展
进行	✓	✓	✓	✓	✓	×	×	×
举行	×	×	×	×	✓	✓	✓	✓

这样的描述方式既避免了使用专业术语带来的不便，还能展示出这两个词典型搭配的具体情况，学生理解和记忆起来都要容易得多。

又比如，当举例说明词性不同的近义词时，教师经常用到的一个经典例子便是“突然—忽然”。有的老师直接照搬参考书上的说明来讲解：

> 两个词意思差不多，但是词性不同，句法能力也不同。“忽然”是副词，只能做状语；而“突然”是形容词，除了做状语外，还能做定语、谓语和补语。

即便是受过语言学训练的人，在面对“词性、句法能力、副词、状语、形容词、定语、谓语、补语”这一大串语法术语时都会有头脑发胀之感，更别说是母语为非汉语的初、中级阶段的学生了。因此，这种做研究、写论文的表达方式在词汇教学中是完全行不通的。我们不妨也采用下面的形式来展示其区别：

	～下雨	～停电	～事故	很～	这件事很～	这件事发生得太～了[1]
突然	✓	✓	✓	✓	✓	✓
忽然	✓	✓	×	×	×	×

在鲜明的对比中，易学易懂的典型例句代替了抽象枯燥的用法规则说明。在教师适当的引导下，学生避开了术语的困扰，对这两个词在用法上的区别有了直观但深刻的感受。可见，如果充分发挥教师的能动性，从学生的实际情况出发设计教案、采用合适教法、选择教学用语，总是能找到一定的办法来解决问题的。

八、本章小结

本章就二语词汇教学的基本原则，在学界既有讨论的基础上提出一些新思考。基于结构—功能—语境相结合的三一语法的基本观念，认为二语词汇教学应该体现这样一些基本原则：意义和用法相结合的原则、典型语境驱动的原则、词语辨析的最小差异原则、语际差异的对比参照原则、教学用语与词汇等级相适应原则。这些基本原则及其实施策略既关系全局又独具汉语特点。这些原则虽然无法涵盖汉语词汇教学的所有问题，但却是针对教师最难处理和最容易忽视的方面、二语学习者最

① “这件事发生得太～”用在初级阶段的教学中并不合适，“得”字补语结构是中高级阶段的教学内容。这里列出来仅为了展示的完整性。

容易出现偏误的地方来考虑的，是在现代语言学背景下基于三一语法的基本理念而建构出来的二语词汇教学的基本原则及相关策略。它们试图既将“交际性、针对性、系统性、层级性”等宏观原则真正落实到位，同时兼有很强的可操作性和实践性。

无论是词汇教学还是语音、语法教学，教师只有时时处处心中有学生（目标），胸中有乾坤（原则），手中有方寸（方法），才能取得理想的教学效果。

第八章　中介语语料库的平衡性问题

一、引言

当前，数据驱动的研究和教学已然成了语言学发展的大趋势，语言本体、语言习得、语言教学诸方面的研究，都深受其影响。这就意味着面向语言研究和教学的知识库、资源库（包括语料库）建设成了一项基础工程。就知识库、资源库的建设现状而言，技术问题已经不是根本的制约因素，而一些基础性的理论问题则逐渐浮现出来，成了提升知识库、资源库建设功能和品位的瓶颈。我们这里只重点讨论其中的一个问题，即语言学知识的资源化问题，也即语言学知识如何转化为语言习得资源和语言教学资源。所谓语言学知识的资源化，就是以语言学知识做支撑，为语言教学和研究构建可资利用的资源，如语料库和知识库的建设、大纲设计、语言教材和语言学教材的编写、教学研究成果和参考资料的总结和汇编、工具书编撰、网站建设等。就语言教学和研究资源而言，过去多为文字、图片、音像，现在则逐步向多媒体网络资源为主体的方向发展。多样、适用、好用的语料库建设是当务之急。

在语料库建设过程中，代表性和平衡性问题是有关语料库性质和功能的重要问题，是决定语料库质量的两个相互区别而又有紧密联系的问题。在一般有关语料库建设方案的理解中，“代表性”似乎意味着语料库的质的方面，“平衡性”似乎意味着语料库的量的方面。不过，代表性语料的代表能力自然以一定的量为保障，平衡性语料的平衡效度自然以可靠的质为基础。然而，“由于语言自身的高度复杂性，关于语料的代表性和平衡性还没有找到能为大家普遍接受的答案”，（苏金智、肖航，2012）“语料库的代表性和平衡性是一个迄今为止没有公认答案的复杂问题”（黄昌宁、李涓子，2002：26）。我们认为，也许它们不仅是个语料库建设中的实践问题，更是理论问题。这些问题尚未得到深入的探讨，一般讨论语料库建设的文献常常只是指出问题的所在，而对其基本内涵、实施原则、操作策略则语焉不详。当然，即便如此，实际的语料库建设仍然在有效地进行着。这就值得我们进一步思考了。

相对于代表性问题，目前在语料库建设中对平衡性问题的认识不够充分。本章主要讨论这方面问题。由于我们认为平衡性问题不仅是量的问题，同样涉及质的方面，因此在讨论平衡性问题时自然涉及语料的代表性。限于篇幅和我们目前的认识水平，本章暂时只将语料的代表性作为讨论平衡性的背景，而主要考察中介语语料库的平衡性这一事关中介语语料库建设的质和量两方面的根本问题。根据中介语语料库在语料选择、参数设置、数据处理等方面的特殊性，我们重点讨论语料库平衡性的内涵、基础、结构及其实现路径等方面的问题。

当然，在平衡性方面，母语语料库（自然语言语料库）和二语学习者语料库（中介语语料库）存在着差异，甚至有质的不同。本章主要以汉语中介语语料库为例对中介语语料库建设中的平衡性问题做出新的思考，同时也希望借此对母语语料库建设中的平衡性问题有所参考。

二、语料库平衡性的基本内涵及中介语语料库的平衡性问题

何为“平衡”？看看《现代汉语词典》不同版本的释义变化颇有启发。《现代汉语词典》试用本（商务印书馆，1973）的释义为：“对立的各方面在数量上相等或相抵。”从 1983 年的第 2 版开始直至 2016 年的第 7 版，其释义内容调整为：“对立的各方面在数量或质量上相等或相抵。”显然，1973 年试用本的释义，只涉及“数量”上的平衡；而到了 1983 年版本，进一步关注到了“质量”上的平衡。这种认识跟学界对语料库平衡性问题的认识有相通之处，由单一的数量参数发展到数量和质量两个参数并重。[①]不仅如此，我们还看到《应用汉语词典》（商务印书馆，2000）的释义有所不同：“衡器两端承受的重量相等。引申为一个整体的各部分或对应的各方面在质量或程度上均等或大致均等。”这个释义与前面的释义有两个很重要的不同：一是强调“整体的各部分或对应的各方面”，将“对立的各方面”具体化了，而且比“对立”的内涵更准确；二是涉及“程度”，而程

① 当然，即便是在今天，有人在谈到语料库平衡时，仍然只意识到数量上的平衡问题。

度不完全等于数量。从下文的论述中可以看出，这是建设中介语语料库的一个重要参数，它跟水平、变化相联系。

就此而言，平衡性问题在宏观上主要涉及三个方面的参数：一是“类型参数”，即整体的各部分或对应的各方面都要具备；二是“程度参数”，即体现出某些质量参数的水平差异或过程变化情况；①三是“数量参数”，即由质量参数和程度参数规定的各个要素在数量上相等或比例恰当。而这三个方面正是语料库建设中必须综合考虑的影响因子，即影响语料库效度的关键特征。如崔希亮、张宝林（2011）在讨论正在建设的“全球汉语学习者语料库”的语料平衡性问题时指出：“不同类型的语料在分布上应尽可能均匀，也要根据实际情况有所区别。从学习阶段和年级角度看，初级、中级、高级三个学习阶段、四个年级的语料数量应完全相同。从国别角度看，有些国家的学生很少，语料要全部收入；有些国家的学生很多，语料必须有所删减。从文体角度看，叙述性语料占40%，议论性语料占40%，说明性语料占20%。”这里实际就包含了这样的三个参数。当然，“所谓平衡，不是指各种类型的语料在语料库中占有相同的比例，而是指语料库中各种类型语料的比例恰当，能代表它们对现实语言生活的影响。理想的情况是，这种比例能和每种类型的语言对实际语言生活的影响因子一致。”（何婷婷，

① 施春宏、张瑞朋（2013）将这里的“类型参数”称作“质量参数”，同时又为了说明的方便，在行文中常将“程度参数”归入“质量参数”中。本章重新处理，将原文中的“质量参数”改作“类型参数”，并将这里的“类型参数”和“程度参数”合起来称作“质量参数”。

2003）就平衡的实质而言，类型参数和程度参数合起来就是“质量参数”，它与“数量参数”相对应，形成语料库建设的系统及其层级。

我们现在来看语料库建设中关于平衡性问题的认识。对于这个问题，一般的语料库语言学论著中都没有做出充分的论述，有的甚至没有给出明确的界定。但就其实际分析而言，大体包括两个方面：语料文本应包含哪些特征类型（即影响因子），不同类型之间应实现怎样的比例。前者是质的问题，后者是量的问题。量的问题解决起来相对容易，主要是根据足量的要求扩大相关类型的语料数量就可以了（当然有的语料比较难以收集，但这主要受限于客观因素和技术条件）；而质的问题则具有很大程度上的不确定性。有学者指出：“在汉语语料库的建设中，解决语料库平衡问题时大部分建设者采用的还是按题材和体裁等来进行的。”（黄昌宁、李涓子，2002：29）由于题材和体裁的分类有角度和层次的不同，因而这方面的平衡问题显然依赖于建库者对观察角度的选择、语料特征的鉴别和分类层次的分析。如同样是书面语，可以根据文体特征划分出文艺性文体、科技性文体、政论性文体、事务性文体等下位层次。又如属于文艺性文体的文学作品，又可以分为小说、散文、诗歌、戏剧等。根据需要，这些方面还可以继续往下分，这样颗粒度会越来越细，是否继续下分，依研究的目标和深度而定。另外，我们还可以从文本载体、内容等来划分语料的“质”。如同样是书面语，来自大报大刊的和来自街头小报的有差异；面向青年的和面向老年人的、面向女性的和面向儿童的、面向军人的和面向农民的、来自体育领域的和来自教学领域的自然都有差异；来自共同语交际深入普及地区的和来自不同语言和方言接触比较充分的地区的肯定有所不同。真可谓，三百六十行，行行有特色；三百六十五里路，村村有风景。如此说来，理论上必然会导致一个文本代表着一种类型，语料库语言学正是在这种隐异取同中抽象出规则性的东西来。显然，这种质的规定性跟社会语言学的参数设置问题在本质上是相通的。在语料库建设过程中，我们有必要参考社会语言学的研究思路，在质量参数（类型参数和程度参数）上吸收社会语言学的研究成果。由此可见，如果说量的问题大体有个确定性的要求的话，质的问题则依赖于研究的目标和对相关问题认识的程度。

据此，我们可以做出这样的概括：语料库的平衡性实际上指的就是构成特定语料库中各部分语料的类型和比例相对适当，以满足语料库建设和使用中的合理性和可靠性等方面的要求。也就是说平衡既不是简单的文本特征的差异，也不是简单的比例相当，而是两者结合起来所达到的某种动态均衡。

通用（母语）语料库可以参照社会语言学对影响语言交际的参数（影响因子）的选择和设置，中介语语料库更需如此。

跟一般性质的语料库一样，中介语语料库同样要处理好语料的代表性和平衡性问题。正如前文所说，实际上平衡性问题在一定程度上涉及代表性问题。而对中介语语料库而言，平衡性问题甚至基本上可以覆盖代表性问题（只要所收语料满足了真实性要求）。因为中介语语料的选择余地不像母语语料那么大，它所面对的主要就是非母语习得者在习得目的语过程中所留下来的文本（如平时作业、考试作文、口头测试记录等）。从理论上说，每个文本都有语料的价值，都值得录入语料库中，很难说哪一种语料更有代表性，最需要做的工作就是根据合适的参数将它归入相应的类型和层次中。①因此，平衡性问题才是中介语语料库建设过程中需要着力解决的关键问题。这是中介语语料库的特殊之处。如北京语言大学所建的“HSK 动态作文语料库”（1.1 版），收集的是参加 HSK 高等考试的考生作文（初中等没有写作考试）。②限于考生国别和数量的客观因素，该语料库中的国别性语料数量差异很大，除中国大陆（收录 232 篇）和中国香港地区（收录 37 篇）外共收录 99 个国家背景的语料。其中，收录篇数超过 100 篇的国家有 11 个：韩国（4171）、日本（3211）、新加坡（843）、印度尼西亚（739）、马来西亚（422）、泰国（374）、越南（227）、缅甸（202）、澳大利亚（123）、美国（118）、英国（108）；收录 1 ～ 10 篇的国家有 73 个，收录 11 ～ 20 篇的国家有 9 个，收录篇数在 41 ～ 90 篇的国家共有 6 个（41 ～ 50 篇，1 国；51 ～ 60 篇，1 国；61 ～ 70 篇，2 国；71 ～ 80 篇，1 国；81 ～ 90 篇，1 国）。就此而言，自然没有实现国别平衡性以及与之相关的地区平

---

① 就目前已经建立的几种中介语语料库，主要都是试图在如何实现平衡性上做出努力，而语料的代表性问题基本上没有多少实质性的讨论，其根本原因也许正在这里。

② 该数据库 2008 年 7 月语料总数即为 11569 篇，共计 424 万字。由于旧的 HSK 考试已停止，故该语料库不再更新，但检索方式已由 1.1 版提升到 2.0 版本。北京语言大学在此基础上正在新建规模更大、检索功能更多、包含有不同水平中介语语料的“全球汉语学习者语料库”，目前已开放部分检索功能。

衡（这个问题的具体性质和原因下文还要论及）。又由于这个语料库客观上只反映高等水平，初中等水平无从体现，因而也无法实现程度平衡性。这些都是建库者在建库之初就已经预料到的，在建库和使用过程中都有所说明的（张宝林等，2003；张宝林，2010）。然而，这方面如果处理不充分，自然影响到中介语语料库的使用广度和深度，因此就需要从平衡性角度做出更大的努力，建设更具规模的平衡语料库，如正在建设的“全球汉语学习者语料库”（崔希亮、张宝林，2011），便在类型、程度和数量参数上都将有很大改进。即便是专项语料库，也需要处理平衡性问题。如中山大学“汉字偏误标注连续性中介语语料库”就收集并标注了初级、中级、高级不同阶段学生的作文（每个阶段内部还有进一步的水平划分），保持了语料的连续性，而且75%的学生都经历了初、中、高级三个阶段的学习过程。这样的平衡性考虑，既可用以对不同级别的语言习得发展趋势做整体对比研究，还可以对个体学生做语言追踪研究。（张瑞朋，2012）

就基于中介语语料的研究而言，平衡性问题所涉及的三个宏观参数具体表现为：

就类型参数而言，国别性语料（基于不同国籍背景的语料）和语别性语料（基于不同母语背景的语料）受到比较多的关注，其他影响二语习得的因素（如性别、考分等）虽有所考虑，但目前的利用价值还不够显著，相关的研究成果很少见。这说明语料库的平衡性和语料库使用中的平衡性问题并不等同，这是值得思考的一个问题。

就程度参数而言，各个语料库的情况有所不同，除“HSK动态作文语料库”这样的受限于客观等级的语料库而外，一般的目标都是试图实现初、中、高三级的平衡。至于内部是否还有更细致的程度差异，目前一般尚无准确的体现。但每个等级中的成绩差异所体现出来的语言特征在一定程度上能够折射出水平等级的不同。

就数量参数而言，受语料收集对象和过程的限制，数量不均衡是显而易见的事实，这在国别性语料和语别性语料两个方面都特别显著，而这两方面又恰恰是质量参数所同样面临的问题。也就是说，就中介语语料库而言，质量参数和数量参数往往受到很大的限制。跟母语语料库常常受制于建库者的取舍不同，中介语语料库在这些方面实现得不够充分基本上都是受到客观条件的限制。就此而言，母语语料库和中介语语料库在质上的本质差异导致量的平衡性上的显著不同。

三、中介语语料库平衡性的基本目标

语料库的平衡性问题实际上就是语料库中各类语料在类型、程度和数量上的协调问题。换个角度说，就是各类语料在质的分布和量的分布上的均衡问题。因此，中介语语料的哪些影响因素需要纳入语料库建设的范围里，直接关系到语料库建设的质量及由其带来的使用取向或者说价值；而每类语料量上的规模则是对质的特征有效呈现的基本保证。因此，中介语语料库平衡性所要实现的基本目标也就是尽可能地保证语料库所应具有的品质和规模，满足使用者对质与量之间关系的认识和研究。下面我们就从质量参数、数量参数和研究路径这三个方面来讨论中介语语料库平衡性所要实现的基本目标。

（一）参数选择合理、充分

这是质量参数（包括类型参数、程度参数）方面的基本目标。如果不是建设专题（基于单一参数的）语料库，就必然有多个参数的选择和配合问题。选择参数必须考虑建库的基本目标。就目前中介语语料库的基本目标而言，一般都是为研究者更好地研究和发现二语习得者在学习目的语过程中所呈现出来的基本特征及其规律。因此，从理论上说，影响学习者习得进程的各种因素都应该成为中介语语料库建设中必然要考虑的参数。这也就大体决定了中介语语料库参数选择的范围和类型，力求使参数的选择做到合理而充分。参数的选择和参数系统的层次是决定平衡性的最根本的因素。

参数选择的合理性指中介语语料库建设中影响中介语形成和发展的一般因素都要有所体现，即合乎习得之理。这主要体现在两方面。一是学习者的背景信息，如个人特征（如年龄、性别、性格、学习动机、文化程度），社会属性（如国别、民族、职业），语言背景（母语或第一语言、外语及其熟练程度；是否华裔、华裔父母的方言背景；是否有汉字背景），个人经历（是否来过中国、时间长短；是否受过目的语训练、时间长短；所学专业、学历教育或进修、年级），习得环境（母语环境还是目的语环境、学习地点），习得目的语的状况（现有目的语水平、习得时间、习得程度，甚至包括学习持续的时长及开始学习的时间）等。有时还需要记录家中成员使用何种语言交际等。如果更为具体的话，还有使用教材、交际范围等。二是学习者所产出的文本信息，如文本标题和类型（体裁、领域、题材、话题等），文本产出要求（如字数下限），文本产生方式（如书面或口头；水平考试作文、平时考试作文、平时练习、回答问题时的成段表达等），文本评价（如得分），文本长度等，有的还包括文本产出时间、地点和提供者，口头文本需要提供转录方式。由于语料库文本来源的差异，还可以有其他需要标注的内容，如基于 HSK 作文语料而言，需要包括参加 HSK 的次数、作文考试分数、考试总分、是否获得水平证书、证书等级。（张宝林，2010）还有其他要素。学习者的背景信息相对客观，如果缺失，使用者便无从获得；文本信息有的则相对主观，研究者可以自己判断（甚至对已标注的文本类型也须重新判断），但语料库的有效标注会提高语料库的使用效度。总体而言，就是力求做到参数选择的多样性，最大限度地保持相关信息的完整性，为后续研究提供坚实的基础。

然而，不同的语料库，其建库主旨和外在条件并不相同。上面对语料库平衡因子的分析，只是就质量参数的总体而言，并非所有的中介语语料库都必须具备这些要素。实际上，一般都是根据所建语料库的基本目标而“量体裁衣”，选择其中某些重要的影响因子作为平衡因子。当然，其中也有强制性因子和可选性因子的区别，强制性因子如国籍、语言背景、学习时间、学习经历等，可选性因子视具体目标而定。就目前建库实践而言，中介语语料库的建设基本上都是研究目标驱动的，因此，特定中介语语料库的参数选择必然要考虑到充分性这一基本目标。所谓参数选择的充分性主要是基于特定研究目标而体现出来的平衡性要求。一个基于汉字偏误研究的语料库显然不同于一个基于易混淆词研究的语料库，虽然它们在某些基本参数设置上有相同之处（如学习者个体特征）。我们之所以在合理性之外还提出充分性问题，还有这方面的考虑：不同建库者所能收集到的中介语语料在质上往往存在差异，这必然会影响到他们的研究取向。相对于具体的研究目标而言，充分收集相关语料是项基本任务。

其实，就研究目标驱动而言，参数选择从根本上看就是为对比研究和变量分析提供坚实的基础，其基本观念还是基于最小差异对的分析方法。如不同的国别、不同的年龄、不同的学习程度、不同的文体等等都会呈现出不同的中介语特征，中介语研究乃至一般语言习得研究无非就是在相关变量之间建立关联。平衡性要解决的是同异问题，在满足了量的要求（见下）的基础上尽可能实现不同质所具有的“同一性”的最大化。参数选择越具体，每个参数内部的语料所具有的同一化程度就越高。参数选择就是从不同的角度分化语料的“质”，在质上做出相应的定位。这样，既可以做单一参数的习得研究，也可以做参数相关性的习得研究。

既然考虑到参数选择的充分性问题，就必然意味着，随着研究的深入，平衡参数也在调整。如以前的汉语中介语研究主要关心语法偏误和词汇偏误，因此句式、格式、虚词、语序、搭配等方面的标注就相对详细，而后来进一步关注汉字偏误甚至修辞偏误、语用偏误，影响这些方面的参数特征自然进入到语料库建设者的视野中。又如目前的汉语中介语语料库绝大部分都是书面的，而书面形式的语料库和口头（语音）形式的语料库，在参数设置上自然有所不同。即便同样是书面形式，来自平时作业的语料和来自考试作文的语料，在命题方式、写作环境、写作要求、写作时间等方面都有不同。其实，即便都是平时作业，也有命题方式、写作要求等方面的差异。[①] 每一个语料库所选择的系列参数形成多重分类的结构，“语料的多重分类不仅有利于提高语料库的平衡度，而且，语料的多重分类还有利于平衡语料库的更新”。（何婷婷，2003）

从根本上说，平衡性问题就是描写中介语语言变异现象产生的条件和特征。平衡性的潜在目标就是可以提供一个个目标有别的、数量充足的子语料库，[②] 通过对不同子语料库的研究，挖掘出相关习得特征。这跟借助语料库方法研究社会语言学问题在本质上也是相通的。有学者指出：“建设社会语言学需要的语料库，就要全面了解语料库的作用以及对语料库的需求。社会语言学研究所需要的语料库除了具有一般语料库所具有的特点外，还应该包含丰富完整的社会语言学信息，其中部分信息应该通过标注手段获得。”（苏金智、肖航，2012）无论是社会

① 基于特定研究目的的充分平衡性语料标注甚至可以做得相当具体。例如，若想研究外国留学生在使用汉语的介词性框式结构的情况（黄理秋、施春宏，2010），就可以做出相关标注，而且这种标注项目具有语言类型学价值。

② 如何在一个总库中生成不同的子语料库，许家金、梁茂成（2011）有所介绍，可参考。

语言学，还是中介语理论/语言习得理论，最重要的目标就是描写和解释语言变异现象。而建立相应的语料库，必然会对制约语言变异的因素做出合理而充分的说明。就研究目标驱动而言，语料库的平衡性问题是“目标指向”的；而学术研究是一个动态的发展过程，因此没有绝对的、“万能”的平衡语料库，只有逐步平衡、有效合用的语料库。

（二）语料规模上可能大量和相对足量相结合

这是数量参数方面的基本目标。一般而言，“只有当语料库的大小达到一定的程度时，语料库才会（为我们）提供比文本例子更多的知识。语料库语言学的方法是针对潜在的知识的。要运用它，根据精确的科学的方法建立起来的语料库的例子数必须达到一定的量”。（黎东良等，2009）然而，一个中介语语料库总量到底要多大规模，各部分的比例如何，目前并没有明确的认识。就目前已经建立的几个汉语中介语语料库来看，似乎也没有一个具体的定数。截至2019年，中国大陆已经建立的规模较大且开放使用的汉语书面中介语语料库主要有：HSK动态作文语料库（北京语言大学，收录1992到2005年HSK（高等）部分外国考生作文考试答卷，424万字）、东南亚华裔留学生作文语料库（暨南大学，收录2001年到2015年的留学生作文，约800万字）、汉字偏误标注连续性中介语语料库（中山大学，收录2000年至今的各等级留学生作文，约400万字，还在持续更新）等。[①]张宝林（2010）指出:“我们认为，汉语中介语语料库的总规模至少应在千万字次以上。”若就此而言，这些中介语语料库在规模上均未达标。然而，总规模还只是个模糊的说法，更有效的数据应该是跟质量参数有关的。对一个总规模在千万字次的语料库而言，平均于5个语种和平均于10个乃至50个语种，其规模效应也许并不相同。当然，这个说法实际指的是，要想得到全面准确的认识，没有相当规模的语料，是有风险的。

上文已经分析过，中介语语料库都是基于研究目标驱动的。基于上述相关语料库的研究，都已经取得了某些研究成果，有的甚至相当丰富。就某些专题研究（主要是语法专题）而言，基于不同语料库的研究，大多数结论似乎具有比较高的一致性，但也存在着一定程度的差异。这给我们思考语料库的规模提供了新的视角。量的问题既与总的规模有关，也跟特定的研究目标有关。基于此，我们觉得，如果结合上文对质量参数选择所具有的合理性和充分性这两方面来看，也许会对数量参数有一个新的认识角度。

就质量参数的合理性而言，由于质量参数总量丰富，而且随着研究的深入还不断提出新的参数，因此没有大规模的语料就无法保证研究内容的丰富性和研究结论的可靠性。另外，随

① 北京语言学院（今北京语言大学）曾建过中国第一个较大规模的中介语语料库“汉语中介语语料库系统”（储诚志、陈小荷，1993），收录留学生不同学习阶段的书面语料，共104万字，但该库并未开放使用。另有一些根据研究者特殊研究目的而自建的中介语语料库，但未开放使用。此外，台湾师范大学建有“汉语学习者汉字偏误数据资料库”，这是基于繁体字文本的语料库。

着语料库量的增长，必然会出现数据稀疏（虽有却罕）的问题，而这种稀疏的数据也许能给我们以某些新的启示，而且还有可能避免规模不足的语料库中所带来的数据缺失（该有未有）问题。就此而言，语料库的总规模应该以“大”取胜。

就质量参数的充分性而言，特定的研究目标使我们发现，即便是总量在千万字次以上的语料库，涉及具体的研究项目，也许数量仍很有限。此时，最能满足要求的乃是“足量”的语料。这也就是需要建设专题语料库（近于同质语料库）、有效提取子语料库的重要原因，只有这样才能有的放矢。语料库要为定性分析提供更方便的足够数量的文本和内容。当然，多大规模的量才是足量，才能产生足量效应，则是需要深入探讨的问题，但“足量”才够用的观念必须贯穿到语料库建设的过程中。只有这样才能实现在定量统计中做出语言学有意义的概括（linguistically significant generalization）。足量不是对语料库的总规模而言，而是针对特定的研究项目、特定的专题语料库。提出语料库规模的足量效应，还跟语料量的增长和某方面特征的呈现之间的关联并非呈直线发展有关。也就是说，“当语料库达到一定的规模后，语料库的功能不会随其规模同步增长”。（王美馨，2012）此时再添加更多的语料，对专项研究已经收益不大了，即出现了经济学中所言的“边际效用”。就目前的中介语研究而言，人们对国别化语料的平衡和语别化语料的平衡比较关注。其实，如果从足量效应来考虑，更重要的是要解决汉语学习者数量较多的某些国别、语别的中介语语料规模问题。

质的考察必须通过量的充分来保障，量的丰富必须体现质的差异。因此，语料库的平衡以各部分（以参数为基础）的足量为基础。而一个没有既定研究目标指向的通用性语料库，如果试图尽可能满足各部分足量的要求，那就必然是一个规模庞大的语料库了，即便千万字次也未必敷用。平衡是在一定规模基础上的平衡，规模是在某种平衡背景下的规模。语料库的平衡是相对足量平衡（基本量）和绝对广量平衡的结合，前者侧重于语料收集的深度，后者侧重于语料收集的广度。这就必然使我们在语料库建设过程中将可能大量和相对足量有机结合在一起。这实际上也是为了解决语料库建设过程中的可能性和现实性的关系问题。即便是专题语料库，在足量的限度还不清楚的前提下，也只能通过增加局部大量来满足专题研究的需要。在一时还不能实现总体的足量时，就努力实现某个方面的足量。

（三）语料库结构适用于不同研究理念和研究方法

目前的中介语语料库的建设都是研究驱动的。如“HSK 动态作文语料库”在建设构想中明确指出：“运用本语料库，研究者可以进行多方面的研究。例如汉语中介语研究、第二语言习得研究、对外汉语教学理论研究、对外汉语教材研究、汉语水平考试研究、汉外语言对比研究、汉语本体研究，等等。这些研究对提高汉语教学、汉语测试、汉语本体研究的水平，都具有重要意义。”（张宝林等，2003）这样，不同的语料库自然体现出不同的研究理论和研究方法，或者说不同的语料库必须满足不同的研究理念和研究方法。

根据 Tognini-Bonelli（2001）的概括，语料库语言学的基本研究观念和方法主要有两种，一是基于语料库研究法（corpus-based approach），一是语料库驱动研究法（corpus-driven approach）。[①] 基于语料库的研究法是研究目标先行，根据研究的可能需求而对文本进行信息标注（即赋码），研究者可以根据已经标注的信息将相关内容提取出来加以研究。显然，这实际是研究观念驱动的语料库建设，特定的范畴体系、标注内容和描述方式自然会影响甚至制约着研究内容的选择和语料使用的取向。而语料库驱动的研究法是不预做假设，因此不需要对文本进行标注，研究者直接从相关语料中获得语言学的发现。相对而言，为满足语料库驱动法需要而建设的语料库，是由干净文本（clean text）构成的，只要解决好语料提取和对比的方便问题就可以了。基于这样的观念，有人指出："作为语言研究新视野的语料库语言学，它主要是从量的角度让事实说话，可以不需要其他语言学理论的指导。"（黎东良等，2009）显然，基于不同的研究观念和方法，自然会建立不同特征的语料库。

而目前的中介语语料库的建设理念都是基于语料库的研究

---

① 分别参见 Tognini-Bonelli（2001）第四章和第五章。传统的语言研究并非不关心语料，而是对语料的理论地位及利用方式不同于语料库语言学，所选语料主要用来支持既有的理论假说，因此这种利用语料库的研究方法被称作语料库例证的方法（corpus-illustrated approach）或语料库支持的方法（corpus-supported approach），可参见卫乃兴（2009）、梁茂成（2010）、李文中（2010）等的介绍和说明。其实，这种方法跟基于语料库的方法在实践中有很多相通之处。

法，因此标注什么和如何标注成为极其关键的问题。然而，就如何充分发挥语料库的语言学研究价值而言，需要并行运作基于标注文本和基于干净文本的这两类语料库，两者应该互补性共存。由于语料库标注是一件工作量巨大而复杂的工程，因此在充分标注之前，如果将相关文本都提前直接提供出来，将会有利于满足“急用先建”的原则（见下文的相关说明）。如若研究特殊句式在习得中的回避和泛化问题，精细标注相关内容的语料（基础标注 + 偏误标注）自然能提供很多帮助；而如果研究易混淆词及编写易混淆词词典，则未必需要借助详细标注的文本了。如要研究语体风格在二语习得中的表现，那么文本的直接阅读和具体项目的标注就显得同等重要。

建设语料库，既是为了实现从语料库中挖掘知识和抽取信息（冯志伟，2010）、机器翻译和人工智能这些基本从属于计算语言学的基本目标，也是为了实现了解语言使用单位的基本组成和分布规律、认识语言系统组织的不同模式、描写语言单位或文本的意义的概率特征并解释其社会行为基础、构建语言形式和语言意义之间的关系这些主要属于语料库语言学的基本目标。不同性质的语料库，从中获得的知识和信息、呈现的单位和性质自然有差异。因此，生语料和熟语料、精标语料和粗标语料，不同结构的语料库各有所用；基于语料库的研究和语料库驱动的研究相结合，为两种研究策略服务，也是语料库平衡性问题必须考虑的方面。语料库的建设和语料库平衡性问题的处理，最终目标就是试图达到“总有一款适合你”，让使用者可以各取所需。

进一步来看，目前语料库研究都是以频率或概率统计为导向的，因此常被称为基于频率的（frequency-based）研究，或概率驱动的（probability-driven）研究；然而，就研究本身而言，这并非必然的唯一方式，一些启发性的用例有时只有通过文本阅读才能获得。如任何语法项目的教学和习得都需要将句子的形式结构、结构的功能作用、功能的典型语境这三个维度结合在一起（冯胜利、施春宏，2011、2015），而我们如果试图分析、提取特定语言项目使用的典型语境，一般只需要考察经过录入的生语料库就可以了。一般而言，为了研究结构形式的方便，往往需要对语料做出有针对性的标注；而为了研究篇章层面的功能项目，目前的标注系统几乎难有作为，主要还需借助对干净文本的直接分析。纯粹频率统计分析之上的观念可能会带来方法论上的偏颇。因此，目标驱动型的平衡语料库和通用性的平衡语料库（不预设目标）同样值得重视。为此，我们可以区分出平衡语料库的动态平衡需要实现的三个层次的要求：初级要求是在特定项目的描写需求中满足了对比的基本需要；中级要求是满足较为广泛的语言对比的基本需要；而更高的要求则是为潜在的研究课题提供发展的空间。

还有一点需要说明的是，目前在中介语语料库建设中，特别强调国别化语料和语别化语料的收集和整理。这自然是语料库建设的必经之途。然而，如果考虑到文化因素对语言习得的影响，族别化问题就显得特别重要了。族别化问题目前尚未受到应有的重视，而族别化语料也同样有个平衡性问题。同时，由于国别化、语别化、族别化很大程度上是交叠存在的，而且我们不能因为过于强调国别化、语别化、族别化的问题而忽视了泛国别化、泛语别化、泛族别化的问题。[①] 这就使平衡性问题更加复杂了。

另外，也许还需要进一步区分面向研究的平衡和面向应用的平衡。目前的中介语语料库实际上都是面向研究的，或者说研究驱动的。此外还可以建立面向应用的语料库，使学习者可以自己使用语料库，语料库能够自动记录学习者的学习状态，并将学习的结果记录到相应的语料库中，进而通过语料库的计算分析，为学习者生成学习分析报告和建议。甚至还可以将相关分析结果反馈给教师，教师据此来评估教学效果、安排新的教学计划等，从而形成教与学深入互动的局面。这种带有“个性”的语料库，既可以给学习者以即时的反馈，也可以有效地充实语料库的语料。当然这是更高层面的要求了，但在数字化的学习环境下应该能够实现。由于使用者的参数组合千差万别，要使语料库能够以学习者为核心，实现面向应用的目标，对语料库平衡性上的要求就变得更加复杂了。

---

① 关于泛国别化、泛语别化、泛族别化问题，参见施春宏（2010d），本书第四章有介绍。基于国别化、语别化、族别化的中介语研究和基于泛国别化、泛语别化、泛族别化的中介语研究之间的关系，学界讨论得不多，有限的研究也主要是面上的说明。肖奚强（2011）指出：“目前，谈到中介语研究，人们往往认为不进行双语对比，其研究就不具有针对性，因而价值不大。其实，在中介语研究方面，分不分国别各有道理。”“理想的做法似乎应该在分国别（母语）研究的基础上，再进一步讨论不同母语的学习者的习得共性和差异，正如在个别语言描写的基础上进行语言类型学研究一样。”

四、实现中介语语料库平衡性的基本原则和策略

语料库平衡问题折射出了中介语语料库建设和研究的基本理念、目标和思路。为了贯彻建设者的基本理念、实现建设者的基本目标、体现建设者的基本思路，就得制定相应的原则，寻求相应的策略。这里只就平衡性问题来探讨中介语语料库建设的基本原则和策略。

（一）实现中介语语料库平衡性的基本原则

基于上文所述的中介语语料库平衡性的基本目标，平衡语料库建设中的基本原则便是："目标驱动，质稳量足。"为了实现怎样的研究目标，就建怎样的语料库；为了挖掘某方面的知识，就在这个方面做出更充分的平衡性考量，以达到质量的稳定可靠和数量的充足够用。

在严格意义上说，（中介语）语料库平衡性问题不只是求得语料数据客观上的"物理"平衡，更主要的是要力求实现研究者主观上的"心理"平衡，虽然"心理"的平衡以"物理"的平衡为基础，而且最终体现为"物理"的平衡。如要试图考察繁简文本对汉语习得的影响，必然要在前述参数的基础上增加汉字繁简这一参数。目前系统地用繁体字教学和用简体字教学实际上往往并不在同一个语言交际环境中进行，因此设置这个参数就必然导致另一个参数的设置。又如同样在中国大陆学习汉语，由于汉语方言之间的差异很大，甚至达到不能通话的程

度，如果建立来华留学生不同学习环境下的中介语语料库，也是有用的，如可以建立留学生数量较多的北京地区、上海地区、广州地区等不同区域的留学生中介语语料对比语料库。[①]而且在普通话程度有差异的地区建立相应的语料库，也有特殊的价值。

既然如此，中介语语料库的语料选择、参数配置、标注内容、加工深度都是目标驱动的，这必然导致质和量的配合呈现一个动态的过程。所有的平衡都是动态的平衡，建构式平衡。只有动态性平衡才能不断提高语言描写的深度（精度）和广度，才能为潜在的研究课题提供发展空间，才能在建库者的动态化和使用者的动态化之间形成有效的互动关系。当然，任何动态在一定的阶段都体现为一种静态。因此，语料库平衡问题需要动态和静态相结合。平衡是过程，而不是结果。就“心理”平衡而言，没有永远的平衡，只有不断地权衡。

“目标驱动，质稳量足”必然体现为语料库的通用性和专题性相结合。我们既需要为一般用途而建的语料库，也需要为特殊用途而建的语料库。就一般用途而言，其平衡性目标自然要求在各个参数之间做出大体均衡的选择；而就特殊用途的专用（专题）语料库而言，如关于特定语言项目的专题（如特殊句式、框式结构、错字别字），关于特定领域的专题（如商务的、法学的、医学的、军事的），关于特定话题的专题（如招呼语、

① 北京语言大学正在建设的“首都外国留学生文本语料库”便有此理论背景和现实可能。

买东西、上饭馆、旅行)，其平衡性主要体现为在所定质量参数上有足量的数据可供分析。

由于质量参数(包括程度参数)所涉及的参数项目很多，不同的参数有时并不在同一个层次上，有的参数之间具有一定的关联性，因此语料库建设还需要从系统性出发，考虑到层次性和网络性相结合，构建网络状的平衡语料库。这其中最主要的工作就是如何实现语料库中标注内容和标注方式上的有效关联，“以使语料库能按照用户的要求灵活地提供各种单项的或综合的信息资料，便于用户从不同的角度对学生汉语学习和习得方面的问题做单项或综合的研究”(储诚志、陈小荷，1993)。

(二)实现中介语语料库平衡性的基本策略

原则应该能够启发和决定基本策略。同样是基于中介语语料库平衡性的基本目标，中介语平衡语料库建设中的基本策略应该是：“急用先建，循序渐进。”① 这仍然是来自研究目标驱动的建库理念。

所谓急用先建，就是以需要为出发点，一时间不必贪大求全。平衡要以效率为前提。具体说来，大体体现为这样一些方面：1)就一般研究而言，如果标注语料库一时还不能实现的话，就不妨先建非标注文本，使语料库驱动的研究得以展开；再逐步完善标注文本，以适应基于语料库的研究的需要。2)由

① “急用先建”是根据建库目标而言的，因此蕴涵着“循序渐进”的基本内涵，虽然各种语料库所建之“序”并不相同。基于此，下面主要说明“急用先建”方面的问题。

于语料数量来源的客观限制，不妨将某些参数已有大量文本的先行建库，为统计分析的有效性服务。如北京地区韩日学生占绝对多数，既然有这么大的求学规模，又有层次比较丰富的语料，自然可以先建母语为韩语、日语的中介语语料库。同样，对福建、广东、广西、云南等地的高校而言，东南亚的学生比较多，因此可以先建面向东南亚学生教学和研究的语料库。又如先建主要华语地区的语料库，再扩展到全球华语地区的语料库。3）虽然某些参数的文本分布很不均衡（最常体现的就是国别和语别），但由于参照的需要，有时也可以同时将有限的少量文本一并载入库中。等有了一定的规模和条件后，再循序渐进地达到更大规模的平衡。这实际上就是如何处理好总量平衡和分量平衡的关系问题，而且也可为考察普遍语法在二语习得中的可及性（accessibility）问题提供一种参照。4）根据描写引导的原则，如果某一语言中的相关现象得到了比较充分的描写，来自该语言的习得者的中介语语料库自然应该早建，而且要有规模地建。

急用先建还有另一层含义，即所建语料库主要是为整个学术界的学术研究和教学服务还是主要为建库者的学术研究和教学需要服务。前者往往采取凡有必录的方式，只对特别大量的文本数量做一定的减量，但在标注内容和方式上体现出急用先建的策略。而后者则是典型的建我所需、为我所用，是否需要标注、如何标注，完全依当下设定的研究目标而定。

急用先建还指语料标注要使一般性操作简单可靠，参数关联便捷有效。如对齐语料库对研究词语使用（正用和偏误）特别有效，如果要研究这方面内容，自然要首先解决这方面的技术问题。其实，语料库代表性和平衡性的问题从根本上说并非建库技术问题，而是语料库语言学的理论问题。但也跟技术相关，有时技术上解决不了的，相关的平衡只能暂付阙如。例如建设汉字偏误标注语料库时，因为目前无法实现在电子文本中对错字的原样呈现，只能采取模仿造字或扫描，前者会和原错字有差距（所造字必然会丢失很多书写细节），后者则不容易实现对错字的检索使用，这样错字的质的平衡上就暂且不能实现。

因此，在实际的语料库建设操作上，宜循“急用先建，循序渐进”的策略，在急用先建的基础上，循序渐进地，逐步丰富语料库建设的内容，渐次满足多层面使用的需要。“急用先建，循序渐进”的策略实际上是在综合考虑平衡语料的必要性和发展性、现实性和可能性之间的关系。研究的需要和认知的深度决定了平衡的要求和过程。

总之，“目标驱动，质稳量足”的基本原则和“急用先建，循序渐进”的基本策略共同体现了语料库建设中理念和技术的有机结合。没有理念，无从入手；没有技术，无从实现。

五、本章小结

本章以汉语中介语语料库为例，从类型参数、程度参数和数量参数这三个方面的内在关联来讨论中介语语料库的平衡性问题。文章认为实现中介语语料库平衡性要在参数选择合理、充分的前提下，语料规模做到可能大量和相对足量相结合，在语料库结构安排上适用于不同的研究理念和研究方法。为此，需要遵循目标驱动、质稳量足的基本原则，采取急用先建、循序渐进的基本策略。

目前关于语料库语言学是否为独立学科的问题，引发了热议。其实，如果考虑到语料库的服务对象并不限于语言学，我们认为完全可以建立一门“语料库学”（corpustics）[①]，语料库学的中心话题未必是语言学的，语料库语言学只是语料库学和语言学的交叉学科。本章实际即试图以此为大背景来讨论中介语语料库建设中的平衡性问题。

目前母语语料库建设将平衡性问题大体定位在数量上的相当，将质这方面的内容主要理解为文体的差异，在语料库标注参数上总体而言相对简单，而且无标语料库、粗标语料库的规模往往很大，扩充语料也比较方便。中介语语料库文本由于受限于学习者的语言程度和语料来源（如书面作业和考试作文），其文体差异并不显著，一般粗略地分为记叙文/叙事文、描写文、议论文、一般事务性文章（如写请假条、介绍信、说明书）等，而规模（无论是总量规模还是国别或语别、族别等方面的语料规模）上也往往受限，扩充语料有一定难度，尤其是某些国别、语别、族别的语料。目前建设的汉语中介语语料库大多是有标注的，而且倾向于精标。在标注项目的选择上，中介语

① 与“语料库学”相关的、范围更大的是“资源库学”和“数据库学”。当然，它们的认知角度并不完全相同，所涉学科也不一致。

语料库跟母语语料库虽有相同之处，但更呈相异之态；不同中介语语料库标注的个性特征也很鲜明。

基于这些客观因素，在实现中介语语料库的平衡性问题上，必须时刻考虑这样的问题：平衡的目标到底是什么？如何在服务教学、服务研究乃至服务其他目的上下足功夫？总体上说，建设中介语语料库的目的是试图积极有效地服务于研究，服务于教学，服务于学科建设，最终服务于学习者语言能力的提升。语料库项目和结构的平衡性是实现这些目标的重要手段。

汉语中介语语料库建设正进入一个相对较快发展的时期，一些基本理论问题的探讨具有很强的现实意义。目前的中介语语料库及中介语语料库语言学的论题基本上都是基于研究目标驱动的，因此其服务对象都是教学研究人员。实际上还应该存在这样的一种语料库和语料库语言学，即基于学习者测试、评价和帮助系统的中介语语料库及相关研究。如可以建设这样的中介语语料库，当一个学习者输入一个书面的或口语句子时，通过匹配，如果出现了差错，马上就能显示出错误的类型、性质、相关改进措施和正确的表达，同时提供若干类似的错误表达和正确表达。这种拟想中的语料库可以称作"交互式语料库"（interacting corpus）。这是语料库建设深层服务的一个重要体现。语料库建设不仅要服务自己的研究，还要服务习得者的学习，帮助习得者提升语言交际能力，而更高层次的追求还能服务一般社会交际。

另外，就二语教学和研究而言，偏于通用性质的中介语语料库（中介语库）已广泛建设，而具有专题性质的中介字语料库（中介字库）、中介音语料库（中介音库）的建设虽已被关注，但尚未得到充分实施；而中介语语体库的建设尚未规划开展。建设好不同类型的中介语专题语料库，是积极有效推进相关教学和研究的重要路径。

第九章　汉语国际教育的当地化问题

一、引言

我们在本书开篇即指出，本项研究中的“汉语教学”既包括国内的汉语二语教学（“对外汉语教学”），又包括国际的汉语二语教学，这三个指称所代表的内容构成了一体两翼的关系。前面各章所论虽非只适用于对外汉语教学领域，但其出发点常基于此。本章则切换视角，重点讨论汉语教学 / 教育国际化过程中所呈现的新情况，尤其集中于汉语国际教育当地化问题。

汉语国际教育的当地化（localization），是当前汉语国际教育理论与实践中的一个热点问题，也是一个学术前沿课题。[①] 对此问题的关注由来已久。于锦恩（2011、2014）指出，民国时期的华语文教材就已经关注语言资源的当地化问题。董淑慧（2014）认为，朱德熙、张荪芬 1954 年为保加利亚学习者编写的《汉语教科书》，已体现出汉语教材编写的诸多“本土化特征”。在此后的“对外汉语教学”时期，教材国别化问题已经进

---

① 推进“一带一路”建设，“需要语言铺路”（李宇明，2015）。在这一过程中，汉语国际教育应该起到很好的助推作用，这就使得汉语国际教育当地化问题呈现出许多新的任务和论题。

入学人视野，王若江（2000、2004）对法国汉语教材编写理念的分析，张英（2001）对日本汉语教材与中国对外汉语教材的对比分析等，都为当地化问题提供了新的认知角度。当然，这些关注还多是关于教材编写等实践层面的思考，许多方面的当地化问题还没有顾及，理论分析也尚未来得及展开。

近十多年来，汉语作为第二语言教学事业发展进入汉语国际教育的新阶段，大规模的海外汉语国际教育实践使当地化问题显得尤为突出与迫切。教材和师资是最容易看得见的、最迫切需要解决的“抓手”，教材当地化/国别化问题、海外汉语师资培训和建设问题等，一度成为学界关注的热点。例如，郭熙主编（2007）等对东南亚华语（华语文）教学的当地化进行了较多讨论；李泉（2015a）提出国际汉语教材的编写应该“体现汉语汉字的特点及教学法，主要贴近当代中国人的生活和文化、适当贴近人类共通的情感和价值观、有限贴近海外学习者的生活和有关国家的文化”。赵金铭（2014）从教师、课程设置、教学方法、教材内容等多个角度对汉语国际教育的“国际化”和“本土化”做了较为全面的思考。但总体而言，汉语国际教育中不容易成为直接“抓手”的方面，如“当地化观念、当地化的目标”等，研究尚不充分；当地化所涉及的一些基本概念、基本观念、基本内容和基本认识等，都还存在着不少争议，有些地方的理解还不到位，当然还有很多问题尚未触及。如何从更高的层面、更广的视野来看待这些问题，需要更多的整体性思考。

本章在前哲时贤研究的基础上尝试做些更深入的思考，就“当地化”的内涵、本质、目标、主要内容以及中国和当地的角色定位等，提出一些看法，以期引发更深广的探索。

二、汉语国际教育当地化的相关术语及内涵

关于汉语国际教育当地化问题的理解，涉及一些基本性质的探讨，如当地化的基本内涵和主要表现等。

（一）术语的选择

我们在梳理研究文献的过程中，发现学界使用了四个相关的术语：本地化、本土化、在地化、当地化。根据视角的不同，可把它们分为“本地化、本土化”和“在地化、当地化”两组。

“本地化、本土化”在相关文献中使用较多。就视角而言，这两个术语是“中国视角”，即立足中国去看汉语教育在世界各地的发展。“中国视角”当然有其可视之景观，但并不全面，也不客观，因为汉语教育还应当有“当事国视角”，甚至这种立足当事国来看本国、本土、本地的汉语教育的视角更为重要。这正如“对外汉语教学”这个术语，采取的是“中国视角”，并不方便将海外的汉语教育（特别是外国人在海外开展的汉语国际教育事业）纳入“对外汉语教学”的概念之中。

“在地化、当（dāng）地化”这两个术语，选取的是“客观视角”，既不是“中国视角”，也不是“当事国视角”。这种“广角”视角更便于客观探讨问题，因此，就视角而言，“在地化、当地化”这两个术语应当优于“本地化、本土化”。“在地”是中国台湾用语，意义相当于中国大陆的“当地、本土”。从中国

大陆的用语习惯出发，本章采用“当地化”这一术语。

（二）关于“当地化”的理解

要理解“当地化”，须首先准确理解“化”。《现代汉语词典》第7版（商务印书馆，2016：561）在解释“化”作为词语后缀时写道：

> 加在名词或形容词之后构成动词，表示转变成某种性质或状态……

这一释义，虽然没有明确性质或状态在多大程度上的转变，但“转变成”之“成”，表示性质或状态的全部转变。这种解释，符合毛泽东《反对党八股》的说法：

> 现在许多人在提倡民族化、科学化、大众化了，这很好。但是“化”者，彻头彻尾彻里彻外之谓也……

按照《现代汉语词典》的解释和《反对党八股》的说法，“彻头彻尾”地“化”入当地、“化”为当地，方为“当地化”。但如此理解并不符合“～化”的使用实际，也不是汉语国际教育所希望实现或一下子所能实现的目标。

现实中，“绿化、美化、年轻化、艺术化”等，都未必是彻头彻尾的“化”。比如“绿化”，并非使没有绿色的地方全部变绿，而只是通过种植草木等方式让绿色植被达到一定覆盖率，从而实现环境、生态优化的效果。[①]

“～化”者，就是通过改变现状，达到目标所指向的一定的状态。目标所指向的一定状态是一个状态的连续统，“转变成某种性质或状态”只是一种极致状态，只是一种转化的趋向。如果这样来看待“化”，那么“当地化”就可以理解为：

> “当地化”体现的是一种汉语教育逐步融入当地因素、逐渐具有当地特色的发展趋势。

例如，由不怎么注意当地因素转变为比较重视当地因素，教材编写、教学过程等有机融入某些当地的要素，积极探索当地因素在汉语教育中的作用等。“当地化”并非一定要达到，甚至也不需要达到“彻头彻尾、彻里彻外”的“当地”程度。

（三）助学当地化和汉语生活当地化

汉语国际教育的“当地化”，一般理解为“助学当地化”。所谓助学当地化，就是利用当地的语言资源、文化资源、教师资源等来提高学习效率。比如当地的华语社区、中国公司和中国家庭，懂得汉语的人才及中国商贸、文化等方面的人才等。

当然，在学习中也有用汉语表述当地风土人情、物产社会

---

① 《现代汉语词典》第7版是这样解释“绿化”的：“种植树木花草，使环境优美卫生，防止水土流失：～带｜～山区｜城市的～。”（854页）这个释义中，有措施，也有目标和效果，但并没有讲“绿化”的程度，更没有强调彻头彻尾地变“绿”。

的需要。教学必然涉及当地内容，特别是海外的汉语教学。但是，教外国学生学习汉语，不管教学地点在中国还是在海外，其目的主要是培养学生的“涉华交际”能力，包括从事汉语的教学与研究、利用汉语获取有关中国的知识及处理中国事务，因此教学内容里不能全是“当地故事”。换句话说，教学内容不能化为当地，而应以“中国故事”为主。这样，学习者才能了解现在的中国和历史的中国、未来的中国，才能分享中华文明智慧和中国发展所带来的多方面红利。

学习汉语是手段，汉语教育的最终目标是用汉语进行交际，拥有“汉语生活”。因而，教育者不仅要关注学习者的语言学习，更要关注学习者利用汉语进行交际的问题，包括培养交际能力，提供交际所常用的社会、文化资料；教育者不仅要关注学习者当下的学习，更要关注他们未来的“汉语生活”。我们从事汉语国际教育，根本路径还是立足现在，面向未来，将中国故事和当地生活结合、交融在一起。

今日之汉语学习者，就是明日之中华文化的传播者，就是帮助中国走向世界的人。同时，在学习和使用汉语的过程中，他们也把学习者自己的语言、文化和智慧带进中国，带入汉语，推动世界走入中国，促进汉语和中华文化的发展进步。英语和英语文化的丰富，与非英语人的学习和应用，有密切的关系。此乃汉语国际教育值得参照之处。

在一个地区，特别是有华语基础的地方，学汉语、说汉语的人多起来，就可能在当地形成汉语生活，或改善当地的汉语生活。这便是“汉语生活当地化”。例如在新加坡、印度、巴基斯坦及中国香港等地，都能够看到那里的英语生活，这些都是英语生活当地化的表现。汉语的国际教育和国际传播发展到一定程度，也有可能形成现在华人社区之外的汉语生活。这种当地化是一种高级的当地化，有了这种当地化，便能进一步促进助学的当地化。

三、汉语国际教育当地化过程中的角色定位

汉语国际教育当地化，关键在“化”：为何化？化什么？谁来化？怎么化？而要回答这些问题，需要讨论中国的职能定位以及当地及其学习者应扮演的角色这两个方面在汉语国际教育中的作用。

（一）中国的职能定位

中国是汉语的故乡，是汉语作为第二语言学习的“目的语国”。早在汉唐时期，汉语就向四周传播，周边邻国来华留学。自此开始，如何扮演目的语国的角色的问题就一直在实践中。20 世纪 50 年代以来，特别是 20 世纪 90 年代以来，目的语国的角色问题由实践逐渐进入理性思考。在汉语国际教育中，我国似乎一直在扮演着“我为中心”的主导者、推动者的角色。

观察英语、法语、西班牙语等的传播过程、传播方式和传播效果，可以看出这些语言的目的语国所扮演的角色。例如近几十年来中国的英语教育，可谓之“热”，这种热是英语教育的当地化（中国化）的成果，是在当地和由当地热起来的。一种

语言的传播要达到成熟、稳健的程度，当地的作用很重要，甚至是起决定作用的。目的语国所做的主要是顶端之事、引领之事，即在理念、标准、教师、教材、教法、管理、资源等方面掌握话语权，并向当地提供及时、有效的支持；引导当地成为目的语学习的主要推动者和实施者，并保障其持久发展。

在汉语国际教育事业中，“我为中心”的角色如何过渡到、转变为引导者、支持者，在这种角色的转变中，政府、教育机构、教师、社会各自应发挥什么作用，有几个关键之处需要理解到位：

第一，作为汉语国际教育的引导者，积极而妥善地处理好中国引导主体与当地办学主体间的关系。

第二，作为汉语国际教育的支持者，尽可能在全球范围内做到有求必应。

第三，作为汉语国际教育的全方位服务者，要引导、参与一系列的汉语教育的高层活动，包括制订汉语国际教育的语言标准和教学标准、参与教师培训和教材编写、融入教学管理和建设教学资源等。

第四，从根本上说，汉语国际教育是世界各国自己的需要。中国不仅要满足国际需要，还要让世界各国“自觉”到他们的需要，甚至有意识地、智慧地扩大国际需要，使汉语国际教育具有不断增强的“需求驱动”。

（二）当地及学习者应扮演的角色

汉语国际教育中，当地及学习者应该扮演怎样的角色？在当地化问题的相关讨论中已有学者关注并发表过不少高见，但多立足于如何让学习者参与到汉语国际传播过程中。实际上，汉语国际教育的真正推动者，应是汉语学习者及其所在国，他们是这一过程真正的“施事”而非“受事”。在整个汉语国际教育过程中，没有“受事”，只有“施事”和“与事”。

对学习者个人而言，学习一门外语应当是有益处的，包括现实的益处和潜在的未来益处，但应当看到，语言学习的投入也是巨大的，包括学资、时间、情感和机会成本。关于学资、时间和情感的投入，已有很多讨论，但对“机会成本”关注较少，也未纳入学习成本的计算之中。所谓“机会成本”，是学习者本可利用这些学资和时间做其他事情，但因学习这种语言而失去了一些机会，失去之机会理应在学习这种语言之中、之后得到补偿，而且这种补偿应有相对高的附加值。学习者选择学习 A 语言而不是 B 语言，这也是一种机会的选择，是对未来预期收益的综合考量。甚至可以说，当学习者决定学习某种语言时，实际上也是把青春、事业和未来许配给了这种语言。

国家亦如此。把某种语言作为第一外语或第二外语，让它进入国民教育体系，也可以说这个国家把自己在未来国际上的部分命运交给了这种语言，甚至是交给了目的语国。这也就是一种机会成本的计算和预期。

故而，汉语国际教育当地化要特别关注当地化之“后”，要帮助学习者学习之后实现学习汉语的价值，提高获取更大收益的机会。这也牵涉到汉语最终能否走出去、到底能走多远的问题，牵涉到汉语国际教育可否持续发展的根本问题。只有这样，才能进一步提高汉语在国际上的语势，即“语言接触中一种语言的潜在传承潜力和通用潜力”（陈保亚，2016）。

认清中国和当地及学习者在汉语国际教育事业中所扮演的角色十分重要。中国应由“我为中心”的角色转变为智慧的引导者、有力的支持者；学习者和当地是汉语教育的最大受益者，因此也应是汉语国际教育的主办者和推动者。促使当地及学习者的角色到位，是汉语国际教育规划的重要任务。

这里需要特别提及汉语语言学者在汉语国际教育当地化过程中所起的特殊作用。汉语语言学者除了从事一般的教学教育工作外，还有一个很重要的使命，就是对当地汉语（华语）的语言特点和语言生活描写、考察清楚，为教学工作、自主学习、教学评测和教育管理提供一种合适的参照。如“一带一路”相关国家的汉语教学和语言生活状况等。又如有学者正倡导和开展全球华语语法研究（邢福义、汪国胜，2012），并正在积极实施；有机构组织全球学者来编写《全球华语大辞典》（李宇明主编，2016）；有学者在探讨华文社区词和普通话词语互动关系的基础上，探讨海外汉语语言交际的社群性和社区表达系统（如社区语音、社区语法、社区语用、社区修辞、社区语体、社区文体等）问题，进而倡导在国际华语交际互动中积极建设和发展普通话（施春宏，2015d）。这些基础性工作做充实了，就能为汉语国际教育当地化的组织实施提供更加坚实的学术性支持和保障。

四、汉语国际教育当地化的若干内容

汉语国际教育当地化，应考虑哪些需要当地化、哪些能够当地化、如何实施当地化等诸多问题，具体涉及观念、教学内容、师资、教法、教材、管理、标准、资源等等。这些问题处于不同的层次，下面简略地从四个大的方面来做些阐释。

（一）观念的当地化

汉语国际教育当地化首先是观念的当地化，亦即关注学习者的语言、文化背景等对语言学习的补益功能，关注语言学习之后对学习者和所在地的影响，强调发挥当地办学等方面的主动性。这也体现着对另一种文化的理解和尊重。

观念当地化这一问题的提出，是汉语国际教育的“时”“势”所使。这时这势是：其一，过去，外国人多是到中国来学习汉语，而今海外的汉语教学快速发展，当地化的问题急遽凸显出来。其二，过去强调教授“纯正的汉语”，而今海外华语的地位得到了学者关注，人们（包括海外华语社区的人们）并不简单地用“标准不标准、纯正不纯正”来看待海外华语。其三，英语的国际变体研究、英语中的大量借词研究，也促使人们思考汉语学习者对汉语的影响，思考他们用汉语表述当地事件这种特殊的“汉语生活”。汉语当地化对汉语的海外生根、在全球化语境下“汉语”形成“Englishes”式的复数概念（洪历建，2014），也是有意义的。在当地学汉语、利用当地资源学汉语，从关注学习到关注学习者的汉语生活等，要求人们必须正视当地化问题。

（二）教学内容的当地化

教学内容的当地化，是讨论较多且争议较大的问题。教学内容当地化，首先涉及汉语国际教育教什么的问题，明白了教什么，才能进一步讨论哪些内容需要当地化。

陆俭明（2013）指出："汉语国际教学的核心任务与内容是汉语言文字教学。"尤其是初中级阶段（实际上绝大部分外语学习者都处于这个阶段），语言教学是根本，文化可以逐步渗透，可以通过语言教学过程中的选材、讲解、辅助读物等来体现，到了一定程度还可以做文化专题说明和教学。学语言就是学文化，交际是语言文化的核心。

也有学者强调汉语国际教育主要是教中国文化，甚至强调以教中国传统文化为主。

如何看待这两种观点，汉语国际教育是教语言还是教文化，直接关系到什么内容需要当地化。进而才能讨论：语言系统中哪些要素可以当地化，哪些要素难以当地化；中华文化中哪些因素可以跟当地文化结合，哪些文化因素难以当地化但又需要向当地人介绍。

教学内容当地化讨论的核心问题，是如何制定适合当地化的语言文字标准和教学大纲，以及如何进行评测。绝大多数二语习得者都难以达到母语者的语言水平，因此中国早就开发了对外汉语教学的语言文字标准、考试标准、教学大纲等。但是，这些标准和大纲，怎样进一步适合国别和地区的“当地化”需求，以适应、指导不同国家和地区的汉语教学，具有重要的实践价值，也涉及汉语国际教育事业的发展战略。

李泉（2015b）曾提出“双轨制”的多元标准设想：语言标准上，采取“普通话”和“大华语”双标准；文字标准上，采用“规范汉字”和“汉语拼音”双标准。普通话和规范汉字视为海外理想标准，大华语则是海外的合格标准；汉语拼音作为合格的、规范的文字标准。这种双轨制的设想“有助于满足多元化汉语教学的需要”。但是，这一设想主要适用于海外华语社区的“当地化”，而如何实现非华语社区的“双轨制”，还需要研究，需要实践。

（三）教学的当地化

教学问题主要是教师、教材、教学法这“三教”问题，其中教师问题是枢纽。

师资的当地化。从事汉语国际教育一线的教师应主要由当地人担当，要建设起多层次的会汉语、了解中国文化、可以用汉语交际的当地教师队伍。中国的外派教师要合理地融入当地汉语教师的市场。缅甸一些学校的做法是：首先选派优秀教师来华培训，这些教师作为“种子教师”，回缅后再培训其他教师。种子的作用就是在土地上生根、发芽、开花、结果，长出更多的种子。这是迅速建立本土教师队伍的一种好举措。

还需要特别注意的是，从事学历教育和非学历教育、成人教育和非成人教育的师资，其知识结构和教学能力的要求并不完全相同，如何在师资培训中有效区分和确立适应当地化需求的多层次师资标准，是一个迫在眉睫的问题。

教材的当地化。选材内容要结合当地的生活、文化、观念，教材所需要的教学量要与当地的学制、学时相匹配，教材内容的呈现方式要适合当地经济、文化、民族性格等特点。教材文本的选择至为关键，要充分考虑文本的来源、类型、文化内涵等（郭熙，2008）。目前，教材当地化已经受到广泛重视，但仍有大量工作要做。比如泰国，2013 年共有 1524 所院校开设汉语课程，863056 人学习汉语；[①] 此外还有职业院校、中小学、华校、国际学校、语言学校、幼儿园等各类学校，已有 3000 多所在开设汉语课程（陈艳艺，2016）。据孔子学院总部官网信息，截至 2018 年 12 月 31 日，中泰两国还合作共建了 16 所孔子学院和 11 个孔子课堂，自 2003 年至 2018 年中国已累计派遣志愿者 15298 人。但据了解，适合泰国当地情况的高质量教材还很不够。有人基于 2009 ～ 2019 年间泰国中小学汉语教材研究情况指出："泰国中小学使用的汉语教材缺乏统一性、连贯性和科学性，是目前泰国中小学汉语教学当中一个突出的问题。"（陈瑞琳，2019）教材当地化，需要中外教师和教育学专家合作编写。好的当地化教材，也许最终有赖当地教师的成长。

教法的当地化，包括教学模式的当地化。第二语言教学的最终目的主要不是语言学知识的传授，而在于提高交际能力。

---

① 2014 年 10 月 31 日，在昆明召开了第二届海外汉语教育国际论坛会。此数据见泰国教育部基础教育委员会汉语项目负责人助理世玉的报告。

教学当然需要教知识，但教知识也是为了培养能力。不同文化背景的学生，不同教育体系培养出来的学生，可能有不同的语言观和语言学习习惯，因此需要适合当地语言生活和学习习惯的教法和教学模式。

教学当地化，还涉及通用汉语教学和专门用途汉语教学的问题。相对而言，通用汉语教学的当地化比较容易操作，也受到了比较多的关注；而专门用途汉语，包括应用于文史哲、政治、法律、理科、工科、医学等专业的“专业汉语”，和应用于商务、经贸、外交、军事、媒体、公司、航空、旅游、酒店等业务的“业务汉语”，其教学当地化的研究所见不多。感性地说，也许越是“中国特色”鲜明的专门用途汉语，其当地化的情况就越是复杂，有的容易有的难。比如武术、传统手工制作、职业技能培训等的汉语教学，当地化的难度似乎并不太大，在具体教学中，利用通用汉语或当地华语再加一些专业词汇，大体可以实现教学目标。而像中医中药等专业的汉语教学，如何当地化，则有更大的难度，或许还是需要来中国学习、体验。

（四）服务的当地化

这里的“服务”是一个广义的概念。就当下的汉语国际教育发展态势而言，管理的当地化和资源的当地化是实现有效、及时服务的两个重要抓手。

管理的当地化。管理就是服务，只有有效的管理才能充分推动汉语国际教育事业科学、稳妥地发展。孔子学院和孔子课堂，在管理模式上做出了很多富有创意的探讨，特别是让当地管理机构和教师更多地参与到汉语国际教育的教学管理和规划中来，甚至让他们成为主要的管理者、推动力，这是值得肯定和进一步发扬的。

资源的当地化。主要包括资源库（网络资源和非网络资源）、语料和语料库、工具书等的当地化问题。有先生已经提出："为了从根本上解决教材在地化问题，很有必要提倡制作一个万能的大型汉语语料库。"（李如龙，2012）信息化对解决不同国家和地区汉语教育资源分布和分配的矛盾，提供了手段与桥梁，至少使矛盾不再像以前那么尖锐；现在的关键问题在于如何建设。能否制作一个万能汉语语料库，这可以再仔细研究；但建立多层次、多功能、贴合当地需求的汉语语料库、教例库、教师支持系统等，是具有可操作性的。建立基于互联网的机助作文评改系统、机助口语评测纠偏系统，对于提高学生的汉语水平也极富价值。另外，在条件允许的情况下，逐步建设适应于当地汉语教育的慕课（Massive Open Online Courses，简作MOOC）课程体系、适当发展移动微学习（MobiMOOC）资源，应是一项具有前瞻性的工作。

此外，还有教育主办者之间的协调问题。现在从事汉语作为第二语言教学的主体逐渐多起来，有中国大陆、中国台湾地区、海外地区的官方和民间机构，以及其他汉语教育举办者等。这必然涉及各个举办主体之间的协调、合作问题。如何协调各教育主体的教育观念、教学标准、师资培养、评估测试、教育资源等，从而形成汉语国际教育的合力，也是随着当地化发展需要正视的问题。

五、本章小结

汉语国际教育当地化是个说新又旧的问题："新"体现在当前的汉语国际教育态势使这个问题变得异常突出和紧迫；"旧"则体现在这种现象在长期的海外汉语教学中都已或隐或显地出现了一些。但总体而言，当地化问题变得更加复杂而迫切了。

本章首先指出，"当地化"体现的是一种汉语教育逐步融入当地因素、逐渐具有当地特色的发展趋势，除了包括助学当地化，还应包括汉语生活当地化。继而讨论中国在汉语国际教育当地化过程中的职能定位和当地及汉语学习者、汉语研究者在其中应扮演的角色，并重点阐释了汉语国际教育当地化的主要内容，包括观念、教学内容、师资、教材、教法、管理、标准、资源等方面。汉语国际教育当地化涉及一系列理论和具体问题，都需要去系统考察、深入分析、逐步解决。这些问题的思考与解决，会带来汉语国际教育的理念、理论、实践、方法等诸多方面的转变。

在促进这些转变、适应这些转变的过程中，有一点需要特别注意，那就是如何充分利用教育市场因素。市场因素是一个最长久的、巨大而无形的手，在市场中能形成你情我愿、相互依托、互利双赢的语言学习、语言教育新局面，能更好推动汉语走向世界。当地化的一个重要的体现，应该是实现汉语教育市场当地化。

要真正实现"汉语国际教育要在新时代为构建人类命运共

同体服务，为人类贡献中国智慧”（崔希亮，2018）这一使命，各层面要开展的工作很多，切实处理好汉语国际教育当地化问题是当务之急，也是可行之路。

参考文献

敖桂华（2008）对外汉语近义词辨析教学对策，《汉语学习》第3期。

白乐桑（1996）汉语教材中的文、语领土之争：是合并，还是自主，抑或分离？，《世界汉语教学》第4期。

白丽（2010）对外汉语教学中的语感培养，《新乡学院学报（社会科学版）》第4期。

北京语言学院编（1971）《基础汉语（上）》，北京：商务印书馆。

北京语言学院编（1972）《基础汉语（下）》，北京：商务印书馆。

北京语言学院编（1977）《汉语课本》，北京：商务印书馆。

蔡淑美、施春宏（2014）基于汉语中介语语料库的二价名词习得研究，《语言文字应用》第2期。

蔡淑美、施春宏（2020）《汉语基本知识（词汇篇）》，北京：北京语言大学出版社。

曹逢甫（1995）《主题在汉语中的功能研究——迈向语段分析的第一步》，谢天蔚译，北京：语文出版社。

曹文（2000）《汉语发音与纠音》，北京：北京大学出版社。

岑玉珍编著（2005）《发展汉语·高级汉语（上）》，北京语言大学出版社。

陈保亚（2016）语势：汉语国际化的语言条件——语言接触中的通用语形成过程分析，《语言战略研究》第2期。

陈晨（2006）近十年对外国学生习得汉语篇章的研究述评，《海外华文教育》第4期。
陈晨（2008）对外汉语语篇教学研究：回眸与思考，《海外华文教育》第2期。
陈晨、许文平（2009）汉日同形词对比与语际迁移偏误生成，《海外华文教育》第2期。
陈瑞琳（2019）近十年来泰国中小学汉语教材研究综述，《品位·经典》第7期。
陈韶群（2009）内隐学习与语感的培养，《长春教育学院学报》第4期。
陈艳艺（2016）《泰国汉语教育现状及规划研究》，北京：世界图书出版公司。
程美珍主编（1997）《汉语病句辨析九百例》，北京：华语教学出版社。
程棠（2000）《对外汉语教学目的原则方法》，北京：华语教学出版社；第二版，北京：北京语言大学出版社，2008年。
储诚志、陈小荷（1993）建立“汉语中介语语料库系统”的基本设想，《世界汉语教学》第3期。
崔希亮（2010）汉语国际教育“三教”问题的核心与基础，《世界汉语教学》第1期。
崔希亮（2015）关于汉语国际教育的学科定位问题，《世界汉语教学》第3期。
崔希亮（2018）汉语国际教育与人类命运共同体，《世界汉语教学》第4期。
崔希亮（2019）汉语国际教育和华文教育，载贾益民主编《世界华文教学》第六辑，北京：社会科学文献出版社。
崔希亮、张宝林（2011）全球汉语学习者语料库建设方案，《语言文字应用》第 2 期。

崔亚冲（2018）“三一语法”体系下汉语“呢”的教学，《沧州师范学院学报》第 2 期。

邓丹、石锋、冯胜利（2008）韵律制约句法的实验研究——以动补带宾句为例，*Journal of Chinese Linguistics* (2)：195—210.

邓守信（2010）《对外汉语教学语法》，北京：北京语言大学出版社。

邓思颖（2010）《形式汉语句法学》，上海：上海教育出版社；第二版，上海：上海教育出版社，2019 年。

邓懿等主编（1958）《汉语教科书》，北京：时代出版社。

董淑慧（2014）汉语教材编写的本土化特征——基于《汉语教科书（1954）》与通用性教材、“一本多版”的比较，《海外华文教育》第 1 期。

房玉清（1992）《实用汉语语法》，北京：北京语言学院出版社。

冯丽萍（2006）外国留学生汉字正字法意识及其发展研究，《云南师范大学学报（对外汉语教学与研究版）》第 1 期。

冯胜利（2005）《汉语韵律语法研究》，北京：北京大学出版社。

冯胜利（2008a）汉语的最简特征及其海外教学的原则（The simplicity of Chinese structures and its pedagogical principles），paper presented at The Chinese Language Teachers Association of California Spring 2008 Conference，Stanford University, March 8。

冯胜利（2008b）海外汉语教学与研究的新课题，《云南师范大学学报（对外汉语教学与研究版）》第 1 期。

冯胜利（2010）论语体的机制及其语法属性，《中国语文》第 5 期。

冯胜利（2018）《汉语语体语法概论》，北京：北京语言大学出版社。

冯胜利、施春宏（2011）论汉语教学中的“三一语法”，《语言科学》第 5 期。

冯胜利、施春宏（2015）《三一语法：结构·功能·语境——初中级汉语语法点教学指南》，北京：北京大学出版社。
冯胜利、施春宏（2018）《중국어 삼일 어법》（《三一速成中文语法》），李姃玟（Lee Jeong-min）译，金铉哲（Kim Hyun-cheol）审订，Seoul：DARAKWON。
冯胜利、施春宏主编（待出版）《汉语韵律语言学纲要》，北京：商务印书馆。
冯胜利、王丽娟（2018）《汉语韵律语法教程》，北京：北京大学出版社。
冯志伟（2010）从语料库中挖掘知识和抽取信息，《外语与外语教学》第4期。
甘瑞瑗（2006）《"国别化"对外汉语教学用词表制定的研究》，北京：北京大学出版社。
高书贵（1993）有关对外汉语教材如何处理离合词的问题，《世界汉语教学》第2期。
管春林（2008）"字本位"与"词本位"教学方法结合质疑——兼与刘颂浩先生商榷，《暨南大学华文学院学报》第4期。
郭利霞（2017）语法教学的新思路——《三一语法》读后，《教学研究》第1期。
郭锐（2002）《现代汉语词类研究》，北京：商务印书馆。
郭熙（1989）现代汉语教学问题刍议，《语言学通讯》第3—4期合刊。
郭熙（2008）关于华文教学当地化的若干问题，《世界汉语教学》第2期。
郭熙主编（2007）《华文教学概论》，北京：商务印书馆。
郭颖雯（2003）篇章语言学与语段、语篇口语教学，《语言教学与研究》第5期。

郭裕建（2002）《语感及其心理机制》，华东师范大学心理学系博士学位论文。
郭志良（1988）对外汉语教学中词义辨析的几个问题，《世界汉语教学》第1期。
国家对外汉语教学领导小组办公室汉语水平考试部（1996）《汉语水平等级标准与语法等级大纲》，北京：高等教育出版社。
郝美玲（2007）留学生汉字正字法意识的萌芽与发展，《世界汉语教学》第1期。
何克抗（1997）建构主义的教学模式、教学方法与教学设计，《北京师范大学学报（社会科学版）》第5期。
何清强（2006）论第二语言汉语教学语法的“本位”，《汉语学习》第2期。
何婷婷（2003）《语料库研究》，华中师范大学博士学位论文。
洪历建（2014）“国际汉语”：作为“国际性语言”的汉语如何发展，《华东师范大学学报（哲学社会科学版）》第6期。
胡明扬（2002）《语言学习散论》，北京：北京语言大学出版社。
胡培培（2014）《对外汉语教学语言规范研究》，内蒙古师范大学硕士学位论文。
黄昌宁、李涓子（2002）《语料库语言学》，北京：商务印书馆。
黄理秋、施春宏（2010）汉语中介语介词性框式结构的偏误分析，《华文教学与研究》第3期。
贾颖（2001）字本位与对外汉语词汇教学，《汉语学习》第4期。
姜美子（2004）试论对外汉语教学中的语感培养，《延边教育学院学报》第5期。
蒋成峰（2010）“语感”概念辨析，《语文学刊（外语教育与教学）》第5期。

黎东良、张雄、李慧岩（2009）对语料库、语料库语言学的种种误解，《术语标准化与信息技术》第2期。

李德津、程美珍（1988）《外国人实用汉语语法》，北京：华语教学出版社。

李芳杰（1999）句型为体字词为翼——关于对外汉语教学语法体系的思考，载《第六届国际汉语教学讨论会论文选》编辑委员会编《第六届国际汉语教学讨论会论文选》，北京：北京大学出版社，2000年。

李海林（2000）《言语教学论》，上海：上海教育出版社。

李晋霞、李宇明（2008）论词义的透明度，《语言研究》第3期。

李力尹（2018）《对外汉语教材中正反问“X不X”的分析及其教学设计》，安徽师范大学硕士学位论文。

李泉（1995）论语感的性质、特征及类型，《中国人民大学学报》第4期。

李泉（2002）近20年对外汉语教材编写和研究的基本情况述评，《语言文字应用》第3期。

李泉（2015a）汉语教材的“国别化”问题探讨，《世界汉语教学》第4期。

李泉（2015b）国际汉语教学的语言文字标准问题，《语言教学与研究》第5期。

李泉（2016）对外汉语教学语法体系：目的、标准和特点，《国际汉语教学研究》第1期。

李泉（2019）对外汉语教学、国际汉语教学、汉语国际教育，见于刘利等《汉语国际教育知识体系的特色与构建——“汉语国际教育知识体系的特色与构建研讨会”观点汇辑》，《世界汉语教学》第2期。

李泉（2020）新时代对外汉语教学研究：取向与问题，《语言教学与研究》第 1 期。
李泉主编（2006）《对外汉语教材研究》，北京：商务印书馆。
李泉主编（2011）《发展汉语》（第二版：初级综合Ⅰ、中级综合Ⅰ、高级综合Ⅰ），北京：北京语言大学出版社。
李泉主编（2012）《发展汉语》（第二版：初级综合Ⅱ、中级综合Ⅱ、高级综合Ⅱ），北京：北京语言大学出版社。
李泉、宫雪（2015）通用型、区域型、语别型、国别型——谈国际汉语教材的多元化，《汉语学习》第 1 期。
李如龙（2012）论汉语国际教育的国别化，《语言教学与研究》第 5 期。
李如龙、吴茗（2005）略论对外汉语词汇教学的两个原则，《语言教学与研究》第 2 期。
李绍林（2010）对外汉语教学词义辨析的对象和原则，《世界汉语教学》第 3 期。
李文中（2010）语料库语言学的研究视野，《解放军外国语学院学报》第 2 期。
李先银、吕艳辉、魏耕耘（2015）《国际汉语教学：词汇教学方法与技巧》，北京：北京语言大学出版社。
李晓亮（1996）对外汉语教材的几个问题，《世界汉语教学》第 4 期。
李晓琪（1995）中介语与汉语虚词教学，《世界汉语教学》第 4 期。
李晓琪（1998）论对外汉语虚词教学，《世界汉语教学》第 3 期。
李晓琪（2004）关于建立词汇—语法教学模式的思考，《语言教学与研究》第 1 期。
李英哲、郑良伟、Larry Foster、贺上贤、侯炎尧、Moira Yip 编著（1990）《实用汉语参考语法》，熊文华译，北京：北京语言学院出版社。
李宇明（1996）语感简论，《语文教学与研究》第 6 期。

李宇明（2015）“一带一路”需要语言铺路，《人民日报》9月22日第7版。

李宇明主编（2016）《全球华语大辞典》，北京：商务印书馆。

李宇明、施春宏（2017）汉语国际教育“当地化”的若干思考，《中国语文》第2期。

梁茂成（2010）理性主义、经验主义与语料库语言学，《中国外语》第4期。

刘大为、巢宗祺（1995）两种能力的课程分化——关于“现代汉语”教学改革的思考，《语言文字应用》第2期。

刘丹青（2003）《语序类型学与介词理论》，北京：商务印书馆。

刘丹青（2018）汉藏语言的音节显赫及其词汇语法表征，《民族语文》第2期。

刘芳芳（2017）基于三一语法理论的汉语作为第二语言中动构式教学研究，载北京外国语大学中国语言文学学院编《人文丛刊》，北京：学苑出版社。

刘富华（1998）HSK词汇大纲中汉日同形词的比较研究与对日本学生的汉语词汇教学，《汉语学习》第6期。

刘连庚（1985）学习语法和培养语感——访吕叔湘先生，《语文学习》第1期。

刘乃叔、敖桂华（2003）《近义词使用区别》，北京：北京语言大学出版社。

刘淑娥、佟慧君、常敬宇、梅立崇（1983）《近义词辨析》，北京语言学院内部资料。

刘颂浩（2006）对外汉语教学中的多样性问题，《暨南大学华文学院学报》第4期。

刘颂浩（2010）关于字本位教学法和词本位教学法的关系，《华文教学与研究》第1期。
刘珣（2000）《对外汉语教育学引论》，北京：北京语言文化大学出版社。
刘珣（2003）为新世纪编写的《新实用汉语课本》，《暨南大学华文学院学报》第2期。
刘珣主编（2005）《新实用汉语课本》（第五册），北京：北京语言大学出版社。
刘珣主编（2009）《新实用汉语课本》（第六册），北京：北京语言大学出版社。
刘珣主编（2010）《新实用汉语课本》（第二版：第一册、第二册），北京：北京语言大学出版社。
刘珣主编（2012）《新实用汉语课本》（第二版：第三册、第四册），北京：北京语言大学出版社。
刘珣、邓恩明、刘社会编著（1981）《实用汉语课本》，北京：商务印书馆。
刘英林主编（1996）《汉语水平等级标准与语法等级大纲》，北京：高等教育出版社。
刘月华（2003）谈对外汉语教学语法，载国家对外汉语教学领导小组办公室教学处编《对外汉语教学语法探索》，北京：中国社会科学出版社。
刘月华、潘文娱、故韡（1983）《实用现代汉语语法》，北京：外语教学与研究出版社；增订本，北京：商务印书馆，2001年。
刘座箐（2013）《国际汉语词汇与词汇教学》，北京：高等教育出版社。
卢福波（2000）《对外汉语常用词语对比例释》，北京：北京语言大学出版社。
鲁健骥（2014）《对外汉语教学激创法散论》，北京：北京大学出版社。

鲁健骥、吕文华主编（2006）《商务馆学汉语词典》，北京：商务印书馆。
鲁晓琨（1990）汉日同形近义词辨析方法，《外语与外语教学》第1期。
陆俭明（2005）序，载王培光《语感与语言能力》，北京：北京大学出版社。
陆俭明（2007）汉语作为第二语言教学的本体研究和汉语本体研究，《世界汉语教学》第3期。
陆俭明（2011）我关于“字本位”的基本观点，《语言科学》第3期。
陆俭明（2013）汉语国际传播中的几个问题，《华文教学与研究》第3期。
逯新君（2006）语感定义的历史考察，《现代语文》第8期。
吕海燕（2015）“三一语法”体系下的“毕竟”教学，《语文学刊》第17期。
吕叔湘（1984）中学教师的语法修养，《中学语文教学》第10期。
吕叔湘、朱德熙（1979）《语法修辞讲话》，北京：中国青年出版社。
吕叔湘主编（1999）《现代汉语八百词》（增订本），北京：商务印书馆。
吕文华（1994）《对外汉语教学语法探索》，北京：语文出版社；增订本，北京：北京语言大学出版社，2008年。
吕文华（2012）语段教学内容的选择和分布，《语言教学与研究》第1期。
吕文华（2014）《对外汉语教学语法讲义》，北京：北京大学出版社。
吕文华（2015）修改对外汉语教学语法体系二题，《国际汉语教学研究》第1期。
马静、行玉华（2008）对外汉语教学词语释义的原则与方法，《重庆教育学院学报》第4期。
马文津、施春宏（2016）基于整句—零句表达系统的汉语中介语篇章现象考察——以日语母语者汉语语篇为例,《世界汉语教学》第4期。
马燕华、庄莹(2002)《汉语近义词词典》,北京:北京大学出版社。
马真(2001)表加强否定语气的副词“并”和“又”——兼谈词语使用的语义背景,《世界汉语教学》第3期。
马真(2004)《现代汉语虚词研究方法论》,北京:商务印书馆。
毛悦、刘长征、赵秀娟主编(2015)《汉语作为第二语言教学——汉语要素教学》,北京:外语教学与研究出版社。
孟祥英(1997)谈对外汉语教学中的近义词辨析,《天津师范大学学报(社会科学版)》第3期。
宁颖琦、施春宏(2017)对外汉语综合课教材语法术语安排的考察与思考,《海外华文教育》第3期。
潘纪平(1993)试论语感的性质要素和语感能力的培养,《湖北大学学报(哲学社会科学版)》第2期。
潘纪平(1995)语感的心理机制初探,《湖北大学学报(哲学社会科学版)》第5期。
潘钧(1995)中日同形词词义差异原因浅析,《日语学习与研究》第3期。
潘文国(2002)“本位”研究的方法论意义,《华东师范大学学报(哲学社会科学版)》第6期。
彭小川(1999)对外汉语语法课语段教学刍议,《语言文字应用》第3期。
彭泽润、潘文国(2010)“词本位”还是“字本位”有利于汉语语言学?——第一届“汉语独特性理论与教学国际研讨会”学术观点综述,《通化师范学院学报》第9期。
祁峰(2017)规则优先还是语感优先?,《华中学术》第3期。

全香兰（2004）汉韩同形词偏误分析，《汉语学习》第3期。
荣继华编著（2006）《发展汉语·初级汉语（上）》，北京语言大学出版社。
盛炎（1990）《语言教学原理》，重庆：重庆出版社。
施春宏（1999a）现代汉语规范化的规则本位和语用本位，《语文建设》第1期。
施春宏（1999b）应用语言学不等于理论语言学的应用——读《二十世纪的中国语言应用研究》，《汉语学习》第1期。
施春宏（2001）名词的描述性语义特征与副名组合的可能性，《中国语文》第3期。
施春宏（2002）试析名词的语义结构，《世界汉语教学》第4期。
施春宏（2005）《语言在交际中规范》，北京：中国经济出版社。
施春宏（2006）“把”字句的派生过程及其相关问题，载中国语文杂志社编《语法研究和探索（十三）》，北京：商务印书馆，2006年。
施春宏（2007）动结式致事的类型、语义性质及其句法表现，《世界汉语教学》第2期。
施春宏（2009a）《作为第二语言的汉语概说》，北京：北京大学出版社。
施春宏（2009b）论感和论感培养——兼论语感和论感的关系，《语言教学与研究》第1期。
施春宏（2010a）网络语言的语言价值和语言学价值，《语言文字应用》第3期。
施春宏（2010b）从句式群看“把”字句及相关句式的语法意义，《世界汉语教学》第3期。
施春宏（2010c）语言事实和语言学事实，《汉语学报》第4期。
施春宏（2010d）面向第二语言教学的语言学教材编写中的若干问题，

《语言教学与研究》第 2 期。
施春宏（2011a）面向第二语言教学汉语构式研究的基本状况和研究取向,《语言教学与研究》第 6 期。
施春宏（2011b）《汉语基本知识（语法篇）》，北京：北京语言大学出版社。
施春宏（2012）对外汉语教学本位观的理论蕴涵及其现实问题,《世界汉语教学》第 3 期。
施春宏（2013）句式分析中的构式观及相关理论问题,《汉语学报》第 2 期。
施春宏（2015a）语言学理论体系中的假设和假说,《语言研究集刊》第 14 辑，上海：上海辞书出版社。
施春宏（2015b）语言学假说的论证和语言学批评,《语言研究集刊》第 15 辑，上海：上海辞书出版社。
施春宏（2015c）边缘“把”字句的语义理解和句法构造,《语言教学与研究》第 6 期。
施春宏（2015d）从泰式华文的用词特征看华文社区词问题,《语文研究》第 2 期。
施春宏（2016）互动构式语法的基本理念及其研究路径,《当代修辞学》第 2 期。
施春宏（2017）语言教学与研究的新空间,《语言教学与研究》第 1 期。
施春宏（2018a）《汉语纲要》，北京：北京语言大学出版社。
施春宏（2018b）《形式和意义互动的句式系统研究——互动构式语法探索》，北京：商务印书馆。
施春宏（2019）语体何以作为语法,《当代修辞学》第 6 期。
施春宏等（2017）《汉语构式的二语习得研究》，北京：商务印书馆。
施春宏、蔡淑美（2017）《汉语基本知识（语音篇）》，北京：北京语言大学出版社。
施春宏、蔡淑美、李娜（2017）基于“三一语法”观念的二语词汇教学基本原则，《华文教学与研究》第1期。
施春宏、邱莹、蔡淑美（2017）汉语构式二语习得研究的理论思考，《语言教学与研究》第5期。
施春宏、王伟超（2020）《汉语基本知识（汉字篇）》，北京：北京语言大学出版社。
施春宏、张瑞朋（2013）论中介语语料库的平衡性问题，《语言文字应用》第2期。
施光亨（1990）中高级汉语教学呼唤“航标”，《语言教学与研究》第4期。
施建军、洪洁（2013）汉日同形词意义用法的对比方法研究，《外语教学与研究》第4期。
施正宇（2008）词·语素·汉字教学初探，《世界汉语教学》第2期。
施正宇（2010）从汉字教学看对外汉语教学中的本位问题，《民族教育研究》第6期。
史有为（2009）“本位”梳疑，《语言科学》第4期。
苏金智、肖航（2012）语料库与社会语言学研究方法，《浙江大学学报（人文社会科学版）》第4期。
孙德金（2006）语法不教什么——对外汉语语法教学的两个原则问题，《语言教学与研究》第1期。
孙德金（2011）从汉语作为第二语言的角度看汉语“词”的问题，《玉溪师范学院学报》第5期。
孙新爱（2004）对外汉语词汇教学应把握的几个原则，《云南师范大学学报（对外汉语教学与研究版）》第2期。
万艺玲（2010）《汉语词汇教学》，北京：北京语言大学出版社。

王红君（2007）《“字本位”理论与对外汉语文教学模式研究》，北京语言大学硕士学位论文。
王还主编（2005）《汉语近义词典（汉英双解）》，北京：北京语言大学出版社。
王骏（2005）在对外汉语词汇教学中实施“字本位”方法的实验报告，《暨南大学华文学院学报》第3期。
王美馨（2012）《现代汉语功能句型及其语料库建设——以〈博雅汉语〉初级篇为例》，上海交通大学硕士学位论文。
王培光（1996）语言运用能力与语言审析能力的分析与验证，《中国语文》第6期。
王培光（1998）语感与语言规范，《语言文字应用》第4期。
王培光（2005）《语感与语言能力》，北京：北京大学出版社。
王茜（2016）预科阶段汉语语法教学模式新探——以“把”字句教学为例，《南京晓庄学院学报》第4期。
王若江（2000）由法国“字本位”汉语教材引发的思考，《世界汉语教学》第3期。
王若江（2004）对法国汉语教材的再认识，《汉语学习》第6期。
王尚文（2000）《语感论》（修订本），上海：上海教育出版社。
王雪梅（2006）英语语感的认知阐释——内涵、心理机制及应用，《外语学习》第1期。
卫乃兴（2009）语料库语言学的方法论及相关理念，《外语研究》第5期。
温晓虹（2008）《汉语作为外语的习得研究——理论基础与课堂实践》，北京：北京大学出版社。
吴伟平（2014）华语二语教学中的“三裸”现象及“去裸”实践，《汉语国际传播研究》第2期。

武惠华编著（2005）《发展汉语·中级汉语（下）》，北京语言大学出版社。

夏丏尊（1924）我在国文科教授上最近的一信念——传染语感于学生，《春晖》第30期。收入夏丏尊、刘薰宇《文章作法》（作为该书"附录三"），开明书店，1926年；中华书局，2013年再版。

肖奚强（2011）汉语中介语研究论略，《语言文字应用》第2期。

谢安琪（2019）《基于"三一语法"的"A得C"句式的对外汉语教学研究》，湖南师范大学硕士学位论文。

邢福义、汪国胜（2012）全球华语语法研究的基本构想，《云南师范大学学报（哲学社会科学版）》第6期。

邢公畹（1981）论"语感"，《语言研究》第1期。

熊仲儒（2013）《当代语法学教程》，北京：北京大学出版社。

徐桂梅、陈满华编著（2006）《发展汉语·初级汉语（下）》，北京语言大学出版社。

徐桂梅、牟云峰编著（2005）《发展汉语·中级汉语（上）》，北京语言大学出版社。

徐烈炯（2009）《生成语法理论：标准理论到最简方案》，上海：上海教育出版社。

徐通锵（1997）《语言论——语义型语言的结构原理和研究方法》，长春：东北师范大学出版社。

徐云知（2004）《语感和语感教学研究》，北京：高等教育出版社。

许家金、梁茂成（2011）创建子语料库，促成对比研究，《当代外语研究》第10期。

薛小芳、施春宏（2013）语块的性质及汉语语块系统的层级关系，《当代修辞学》第3期。

杨炳辉（1993）语法教学必须与培养语感相结合，《语文学习》第4期。

杨存田编著（2005）《发展汉语·高级汉语（下）》，北京语言大学出版社。
杨惠元（2003）强化词语教学，淡化句法教学——也谈对外汉语教学中的语法教学，《语言教学与研究》第1期。
杨寄洲（2004）课堂教学中怎么进行近义词语用法对比，《世界汉语教学》第3期。
杨寄洲、贾永芬（2005）《1700对近义词语用法对比》，北京：北京语言大学出版社。
杨金鑫（2002）《汉语的内隐学习研究》，华东师范大学博士学位论文。
杨圳、施春宏（2013）汉语准价动词的二语习得表现及其内在机制，《世界汉语教学》第4期。
杨峥琳、洪炜（2015）预防式与治疗式近义词教学方法在对外汉语教学中的运用，《云南师范大学学报（对外汉语教学与研究版）》第1期。
叶圣陶（1980）《叶圣陶语文教育论集》，北京：教育科学出版社。
应燕平（2017）"三一"语法体系下趋向动词研究，《语文建设》第29期。
于根元（1989）留心各种语言现象，《语文建设》第6期。
于根元（1995）语言学习不是一次性完成的，《学语文》第4期。
于根元（1996）《二十世纪的中国语言应用研究》，太原：书海出版社。
于根元（2002）应用语言学的基本理论，《语言文字应用》第1期。
于根元（2004）关于语言学及应用语言学研究方法的若干认识，载于根元著《路途和手段——语言学及应用语言学研究方法》，北京：中国经济出版社。
于根元（2006）《应用语言学前沿问题》，北京：中国经济出版社。
于根元（2008）《应用语言学教程》，北京：华语教学出版社。
于根元（2009）《应用语言学的历史及理论》，北京：商务印书馆。

于根元主编（1999）《应用语言学理论纲要》，北京：华语教学出版社。
于根元主编（2003）《应用语言学概论》，北京：商务印书馆。
于锦恩（2011）民国时期华文教材语言资源的当地化，《渤海大学学报（哲学社会科学版）》第6期。
于锦恩（2014）民国时期华文教育本土化探析——以国语文教材的编写为视角，《华侨华人历史研究》第3期。
袁毓林（1993）语言学范畴的心理现实性，《汉语学习》第4期。
袁毓林、詹卫东、施春宏（2014）汉语“词库—构式”互动的语法描写体系及其教学应用，《语言教学与研究》第2期。
詹卫东（2005）以“计算”的眼光看汉语语法研究的“本位”问题，《汉语学报》第1期。
张宝林（2006）《汉语教学参考语法》，北京：北京大学出版社。
张宝林（2010）汉语中介语语料库建设的现状与对策，《语言文字应用》第3期。
张宝林、崔希亮、任杰（2004）关于“HSK动态作文语料库”建设构想，载中国应用语言学会编《第三届全国语言文字应用学术研讨会论文集》，香港：香港科技联合出版社。
张伯江（2000）论“把”字句的句式语义，《语言研究》第1期。
张博（2007）同义词、近义词、易混淆词：从汉语到中介语的视角转移，《世界汉语教学》第3期。
张博（2013）针对性：易混淆词辨析词典的研编要则，《世界汉语教学》第2期。
张博等（2008）《基于中介语语料库的汉语词汇专题研究》，北京：北京大学出版社。
张博等（2016）《不同母语背景的汉语学习者词语混淆分布特征及其成因研究》，北京：北京大学出版社。

张德鑫（2006）从“词本位”到“字中心”——对外汉语教学的战略转移，《汉语学报》第 2 期。
张福生（2004）语感与论感的相互促进，《渤海大学学报（哲学社会科学版）》第 4 期。
张福生（2007）试建“语感中介说”，《渤海大学学报（哲学社会科学版）》第 1 期。
张福生（2009）语感研究的历史梳理，《渤海大学学报（哲学社会科学版）》第 4 期。
张敏（1998）《认知语言学与汉语名词短语》，北京：中国社会科学出版社。
张朋朋（1992）词本位教学法和字本位教学法的比较，《世界汉语教学》第 3 期。
张朋朋（2005）谈“字本位”的内涵，《汉字文化》第 4 期。
张瑞朋（2012）留学生汉语中介语语料库建设若干问题探讨——以中山大学汉字偏误中介语语料库为例，《语言文字应用》第 2 期。
张旺熹（2001）“把”字句的位移图式，《语言教学与研究》第 3 期。
张旺熹（2007）语感培养是对外汉语教学的基本任务，《世界汉语教学》第 3 期。
张妍（2006）《欧美学生汉语中介语易混行为动词、心理动词及其辨析方法研究》，北京语言大学硕士学位论文。
张英（2001）日本汉语教材及分析，《汉语学习》第 3 期。
赵春利（2018）《对外汉语教学语感培养研究》，北京：中国社会科学出版社。
赵春利、杨才英（2002）对外汉语教学初级阶段语感培养的原则，《语言教学与研究》第 1 期。
赵金铭（1994）教外国人汉语语法的一些原则问题，《语言教学与研究》第 2 期。

赵金铭（1996）对外汉语语法教学的三个阶段及其教学主旨，《世界汉语教学》第 3 期。

赵金铭（1998）论对外汉语教材评估，《语言教学与研究》第 3 期。

赵金铭（2004）“说的汉语”与“看的汉语”，载赵金铭主编《汉语口语与书面语教学——2002 年国际汉语教学学术研讨会论文集》，北京：北京大学出版社。

赵金铭（2009）教学环境与汉语教材，《世界汉语教学》第 2 期。

赵金铭（2014）何为国际汉语教育“国际化”“本土化”，《云南师范大学学报（对外汉语教学与研究版）》第 2 期。

赵金铭（2018）汉语作为第二语言教学语法：格局 + 碎片化，《语言教学与研究》第 2 期。

赵金铭主编（2004）《对外汉语教学概论》，北京：商务印书馆；修订版，北京：商务印书馆，2019 年。

赵俐（2003）《语言宣言——我们关于语言的认识》，北京：中国经济出版社。

赵新、洪炜（2013）针对二语学习者的汉语近义词教学，《华文教学与研究》第 4 期。

赵新、李英（2001）对外汉语教学中的同义词辨析，《暨南大学华文学院学报》第 2 期。

赵元任（1948）*Mandarin Primer*（《国语入门》）. Cambridge, MA: Harvard University Press.

赵元任（1968）*A Grammar of Spoken Chinese*. Berkeley: University of California Press. 吕叔湘节译《汉语口语语法》，北京：商务印书馆，1979 年；丁邦新译《中国话的文法》，香港：香港中文大学出版社，1980 年。

郑述谱（2001）关于术语及术语学，《外语学刊》第2期。
郑述谱（2006）试论语言学术语的特点，《外语学刊》第3期。
周健（2004）论华语语感培养的原则与方法，《暨南大学华文学院学报》第4期。
周健（2005）《对外汉语语感教学探索》，杭州：浙江大学出版社。
周健、陈群（2011）《语感培养模式：对外汉语教学的理念与实践》，北京：外语教学与研究出版社。
周琳、萨仁其其格（2013）蒙古学习者特异性汉语易混淆词及其母语影响因素，《语言文字应用》第1期。
朱德熙（1982）语法分析和语法体系，《中国语文》第1期。
朱德熙（1985）《语法答问》，北京：商务印书馆。
朱晓农（2008）《方法：语言学的灵魂》，北京：北京大学出版社。
朱志平（2008）《汉语作为第二语言教学理论概要》，北京：北京大学出版社。
Caramazza, Alfonso, Alessandro Laudanna & Cristina Romani (1988) Lexical access and inflectional morphology. *Cognition* 28(3):297–332.
Croft, William & D. Alan Cruse (2004) *Cognitive Linguistics*. Cambridge: Cambridge University Press.
Culicover, Peter W. (2009) *Natural Language Syntax*. Oxford: Oxford University Press.
Fowler, Carol A., Shirley E. Napps & Laurie B. Feldman (1985) Relations among regular and irregular morphologically related words in the lexicon as revealed by repetition priming. *Memory & Cognition* 13(3): 241–255.
Gass, Susan & Larry Selinker (2008) *Second Language Acquisition: An Introductory Course*. 3rd edition. New York:Routledge. 赵杨译

《第二语言习得》(第三版)，北京：北京大学出版社，2011 年。

Goldberg, Adele E. (1995) *Constructions:A Construction Grammar Approach to Argument Structure*. Chicago: The University of Chicago Press. 吴海波译《构式：论元结构的构式语法研究》，北京：北京大学出版社，2007 年。

Goldberg, Adele E. (2006) *Constructions at Work:The Nature of Generalization in Language*. Oxford: Oxford University Press. 吴海波译《运作中的构式：语言概括的本质》，北京：北京大学出版社，2013 年。

Goldberg，Adele E. (2013) Constructionist approaches. In Thomas Hoffmann & Graeme Trousdale (eds.) *The Oxford Handbook of Construction Grammar*. Oxford: Oxford University Press.

Hockett, Charles F. (1954) Two models of grammatical description. *Word* 10:210–234. 范继淹译《语法描写的两种模式》，收入《范继淹语言学论文集》附录，北京：语文出版社，1986 年。

Juhasz, Barbara J. & Rachel N. Berkowitz (2011) Effects of morphological families on English compound word recognition: A multitask investigation. *Language and Cognitive Processes* 26:653–682.

Langacker, Ronald W. (1987) *Foundations of Cognitive Grammar. Vol. 1: Theoretical Prerequisites*. Stanford: Stanford University Press.

Li, Charles N. & Sandra A. Thompson (1981) *Mandarin Chinese: A Functional Reference Grammar*. Berkeley: University of California Press.

Marelli, Marco, Davide Crepaldi & Claudio Luzzatti (2009) Head position and the mental representation of nominal compounds: A constituent priming study in Italian. *The Mental Lexicon* 4(3):430–454.

Mayr, Ernst (1982) *The Growth of Biological Thought: Diversity, Evolution, and Inheritance*. Cambridge, MA: Harvard University Press. 涂长晟等译《生物学思想发展的历史》，成都：四川教育出版社，2010 年。

Monsell, Stephen (1985) Repetition and the lexicon. In Andrew W. Ellis (ed.) *Progress in the Psychology of Language.Vol 2:147–195*. Hillsdale: Lawrence Erlbaum Associates, Inc.

Quine, W. Van O.［蒯因］(1953) *From a Logic Point of View*.Boston: Harvard University Press. 江天骥、宋文淦、张家龙、陈启伟译《从逻辑的观点看》，上海：上海译文出版社，1987 年。

Radford, Andrew (2004) *English Syntax: An Introduction*. Cambridge: Cambridge University Press.

Radford, Andrew (2009) *Analysing English Sentences: A Minimalist Approach*. Cambridge: Cambridge University Press.

Radford, Andrew (2016) *Analysing English Sentences:A Minimalist Approach*. 2nd edition. Cambridge: Cambridge University Press.

Taft, Marcus & Kenneth I. Forster (1975) Lexical storage and retrieval of prefixed words. *Journal of Verbal Learning and Verbal Behavior* 14:638–647.

Tognini-Bonelli, Elena (2001) *Corpus Linguistics at Work*. Amsterdam: John Benjamins.

Xing, Janet Zhiqun (2006) *Teaching and Learning Chinese as a Foreign Language: A Pedagogical Grammar*. Hong Kong: Hong Kong University Press.

后　记

一

我 1996 年硕士毕业后到外文出版社（暨华语教学出版社）工作，编辑书稿之余做一些应用语言学和词汇语义学研究。自 2003 年博士毕业到北京语言大学工作至今，除了从事语法学、词汇语义学、规范语言学和理论语言学研究，还花了不少精力从事汉语作为第二语言习得和教学研究。涉足习得和教学这两个领域，与三个方面的因素直接相关，另外还有一些间接因素的影响。一是我于 2006 年底从人文学院被借调到对外汉语研究中心（现为汉语国际教育研究院）从事专职研究工作，赵金铭、张博和王建勤等先生都勉励和指导我结合对外汉语研究中心的主攻方向做些相关研究工作，我也觉得“到什么山唱什么歌”是专职研究者应尽的义务。二是长期从事相关编辑工作。2007 年至 2013 年底受邀在《世界汉语教学》编辑部做兼职编辑，需要处理一些相关稿件。2013 年底调入《语言教学与研究》编辑部任副主编，2014 年底任主编。《语言教学与研究》一直以刊发语言教学与习得研究方面的论文为重要使命，当下我觉得更需要强化这方面的理论研究和实践工作，尤其是领域的拓展、观念的更新、方法的创用和实践的深化。除了处理稿件和组织相关学术活动外，我自己也积极从事相关学术研究，努力将前沿性语言学观念和成果向习得研究与教学实践领域转化，并试图提出新的认识。三是对本体研究、习得研究、教学研究之间相对独立而又相互作用的关系做过一些思考。对此，我在绪论中已做了一些阐述，这里不避重复，引述如下：

> 语言本体研究、习得研究、教学研究，当然各有自己的主体研究目标和理念追求。但是在新的学术背景下，我们发现，一个新的语言学理论，如果不能很好地说明语言习得现象，就多少限制了其理论的张力；一个新的语言习得理论，如果不能在某种程度上转化为教学资源，那终究是有很大缺憾的；同样，一个新的语言教学理论，如果没有深厚的语言理论基础和习得理论基础，其教学效果恐怕也将大大受限。当下的学术研究，跨界面、跨领域、跨学科已经成为基本态势，互动观念的研究正成为各个学科发展学术、创新思想的主导。

至于其他原因，则与学术背景和工作经历有关。我的硕士专业是应用语言学，师从于根元先生，主要关注语言生活、新词新语、语言规范及应用语言学理论与历史等方面的研究，同时也接触一些语言教学（母语教学和对外汉语教学）研究方面的内容。后来到出版社工作期间，比较多地负责汉语教学方面的专著、论文集和工具书的编辑工作，其中印象至为深刻的是责编程棠先生的《对外汉语教学目的原则方法》。我一直觉得，结合实际工作来做研究，比较容易将思路落到实处，也能更为有效地推进相关工作，从而将职业变成事业，而且容易让事业带有情怀。

有信念就有动力。由于以上这些经历和思考，我对语言本体和语言习得与语言教学的接口问题比较关注，尤其是如何将语言学理论和汉语本体研究中的前沿认识应用于语言习得与语言教学研究中。而要做到这一点，首先要对语言学理论和汉语本体研究的基本路径及其研究取向、基本论题、重要认识有所了解。为此，我们这些年重点关注了论元结构理论、配价语法、语块理论、构式语法、语体语法、韵律语法、认知语言学、词汇语义学、社会语言学、语言类型学以及应用语言学、自然语言处理理论、语料库语言学等，并努力地将它们用于语言习得和教学研究的实践中，基于汉语基本特征来探索一些新的问题。我们不但关注语法、词汇、语义问题，同时还关注语音、汉字和修辞问题。虽然目前的认识仍很初步，所得认识还比较粗浅，但感受最深的是：语言习得与教学研究确有必要对前沿性的"语言"研究的基本状况和逻辑基础有所了解，语言本体研究也确有必要从语言习得与教学研究中找到理论的发展空间和用武之地，两者的结合点就在汉语的基本特征。

另外，就我个人而言，由于做过多年的中小学老师，看过一些儿童语言发展的论著，因此还希望在母语习得与教学方面做一些探索。我们这些年在句法层面对二语习得中的元语言意识和认知机制做过一些探索（前期主要成果参见施春宏等著

《汉语构式的二语习得研究》，商务印书馆，2017年），在长期探索过程中越来越觉得关于元语言意识和认知机制的探讨更应落实于母语习得研究中，也许这里面的学理意义更为显豁。但愿将来有时间、有条件去敲一下边鼓。当然，现实常常是“你有你的计划，世界另有计划”。这里先存个念想吧。

二

我们是几乎同时开展汉语二语习得和教学研究的，习得研究的初步成果主要是上面提到的《汉语构式的二语习得研究》，本书是相关的语言教学研究成果。这些成果都曾以论文的形式发表于语言学专业期刊，但这次整合成书时做了不同程度的调整，其中有一多半章节调整的幅度比较大。主要做了三方面工作：第一，内容上的调整，基于当下的研究现状而改变了不少认识，尤其是对发表稿中不到位的认识做了新的处理，同时充实了很多新的认识。第二，资料、数据上的处理，尽可能根据最新的情况做了重新统计、分析、介绍。第三，结构上的安排，考虑到全书的系统性，章节之间的照应、行文中的参照等都做了一致性处理。尤其是每章的引言和结语，大多做了相当程度的改写甚至重写。当然，由于当初发表时“各自为政”，因此在系统性方面做得很不到位，也很难做到位。这是特别遗憾的地方，祈请读者谅解。

本书各章中，前四章由本人独立完成，其余各章与他人合作完成，具体情况如下：

第五章的基本内容以《对外汉语综合课教材语法术语安排的考察与思考》为题刊于《海外华文教育》2017 年第 3 期，署名：宁颖琦、施春宏。

第六章的基本内容以《论汉语教学中的“三一语法”》为题刊于《语言科学》2011 年第 5 期，署名：冯胜利、施春宏。同时参考冯胜利、施春宏《三一语法：结构·功能·语境——初中级汉语语法点教学指南》（北京大学出版社，2015 年）调整了相关认识。定稿时，冯胜利先生又做了进一步审改。

第七章的基本内容以《基于“三一语法”观念的二语词汇教学基本原则》为题刊于《华文教学与研究》2017 年第 1 期，署名：施春宏、蔡淑美、李娜。

第八章的基本内容以《论中介语语料库的平衡性问题》为题刊于《语言文字应用》2013 年第 2 期，署名：施春宏、张瑞朋。

第九章的基本内容以《汉语国际教育“当地化”的若干思考》为题刊于《中国语文》2017 年第 2 期，署名：李宇明、施春宏。

这些合作，是真正意义上的深度交流和前沿探索。诸位合作者中，李宇明先生和冯胜利先生是我特别崇敬的师长，他们不但赐予我合作研究的机会（实际上，书中相关论述正是来自二位先生的基本观点），还长期指导我的学术研究；蔡淑美、李娜、宁颖琦是我曾经指导过的研究生，张瑞朋是我研究中介语语料库的同道。衷心感谢诸位合作者，无论是师长还是学生、同道，每一次合作研究，都让我深切地感受到了学术研究的本真意义：推进学术，发展事业，服务社会。

与本项研究相关的工作是，我们这些年出版了一系列面向二语教学师生的专著性教材，在学界和汉语教学界产生了比较好的影响，有的书几乎每年重印。已经出版的有：《作为第二语言的汉语概说》（北京大学出版社，2009）、《汉语基本知识（语法篇）》（北京语言大学出版社，2011）、《三一语法：结构·功能·语境——初中级汉语语法点教学指南》（与冯胜利合著，北京大学出版社，2015；2018年韩国多乐园出版了韩文版，英文版将由香港中文大学出版社出版）、《汉语基本知识（语音篇）》（与蔡淑美合著，北京语言大学出版社，2017）、《汉语纲要》（上下册，北京语言大学出版社，2018）、《汉语基本知识（词汇篇）》（与蔡淑美合著，北京语言大学出版社，2020）、《汉语基本知识（汉字篇）》（与王伟超合著，北京语言大学出版社，2020），另有著作尚在规划、撰写过程中。如何积极开展语言学前沿思想和成果的教学转化与科学普及工作，是我这些年一直在思考的问题和从事的工作。探索永远在路上。

三

在本书即将出版之际，我要特别感谢给我以无限教导的恩师们。感谢我的硕士生导师于根元先生。我自1993年读研开始后至今的整个学术研究都蒙受先生的谆谆教导，本书成稿前数月，先生不幸长辞，我心伤悲。感谢我的博士生导师袁毓林先生和长期给我教导的陆俭明先生、冯胜利先生，他们的每一次指点都使我有醍醐灌顶之感。还有很多很多需要感谢的北语师长，尤其是赵金铭、鲁健骥、吕文华、刘珣、崔永华、方立、宋柔、李宇明、张博、崔希亮、曹志耘、刘利、刘广徽、张旺熹、王建勤、孙德金、程娟等先生，他们在不同阶段都给了我非常及时而深刻的指导。感谢我读中师时曾给我语言学启蒙的老师刘传翠、王麟沚等先生。感谢我读大学时的语言学老师陈庆祜、胡治农、孔令达、李先华、蒋同林、蒋立甫、孟庆惠、杨昭蔚、朱景松等先生，还有非语言学课程的老师陈文忠、陈宪年、程致中、凤良尧、刘学锴、卢英顺、梅运生、潘啸龙、孙慧芬、陶礼天、吴尚华、谢昭新、杨树森、余恕诚、袁传璋、赵庆元、朱良志和辅导员沈正赋等先生。感谢我硕博阶段曾给我教导的无数老师们，尤其是厉兵、周洪波、刘一玲、郭龙生、冯志伟、仲哲民、方世增和陆俭明、蒋绍愚、徐通锵、马真、陈保亚、王洪君、宋绍年、项梦冰、詹卫东等先生。还要特别感谢《语言教学与研究》编辑部的同事王正刚、高晓虹、李先银和特约编辑郝美玲、陈默、张旭，每次审稿会的讨论都使我收获很多，而且他们在编辑工作和日常事务中给我提供了很大的帮助。我们这个编辑队伍是一支感情深厚、热爱学术、崇敬事业的"革命队伍"。

非常感谢崔希亮先生和李泉先生为小书慨然作序。两位先生都是学界深有影响的学者。在汉语教学（对外汉语教学和汉语国际教育）研究中，崔希亮先生的宏观视野和精细分析，李泉先生的体系建构和概念辨析，都对我启发甚深。这次赐序，又给予了我新的学习机会。

感谢我的硕博研究生们。本书的所有内容在当初投稿之前都曾得到我不同阶段研究生的帮助。本书整合过程中，在读的王伟超、金婷、李聪、陈振艳、颜刚、李宗阳、任喆远、高倩倩、刘科拉和博士后谢昆又就全书提了很多意见，张子豪、刘星宇、奚柳青也提供了一些帮助。

感谢北京语言大学汉语国际教育研究院将本书纳入出版计划。本书的出版，实际也是我对对外汉语研究中心曾给予我的宁静的学术生活的报答。我现在被汉语国际教育研究院聘为兼职研究人员，更应该继续做出新的研究，以回馈大家的信任和厚爱。感谢责任编辑华莎老师的精细编校。在与华莎老师的校改互动过程中，我既避免了很多疏失错误，又学到了很多东西。

四

这里要特别感谢我的母校安徽师范大学，尤其是母系安徽师范大学文学院（我读本科期间为中文系）。每一位在安徽师范大学奋斗过的学子都能深切感受到她的深厚学养和优良学风。仅就语言学领域而言，就培养了一大批优秀的语言学者，这是学界所共知的事实。对一所省级师范大学而言，这是难以想象的成就。本书是讨论汉语教学、语言教育的著作，为了感谢母校的教学教育之恩，我谨将此书献给我的母校和母系，并纪念本科四年的美好时光。

五

本书成稿于庚子年春节前，后记初稿写作于全国抗击新冠病毒肆虐期间，定稿于中国的疫情终于得到控制之时。这使我想起了一首诗:《苦难的中国有明天》。可是，世界正处在新冠病毒的无情肆虐之中……

祈愿疫情早日过去，祝愿祖国和世界人民平安幸福!

施春宏

2020 年 3 月 11 日